刘夕庆 编著

玩转艺术的"科学家"

人民邮电出版社
北京

图书在版编目（CIP）数据

玩转艺术的"科学家" / 刘夕庆编著. -- 北京：人民邮电出版社，2020.12
ISBN 978-7-115-55745-2

Ⅰ. ①玩… Ⅱ. ①刘… Ⅲ. ①艺术家－生平事迹－世界－通俗读物 Ⅳ. ①K815.7-49

中国版本图书馆CIP数据核字(2021)第000254号

内 容 提 要

人类文明史上并不是只有科学家、发明家才对世界科技的发展做出过贡献，那些玩转了各艺术门类的艺术家中也涌现出不少对科学精神、科学思想、科学方法、科学实验和技术发明起过促进作用的"科学家"与"发明家"。他们或是通过一首诗、一幅画、一座雕塑、一支曲子、一部小说，或是通过一个点子、一张草图、一封信件、一张照片、一个设计等，留下了不可磨灭的"玩转艺术的'科学家'"之美名。本书的每一篇都围绕一位艺术家"创意肖像"的诗解展开，图文并茂地呈现其艺术成长历程和对科学技术做出贡献的背景故事及论述，并附带一些同类艺术家的叙述。

本书收录的古今中外艺术家共有23位（近1/3为亚洲、非洲的艺术家），他们与作者所著的《玩转科学的"艺术家"（上、下册）》中收录的东西方科学家对称地存在着——这两大群体中的杰出人物共同为人类科学和艺术的融合与创新做出了贡献。

◆ 编　著　刘夕庆
　　责任编辑　李　宁
　　责任印制　陈　犇

◆ 人民邮电出版社出版发行　北京市丰台区成寿寺路11号
　　邮编　100164　电子邮件　315@ptpress.com.cn
　　网址　https://www.ptpress.com.cn
　　北京瑞禾彩色印刷有限公司印刷

◆ 开本：690×970　1/16
　　印张：15.25　　　　　　　　　2020年12月第1版
　　字数：249千字　　　　　　　　2020年12月北京第1次印刷

定价：89.00元

读者服务热线：(010)81055410　印装质量热线：(010)81055316
反盗版热线：(010)81055315
广告经营许可证：京东市监广登字20170147号

艺术与科学的活动在本质上或许是相通的，因为二者皆需要用想象力观察世界并能够欣赏到其蕴藏的自然之美。

周忠和

中国科学院院士，美国科学院外籍院士，
著名古生物学家、古鸟类专家，
中国科普作家协会理事长

艺术和科学是从主观、客观两个方向看世界的方式，刘夕庆的这本书讲述了科学与艺术联系的许多故事。

钟训正

中国工程院院士，著名建筑学家、
建筑画家，中国建筑学会理事

推荐序

刘夕庆的著作《玩转科学的"艺术家"(上、下册)》自 2017 年 6 月由人民邮电出版社出版以来,获得了多个奖项,并得到广大读者的好评!如今,与此对应的力作《玩转艺术的"科学家"》即将面世!

既然有《玩转科学的"艺术家"》,则必然有《玩转艺术的"科学家"》!这似乎是一种规律。对称原理是宇宙的基本规律之一,适用于自然世界和人类社会,主体与客体(包括思维与存在)的对称关系是人与自然的最根本关系。

科学是建立在实践基础上,并经过实践检验和严密逻辑论证的,是研究客观世界各种事物的本质及其运动规律的知识体系。

艺术是一种文化现象,是对生活的浓缩化和夸张化的表达。书法、绘画、雕塑、建筑、音乐、舞蹈、戏剧、电影等,任何可以表达美的行为或事物的形式皆属艺术。

科学和艺术同智慧和情感密切相关。对艺术的鉴赏和对科学的理解都需要智慧,随后的感受又同情感分不开。没有情感这一动力,人类虽有智慧却不能开创新型的局面!而没有智慧的体系,光凭情

汤寿根(右)与作者合影于日照(2015-8-31)

感人类也不可能拥有如今的美好生活！所以，科学和艺术是密不可分的，二者都在寻求真理的普遍性，都在释读或描绘大自然，都来源于人类活动最高尚的部分！

科学与艺术是相通的，科学强调的是逻辑思维，艺术强调的是形象思维。一个科学家或艺术家，如果能够很好地利用这两种思维，使逻辑思维和形象思维在大脑中相互促进，就有可能提出创新思想，取得原创成果！

科学、文学、艺术，这是推动时代前进的3个齿轮！

科学——释读自然奥秘——求真；

文学——感悟人生真谛——崇善；

艺术——颂扬天地神韵——臻美。

科普创作为大众架起了一座通向真善美的桥梁，它"用文学和艺术的心灵与笔触，诠释与演绎科学技术"。

刘夕庆作为艺术家，却能在作品中贯通科学与文学，让读者受到"文理交融"的熏陶，这是难能可贵的！

中国科普作家协会第四届理事会副理事长暨终身荣誉理事、

科普编创学科学术带头人

自序

《玩转科学的"艺术家"（上、下册）》自2017年6月出版以来，先后入选了2017年度"中华优秀科普图书榜"（10种）、"成人原创"项目和第十三届国家图书馆"文津图书奖"推荐图书，并重印4次。我想，可能是由于此套书独辟蹊径的选题、逐渐深入的"三段式"演绎论述和不拘一格的图文展示形式吸引了评委和读者，所以才有了这些小小的成就。

记得当时我在这套书的"序"中临近结尾处这样写道：

可能任何事物发展到至高阶段都会形成融会贯通的态势，某一历史阶段拥有最高境界的"科学的艺术家"和"艺术的科学家"都不例外。如果我们再写一部名为《玩转艺术的"科学家"》的作品，就会发现古今中外还有着如卢克莱修、屈原、郭熙、但丁、达·芬奇、米开朗基罗、拉斐尔、丢勒、莫奈、塞尚、毕加索、达利、埃舍尔、姜斯、波洛克、爱伦·坡、康定斯基、蒙德里安、杜斯伯格、杜尚、巴拉、马格里特、黄宾虹、吴冠中等许多"艺术的科学家"存在——这些与《玩转科学的"艺术家"》对应的人物按照自然宇宙基本的对称原理存在着。

后来我的同道好友、山水画家和书法家张宏生在中国科普作家协会官网发表了一篇对这套书的书评——《艺术与科学"交集"的力量》，文章的最后他提出了"我们期待刘夕庆先生这本书的姊妹篇《玩转艺术的'科学家'》早日问世"的期望。于是，我于2018年向人民邮电出版社表明了想再写一本与《玩转科学的"艺术家"》相对应的图书《玩转艺术的"科学家"》的心愿，原先的责任编辑韦毅女士经过一段时间的思考后开始安排，并很快由接任责任编辑李宁女士告知我出版社对此书已正式列选。这意味着，我又要完成一个科学与艺术"反转"的任务。

虽说列选顺利，可写好它并不是那么容易。原先我在上套书的"序"中激情

写出的一大串名字，后经仔细一看，发现大都是自己所熟悉的画家。但艺术并不是只有绘画，虽说绘画在艺术中占有绝对重要的位置，但艺术包含的门类太多，不论粗分还是细分都不亚于对科学学科的划分。要想写好这本书并且对得起这本书的名字，就应涵盖尽可能多的艺术门类及其名家，以及相互交融的学科，从而达到真正的科学和艺术相融合的目标。而除了绘画外，我对其他艺术领域的了解是有限的，如果写出的是一本《玩转科学的"画家"》，又怎么能与"玩转科学的'艺术家'"这一最初设想的主题相称呢？为此，我恶补了一些这辈子都有可能不会再去涉及的其他艺术领域的知识，并且置换了书稿中的一些人物。

既然本书涉及多样的艺术门类并交融了相关科学知识，首先就要有点"艺术范儿"。为此，在每篇的一开始，我用自己创作的富有创意的"玩转艺术的'科学家'"肖像打头，紧接着以小诗介绍主人公的形式作为每个开篇的"序曲"，然后再以精简的主标题凸显某人、某艺术、某学科之间的关联，并以此作为正文的开端。每篇的正文一般都有3个小标题，因为这些名家除了对艺术与科学的双重热爱外，不少人还拥有思想和实践两方面的成就，并且大多数人不止在一个领域做出了贡献，特别是他们为科学创新打头阵的艺术性思想。

刚开始，我想让这本书在篇幅和收录的人数上与《玩转科学的"艺术家"》完全对称，后来又想到应该接受上套书的经验和教训，将46人都写入一本书，这样对于读者可做到每篇精简易读，但写下来才知道，有许多故事和分析如果篇幅太小实在讲不清。最后经与责任编辑商榷，我决定用人数减半的办法来解决。然而这一减半不要紧，却让我这个足球迷看到了一个熟悉的数字"23"——就像参加足球世界杯这样的正式国际比赛，参赛国的队伍必须上报国际足联一个"23人大名单"，这实在让我感到有点意外和激动。再加上编辑一再强调要选对人，才能保证此书的出版效果，我想自己一定要像那些名教头们在大赛前物色23名参赛队员一样，对书中收入的人和事精挑细选。

一支好的足球队需要一位优秀的教练，那是不言而喻的，这就好比一本好书出自一位优秀的作者一样。同样，一支优秀的球队离不开23名好球员的精湛球技——我在写作本书之前就遇到了这样的人物选择问题。足球赛上场的有前锋、中场、后卫和守门员这4个位置的球员，与此相仿，艺术也存在花样繁多的形式，且还有种族、民族、国家（或地区）、门类等之分。对于整个世界而言，艺术与科学的发展也和足球的发展一样呈现不均衡的局面。而我写的这本《玩转艺术的"科学家"》也会像球赛一样，只有将合适的"科学家"安排到书中合适的位置上，才可能产生令人赏心悦目的观赏效果，直至赢得"比赛"……

当我经过反复思考布局好入选人物后，我就开始想这些人是不是具有代表性，他们是否在人类几千年文明史的发展中起到了引领科学思想的作用。书中这23位艺术大家，没有哪一位是去掉科学支撑也能铸成如此伟大成就的人——就像《玩转科学的"艺术家"》中那46位科学大师，没有哪一位是除去艺术融入还能铸成伟大成就的人一样；那些想玩弄或逃避科学的所谓纯艺术的人是不可能成为艺术巨匠的。

爱因斯坦的名言——"没有宗教的科学是瞎子，没有科学的宗教是跛子"——在这里可以被套用：没有艺术的科学只是一副缺乏血肉的骨架，而没有科学的艺术则是一个没有行动力的瘫子。

不少探讨"第三种文化"与"后现代科学"的书籍都讲到过，艺术与科学同宗同源。可是还是有许多人不明白这里面的道理，就像现在国际上有关学术界说的"数学是一门自由创新的艺术"一样不好理解。为此，我举一个不一定恰当但每个人都好理解的例子来说明问题：科学好比一棵树开花结果后所结的种子，其中包含着这种树严格有序且稳定的遗传基因，而这些"科学种子"的结成，必须要有"艺术花朵"的色形诱惑和迷人芳香，才能引来蜜蜂、彩蝶等的授粉，否则"科学种子"就只能空有其表、无法繁衍后代。其中"艺术花朵"方面充满不确定性和戏剧性，而"科学种子"相对稳定并有规律可循。但如果没有这二者的融合，世界就不会那么丰富多彩，更不要谈什么繁中有序了——不知这样的比喻能不能让读者更明白一些。

因为在上套书的"序"中我已经对很多相关问题进行了较多说明，所以作为它的姊妹篇，本书的"序"就可以"偷懒"一些，不必说得太多，否则会有重复之感。但有一种情况这里可以强调一下，那就是大多数人会对没有公式和证明的艺术青睐有加，这就有可能导致光看书名的话，关注此书的人数有可能超过上套书。但不要忘记一点，科普作家都是借助吸引人的不同艺术性选题或形式，来达到融合地进行科学普及之目的的。

目录

屈原
——《天问》宇宙源 / 3

卢克莱修
——原子《物性论》 / 13

达·芬奇
——绘画论科学 / 21

莎士比亚
——"果壳"宇宙王 / 33

梅里安
——昆虫"图谱"解 / 43

曹雪芹
——"红学"话博物 / 51

莫尔斯
——"点、画"传电报 / 59

爱伦·坡
——发现了"夜黑" / 69

鲍罗丁
——音乐化学家 / 79

凡·高
——"星空"涌湍流 / 89

修拉
——量子画中显 / 97

泰戈尔
——诗性自然观 / 107

黄宾虹
——山水蕴物理 / 117

康定斯基
——"彩色"点线面 / 127

毕加索
——"画变"时空观 / 137

埃舍尔
——图形解万象 / 145

达利
——超现实的存在 / 155

李可染
——笔墨生万象 / 167

波洛克
——行动显场论 / 177

吴冠中
——《流光》解繁简 / 185

草间弥生
——"无限"之女王 / 197

乌斯曼
——"斗争"雕塑家 / 207

高云
——《小花》显生灵
（代结语） / 219

致谢 / 228

参考文献 / 230

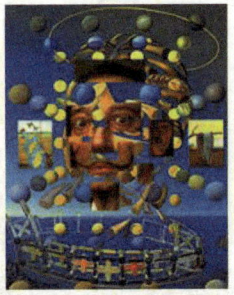
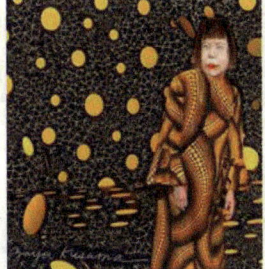

问天何时有　　长诗哲思索
求索创《天问》　"无用"遭史喷
作诗欲寻天地源　曾经闪亮如流星
犹如当今宇宙论　今愿借光梦燎原

思考当理性　　浪漫国诗祖
激情出诗人　　把酒谈天伦
宇宙创生曾有时　屈公观念源老子
无中生有出混沌　一脉相承成永恒

屈原——《天问》宇宙源

从时间上看，本书中距我们最久远的一位人物就是中国战国时期的诗人屈原了。因此，本书还想延续上一套书[《玩转科学的"艺术家"（上、下册）》]的做法，以时间顺序来确定人物的出场顺序——这样做既给人一种顺应时间的历史学之感，也避免了以谁先谁后来定艺术家之重要性的嫌疑。但让笔者事先没预想到的是，横跨本书一头一尾的两位人物竟都是中国人：打头的自然是屈原，而结尾的一位则是中国当代著名国画家高云——这反倒给我们以中国诗画是国人坚持"文化自信"的底气之感。实际上屈原离我们也"很近"，每年端午节中国本土人民和全世界华人都会从思想和情感上亲近他，因为他不仅让我们品尝到了一种叫"粽子"的美食，还"发出"了我们所见的一切从何而来、往何处去的，被著名物理学家李政道称之为"一篇宇宙学论文"的《天问》。

至于对《天问》答案的追寻，无论是自然科学还是文学艺术领域都有"作品"诞生，就像中国工程院院士、著名建筑学家和建筑画家钟训正在本书"推荐语"中所说的，"艺术和科学是从主观、客观两个方向看世界的方式……"，这也正是人类文明发展的意义所在。"什么""为什么""怎么"是人类思维活动必然经历的阶段，比如宇宙、生命和意识"何以诞生""如何演化""未来如何"等等。但至今为止，人类对这些问题的回答还只停留在"是什么"的阶段，如科学家认为宇宙大爆炸导致了我们这个宇宙的诞生，但如果要问为什么是大爆炸而不是其他方式的话，你得到的答案可能是"科学到此为止"；《我们从哪里来？我们是谁？我们到哪里去？》是法国后印象派画家高更的油画巨制，它用绘画艺术的语言，从人类生存与演化的视角提出并试图回答世界的来龙去脉的大问题——也属"天问"级别的问题。但如果我们要问人类最早的艺术性和科学性兼具的作品《天问》来自何方、何时、何人的话，那答案可能就只有一个："中国，战国时期，屈原。"

科学精神的至早至真

作为中国历史上的伟大爱国诗人、中国浪漫主义文学的奠基人、"楚辞"的创立者和代表作家,屈原被誉为"辞赋之祖""中华诗祖"。他的作品的出现,标志着中国诗歌进入了一个由集体歌唱到个人独创的新时代。他的主要作品有《离骚》《九歌》《九章》等。以屈原作品为主体的《楚辞》是中国浪漫主义文学的源头之一,与《诗经》中的《国风》并称为"风骚",对后世的诗歌产生了深远影响。但不知为何,这么一位浪漫色彩十足的诗人竟写出了现在被认为充满科学精神与理性思考的伟大诗作《天问》来。这不能不让我们更加坚信,艺术与科学浑然一体的情况应该在人类的早期文化中即已出现,只不过越到后来二者分化得越厉害而已。几乎就在同一时期,古希腊的毕达哥拉斯产生了音乐和科学同出一辙的观念[参见《玩转科学的"艺术家"(上册)》的"毕达哥拉斯篇"]。

在屈原的诸多作品中,《天问》是一篇极富科学思想内容和巨大理性价值的诗作,也是一篇有力地体现科学精神的诗作。它运用的是以求真为目标,且与现代科学思想同属一类的思维方式。这种纵观中华文明上下五千年、看起来思维方式另类的光芒闪现并没有得以持续和发展。但无论如何,它早在2000多年前诞生于中国实属不易,它的出现甚至使身处今日的中国人都深感诧异——想想我们的思想史,因为前有老子,《天问》的诞生似乎才事出有因。学者张正明在《楚

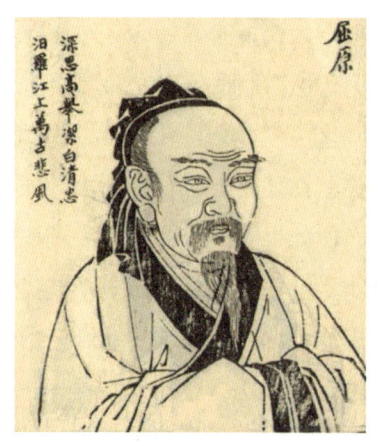 

左:屈原题跋版画像,取自明朱天然撰《历代古人像赞》。右:《屈原卜居图》(局部),[清]黄应谌 绘,河北省博物馆收藏,该画描绘了屈原被放逐,往见太卜郑詹尹,问卜自处之道的故事

文化史》中指出:"老子学派的发展有两个趋向:其一是发展为庄子哲学,其二是发展为稷下精气说。稷下精气说在南方的代表是屈子哲学。"

《天问》从一开始便提出宇宙生成的大问题,然后把宇宙间包罗万象的林林总总都视为探究的对象。重视自然的《天问》仿佛与古希腊的自然哲学十分相似,而东方宗教对宇宙的边界(包括道教的"道"、佛教的"梵"在内)多不加追问,唯独道家学派的这一分支"敢问路在何方"。这是值得深究的一个问题。在此,我们不能不说屈原独特的思维方式使艺术和科学的交融之势呈现了出来,它道出的是一个"有骨有血"的天大的问题。《天问》探究的是自然及人类历史的真相,或自然现象和历史现象发生的原因,其价值观是求真,也是人类最早的科学精神之体现:勇于质疑的探索精神、崇尚实践的实证理性主义精神、严格精确的分析精神。

《天问》所涉及的自然问题包括宇宙起源、日夜交替、天地四方结构和历法编年等方面,这些问题大多在早期神话和诸子百家著作中有提及,但《天问》以寥寥1500字,就涵盖了时空、物质和运动等系统化的科学知识,这是我国古代典籍中所罕见的。《天问》在开篇就以一种严肃拷问的态度向先哲们提出了质疑:"遂古之初,谁传道之?上下未形,何由考之?冥昭瞢闇,谁能极之?冯翼惟象,何以识之?明明闇闇,惟时何为?阴阳三合,何本何化?"这段文字主要是对中国早期哲学家的宇宙起源论的质问,体现了屈原勇于质疑的探索精神。而作者的"宇宙从何而来""时间以哪儿为开端"以及如何考证等大问题,至今仍是哲学、神学、艺术和宇宙学所探索的重大课题。屈原虽然与近2000年后的莎士比亚一样,不是一位严格意义上的思辨哲学家和自然科学家,但是他们在探求真理的"修远之漫漫长路"上的"上下求索"是完全符合真正科学家的坚强不息与勇于探索的精神的。

在科学精神的驱动下,理性思维必定是最佳的解答方式。《天问》无疑是这种理性思维的产物之一,《天问》中诸如"何由考之?""何以识之?""孰营度之?""孰初作之?""何以兴之?""何以迁之?"的反问句式达二十多个,这种否定和质疑的行文风格中蕴涵着屈原探索和验证真理的强烈愿望。虽受限于当时的文明程度和客观条件,但是屈原突破东方传统理念的禁区、敢于提出众多"天问"已是非常了不起的事。

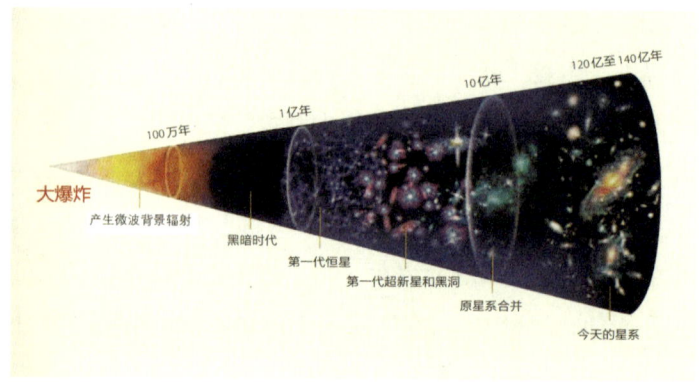

宇宙的起源和演化历程：宇宙在产生背景辐射（大爆炸之后约 40 万年）之后就一直在变冷、变暗，但其结构也从大爆炸遗留物质的密度涨落中逐渐演化成形——这也回答了 2000 多年前屈原的《天问》中的部分问题

对很多天文与地理现象提出精确定量的追问，在中国古代的思想典籍中恐怕唯有《天问》："隅隈多有，谁知其数？"提出了"九天"边角相交的数量问题，"天何所沓？十二焉分？"提出了黄道如何划分十二区的疑问，"出自汤谷，次于蒙汜，自明及晦，所行几里？"进行了太阳在整个白天行进的路程的思考。除此之外，还有"东西南北，其修孰多？南北顺橢，其衍几何？"和"增城九重，其高几里？"等量化的思考。《天问》中的此类表达对神话和诸子典籍中的笼统模糊的表达习惯提出了质疑，更是对擅长定性综合分析的传统研究模式提出了挑战。在《天问》里，屈原力求得到自然界物质的数量以及相互制约关系的答案，使自然现象在数理逻辑上能够符合人们的观察和实践经验，这正是现代科学实验和精确分析的科学精神萌芽之体现。

发光至今的宇宙诗篇

诺贝尔物理学奖获得者、美国物理学家罗伯特·劳克林在其著作《不同的宇宙》第一章中写道："我所研究的科学分支——理论物理——关心的是事物的终极原因。物理学家显然无权垄断这种研究，每个人都在一定程度上关注着它。"显然，2000 多年前的屈原就是这样的。不过，那时还没有"理论物理学家"之说，他是以诗人的身份、用一行行诗句提出了"天问"。不光如此，近代美国诗人爱伦·坡也从科学视角解答了宇宙的"夜黑之谜"，并以诗对诗地回答了屈原诗中的一些问题（参见本书"爱伦·坡篇"）。

诗人尚且如此，画家自然也不甘落后。与爱伦·坡同时代的欧洲后印象派画家高更的《我们从哪里来？我们是谁？我们到哪里去？》是他晚期的一幅具有"天问"气质的鸿篇巨制，画中提出了人生要追问的3个基本问题，它们等效于科学欲回答的终极问题。因为地球人类作为宇宙演化过程的具有灵性的见证者，应该说是宇宙学中最重要、最非凡的一部分，因为没有人类就没有反观宇宙的主体存在，科学与艺术都失去了载体。就这个意义而言，艺术与科学等价且同源。因此，追溯人类的源头、演化过程，展望其未来，在深层意义上讲就等于探寻宇宙的来龙去脉——哪怕是其中"高、精、尖"的一段。

高更的《我们从哪里来？我们是谁？我们到哪里去？》，1898年，138厘米×375厘米，美国波士顿美术馆收藏

高更的这幅画给人们的感觉是画家用绘画语言表现了人生的3个重要阶段，并象征性地回答了3个问题：通过婴儿，它解答了我们来自何方；通过青壮年男女，又回答了我们是什么；通过年迈的老妇，则解答了我们去向何方。因此，笔者从一名画者的视角看，《我们从哪里来？我们是谁？我们到哪里去？》就是古今中外所有大智者终身所要进行的"天问"，它同屈原具有宇宙学思想的诗作《天问》具有异曲同工之妙。

而与我们的考虑角度不同，著名华裔物理学家李政道在研读屈原的名篇《天问》后，发现这是中国古代大诗人以诗的形式写就的一篇宇宙学论文。李政道引用诗作中的两段并给予了解析："九天之际，安放安属？隅隈多有，谁知其数？……东西南北，其修孰多？南北顺椭，其衍几何？"他认为，屈原在诗中进行了科学解析推理，假定天空的形状是半球形，若地是平的，天地交接处就必定会有许多奇怪的边边角角。到底是什么东西放在了那里呢？它又属于什么？宇宙的这种非解析几何形状太不合理了，因此，这种东西是不应存在的。屈原据此得出结论，地和天是不可能互相交接的，既然天是圆形的，地也应是圆形的，天像蛋壳，地像蛋黄，它们各自都能独立转动。这似乎为后来中国东汉时期天文学家张衡关于宇宙的"浑天说"提供了借鉴，甚至今天的华裔物理学家李政道对此都赞赏有加[参见《玩转科学的"艺术家"（上册）》"张衡篇"及《玩转科学的"艺术家"（下册）》"李政道篇"]，成为发光至今的伟大宇宙诗篇。

　　李政道还认为，屈原在诗中进一步推断，地的形状也许不是完美的圆形，因为他开始思考地球的东西直径与南北直径哪个更长，也就是说，赤道圆周与极径圆周哪个更长呢？李政道说，屈原在诗中巧妙地运用了几何学和物理学的对称性原理。在2300多年前，他就提出了这样的科学假设：地球是圆的，而且可能是个东西向与南北向不一样长的扁椭圆球体，这是一个惊人的科学推测。15世纪，哥伦布进行的环球探险证实了地圆说；16世纪，哥白尼提出日心说；直到近代，科学家才测量出地球的赤道半径约为6378千米、极半径约为6357千米，地球果真是东西长、南北短的扁椭圆球体。而生活在2300多年前的中国诗人屈原相当准确地提出了类似的科学假设和疑问，并且用诗的艺术形式来表达，这是多么难能可贵啊！

　　用康德的哲学观点来分析，《天问》的思维方式是纯粹的理性思维，可惜它就如同划过夜空的流星，最终被夜幕掩盖了。但它所发出的光始终在时空中行进，最终走到了今天，并为现代科学大家所赏识。在诗作里，屈原力

《一位画家之站地问天》（刘夕庆 作）——学习屈原的"天问"精神，学习哥白尼的"作答"精神。在这幅几乎囊括宇宙所有代表元素（从生命人类，到行星、月、日之太阳系，再到银河系和暗物质主导的宇宙之网）的油画棒作品中，作者将手持画笔、赤身裸体地敬畏宇宙而又想探求它的自身背影呈现于读者面前

求得到自然界物质之间的数量以及它们的相互制约关系的答案，使自然现象在数理逻辑上能够符合人们的观察和实践经验，这正是现代精确分析之科学精神的早期萌芽的体现。而在屈原离世整整1820年后，哥白尼以《天体运行论》这部具有现代精确分析之科学精神的著作部分回答了屈原在《天问》中提出的问题。

诗性宇宙蕴含的科学

1725年，被人们誉为"历史哲学之父"的意大利启蒙思想家乔巴蒂史达·维柯出版了他的哲学巨著《新科学》，维柯在该书中认为在人类智慧的发展史上，诗性智慧在前，而抽象的理性智慧在很久以后才产生。诗性智慧是《新科学》一书中的核心概念，它指的是世界最初的智慧、原始人的智慧、神学诗人的智慧。在希腊文中，"诗"即"创造"的意思。它的特点是想象、虚构和夸张。因此诗性智慧是一种创造性的智慧，它以具体的形象作为思维的内容。今天看来，诗性智慧好比是形象思维，是人类艺术创造之源；而理性智慧则是以抽象的概念为思维内容，是哲学和科学的基础。所以，在本书中屈原、卢克莱修与爱伦·坡等中西方诗人的诗性智慧造就了属于他们那个时代的宇宙论和原子论，它们又不是我们今天所说的具有现代科学意义的宇宙论、原子论，但这些人完全就是他们那个时代的"玩转艺术的'科学家'"。当然，我们从中也能看出中西方诗人看问题视角的不同。

李政道认为，《天问》是中国古代大诗人以诗的形式写就的一篇宇宙学论文。既然是宇宙学论文就应该具有一定的科学性，如果有，占比为多少？美国著名宇宙学家哈里森在其著作《宇宙学》中讲道："宇宙学就是对宇宙的研究。从最广泛的意义说，它是科学、哲学、神学和艺术结合的伟业，它寻求什么是统一的，什么是基本的。"如果哈里森的这个关于宇宙学的最广泛意义的定义正确，那么占据其中1/4的艺术中就有诗歌的内涵，维柯所说的诗性智慧就在其中发挥着作用——就其创造性而言，诗性宇宙的框架能更好地被创造性所支撑。所以说，狭义的科学性只是可被作为进行对称性定量分析的属性，而广义的科学性则被认为是最广泛的人类文化。特别是对于宇宙学而言，它的来龙去脉和科学内涵就是4个字："无所不包！"你能说诗性宇宙没有科学性？何况屈原的诗性宇宙中充满了定量的概念和科学精神。

屈原的哲学思想和对宇宙的思索，最为集中地表现在被誉为"空前绝后的第一等奇文字"的诗篇中。这种天道观是以提问题的方式提出的，是以诗歌的形式表达的，与近300年后的古罗马诗人卢克莱修的长诗有着异曲同工之妙（参见本书"卢克莱修篇"）。不过西方学者尤为关心更实在、更具体的方面，而中国学者擅长更宏大、更和谐的方面。东西方智者各有所长，只有相互结合，才能真正解决好自然宇宙的根本问题。屈原的《天问》似乎努力做到了这一点。

《天问》也是人类理性精神第一次大觉醒时代的产物，它认为人类不能对宇宙的初始情况有确实可靠的知识，这是对一切有关宇宙起源的神话传说的否定。但时至今日仍有神话科学存在的迹象，像人们对量子力学的过分依赖，可能就会造成现实版的新神话传说的出现。实际上，世界宇宙学界在处理宇宙起源的问题时依然遵循"单调的"量子力学，由于量子涨落造成的大爆炸的初始机制仍然存留，但它永远无法被直接观测到，因而也就只能依靠基于量子力学的逻辑判断了。这是由于现代科学出现了普遍数学化的倾向，也就是把关于自然的知识数量化，但无论怎么算，可分析量化的事物都太少，大多数且基础性的事物都是人类无法通过直接，甚至间接探测能得到的，更不要说什么实验验证和化为方程式了。所以，计算本身并不能产生实在的意义，关键还需要基于艺术想象力的概念集——这也是从屈原开始的。

说来也很巧，中国的古代诗人屈原离世整整1820年后，近代一个叫哥白尼的波兰神父在他的弥留之际出版了一本书——《天体运行论》。在这本书中，屈原关于宇宙和社会的172个"天问"中的部分问题有了科学的答案。1953年，就在屈原逝世2230周年之际，世界和平理事会通过决议，确定屈原与哥白尼入选当年所纪念的世界四大文化名人，此外还有法国作家拉伯雷和古巴作家马蒂。

屈原 ——《天问》宇宙源　11

纪念屈原的邮票之"求索问天"（邮票组合图）。左：2018 年屈原逝世 2295 周年，中国人民邮政发行的"求索问天"纪念邮票。右：1953 年屈原逝世 2230 周年，也是哥白尼逝世 410 周年，中国人民邮政发行的"世界文化名人"纪念邮票

用诗句简介诗人的精神是可以的
但用一段小诗来解析一首哲理长诗
这可以做到吗？简直是不可能！

一个"真正罗马的史诗诗人"
思辨蕴含于他一辈子的《物性论》中
展开的行行经典诗句啊
尽显他的自然、哲学和伦理之说
所有存在于宇宙中的物质
都是一种称为原子的不同组合
贯穿始终的就是万物的"原子论"

所以，今天的人有理由说
它就是人类史上第一个"万有理论"

公元前，《物性论》告诫了我们：
"无物能由无中生，无物能归于无"
"必须用推理认识天的规律和面貌；
还有那些狂风暴雨和光亮的闪电
也必须被谱入我们的诗篇……"
公元后的今天，我们更认识到
原子并不是最小，还有更小的东西
等待着我们

卢克莱修——原子《物性论》

1942年12月2日，在美国的芝加哥大学，由意大利籍物理学全才费米领导的实验研究小组建立了世界上第一座可控原子反应堆，从此人类迈入了真正意义上的原子时代[参见《玩转科学的"艺术家"（下册）》"费米篇"]。一些年后，费米的夫人在其《原子在我家中》讲到一个现代罗马人与原子的故事——因为故事的主角费米于20世纪的元年出生于罗马；而约2000多年前一位同样出生于罗马的诗人卢克莱修在他唯一流传下来的著作《物性论》中，承袭了德谟克利特和伊壁鸠鲁的原子学说，并从该理论出发，阐述了宇宙物质运动的一般规律……从久远的哲理推论，到现代可控原子反应堆的正式运行，"古代罗马人"关于原子的理念随着"现代罗马人"领衔操控的一部"机器"的运转而得以被完全证实。

由此，我们引出了一个艺术与科学的关联作用的思考：一般情况下，人类取得的重大进步似乎总是以艺术想象作为先导，而科学技术实证作为断后，也就是"屈原篇"中所说的"诗性智慧"。这就形成了一种"创造程序"，它被许多科学成果的诞生过程所证实。上述关于原子的原始设想与后来被证实的史实就是一个例证，同时也通过科学幻想与科学实证的关系得到了另一种形式的印证。科学幻想的本质就是艺术创造。当然，原子的概念起初并不完全由幻想产生，哲理思辨也占有一定的比重。从某种角度来讲，它发生在相隔约2000年之久的两位"罗马人"身上，这颇有点巧合的意味。其中，"科学实证断后"的费米的故事我们已经讲过，现在也该讲讲"艺术先导人"了，他以哲理长诗《物性论》全面论述了早期的原子学说。

诗性的"万有理论"

提图斯·卢克莱修·卡鲁斯（约公元前99—公元前55）为罗马共和国末期

的诗人和哲学家，以流传下来的哲理长诗《物性论》著称于世。《物性论》于1473年被重新发掘并得以整理出版，是现存唯一系统阐述古希腊、古罗马的原子唯物论的著作——今天看来，充满哲思的原子论竟以诗歌的形式诞生于世，这让我们觉得古代的艺术与科学并行不悖。还有就是，这个诗性的鸿篇巨制依据德谟克利特开创的原子唯物论，以大量事例阐明了伊壁鸠鲁的原子学说，将朴素唯物主义的观点贯彻于自然、社会和思维领域，在与唯心主义学说的斗争中丰富了唯物主义和辩证法思想——按照今天的话来讲，就是它是一个诗性的"万有理论"或"万物至理"。

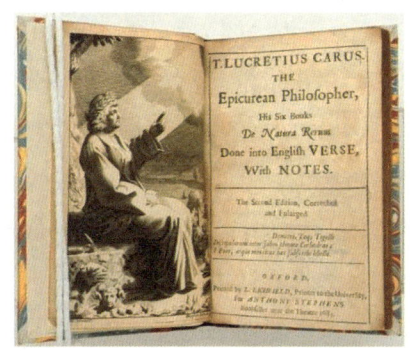 

左：卢克莱修《物性论》1683年英文版的扉页图。右：卢克莱修头部雕塑

据考证，《物性论》是在卢克莱修死后发表的。曾有一种说法，它被罗马贵族思想家西塞罗修正过，原稿已不复存在。1473年，意大利人文主义者波吉奥将其整理出来并被流传至今。这是一部长达7400行之多的长诗，共分6卷，用抑扬六步格写成——它融诗歌、自然科学、哲学、伦理学于一体，是一部百科全书式的作品。这部著作以诗歌的形式阐明了宇宙物质运动的一般规律，以及原子的结构、特性和它的存在形式，从自然科学与人们的道德相关联的角度，论述了生死和幸福等问题，解说了人的感官知识、思维、情感等，描述并解释了天文学、植物学、动物学、人类学、气象学等方面的问题。由此可见，此部著作创作于人类文化成熟的早期，那时的艺术、哲学、科学、伦理，甚至宗教是混沌且融合的。从这个意义上讲，它反证了艺术与科学同宗同源之说。

卢克莱修是罗马人中对希腊文化继承的代表。而他的长诗《物性论》是唯一流传下来的关于古代原子论的文献，因此具有重要的历史意义与科学价值。古代原子论经历了3个发展阶段：第一阶段是古代希腊的古典时期，德谟克利特等首创了原子论思想，对世界进行了一种唯物论的、机械论的解释；第二阶段是希腊化时期，雅典的伊壁鸠鲁进一步发展了原子论，并将之运用到人生哲学之中；第三阶段是古罗马时期，主要由卢克莱修加以发展。原子论思想在罗马时代的复活是不寻常的，它大概是罗马时代比较杰出的精神气质。请注意，这些早期的人类哲学思想已充满了我们今天所说的科学思想，直到牛顿著名的《自然哲学的数学原理》出版时，书名中的"自然哲学"一词还是我们今天所说的"科学"的代名词。

艺术的"质能关系"

从《物性论》这唯一关于原子论的传世作品来看，卢克莱修无疑是坚定拥护伊壁鸠鲁原子学说的学者。与不少前苏格拉底时期的哲学家一样，他用诗歌的形式来阐述哲学和科学思想——典型的诗歌是一行行充满想象力且精练的短语组合，用于表达情感和想象的功能毋庸置疑，但用于表现理性很强的哲学或科学确属古希腊先贤们的创造，就跟意大利掀起文艺复兴运动以后，近代自然哲学家（即后来的科学家）们运用一行行精巧的数学公式抽象而富有逻辑地表现自然精神的道理一样。例如，在现代刻画数学思想或物理世界的精简方程中，有些竟反映了自然宇宙的客观规律，如爱因斯坦在狭义相对论基础上推演的"质能方程"和在广义相对论基础上推演的"引力场方程"。《物性论》中的某些诗歌片段也以精简的文字道出了自然界的某些"质能转换"情况的大道理，例如"*一物的损失等于另一物的增加*"等短句。

而相隔2000年左右，到20世纪上半叶，另一位"罗马之子"费米为他古老的前辈证明了原子"物性论"，而且这次是"玩真的"——因为他没有将"原子论"停留在口头上，而是将儿时对哥哥说的"*能想出来的，我们就能做出来*"的话落实在了行动上。他后来的实际行动说明了原子不仅存在并拥有巨大的潜在能量。这对他的先辈卢克莱修来说是即使想得出也做不出的。1939年，在提出原子裂变理论的基础上，费米很快提出一种假说：当铀核裂变时会放射出中子，这些中子又会击中其他铀核，于是就会发生连锁反应，直到全部原子发生分裂，这就是著名的原子链式反应理论。根据这一理论，当裂变一直进行下去时，巨大的能量将被激发。如果制成炸弹，理论上它的爆炸威力是TNT的2000万倍！

第二次世界大战期间，建立一座原子能反应堆成为可能，它用以探明自保持的链式反应是否确实可行。由于费米是世界中子权威，且集理论与实验天才于一身，所以被选为世界上第一座原子能反应堆攻关小组组长。他最初在哥伦比亚大学工作，随后又来到芝加哥大学，并从此一直担任芝加哥大学教授和之后美国政府第一个国家实验室阿贡国家实验室的主任。1942年12月2日，在芝加哥大学，由费米指导设计和制造出来的人类第一座可控原子能反应堆"芝加哥一号堆"首次运转成功。这标志着现代原子能时代的真正开端，因为这是人类第一次成功地进行核链式反应。这一实验的成功，验证了包括卢克莱修在内的古代先哲们的原子学说以及现代科学家关于原子及其内部量子结构理论的正确性。

此外，卢克莱修还从原子论出发，演绎并阐述了宇宙物质运动的一般规律，甚至进一步阐释了自己对幸福的理解和人生的意义，批判了宗教道德观，说明了客观自然世界和人间道德观念的内在联系。在此，我们不由想起了中国的《老子》（国外译作《道德经》），它也是一部上至宇宙之道、下及道德伦理的联系与统一的东方经典。它以中国特有的精练文言文形式，艺术地论述了天上与人间的统一之道，也可以说是当时中国诞生的"万有之理"了。卢克莱修主张的是物质永恒的思想：物质是不灭的，由于原子的运动，它会不断转换存在形式，但不会消失；一物的损失等于另一物的增加（这种思想几乎就是近代"物质不灭"、能量守恒定律与爱因斯坦质能方程的萌芽）。而人们往往认识不到这个自然的真实面目及其规律性，让人身与灵魂分离，因此他们得不到理性上的幸福；但从古至今以诗歌形式（文学上的精简语言，类似于科学上的精准方程）反映物质世界质能关系的人们确实得到了理性的幸福，比如古和今的两个罗马人卢克莱修和费米。

从卢克莱修的诗句中，我们也可以看出他源于伊壁鸠鲁的观点，他认为宇宙中的物质是永恒的，无中不能生有，有也不能变无（现在的科学哲学观使人们认识到，有和无应该是相对于人的感觉或观测而

译林出版社出版的《物性论》的封面采用了20世纪现代抽象主义绘画创始人康定斯基的作品《几圈》（又称《几个圆圈》），其艺术化的原子图景诠释了《物性论》的主题

言的，客观上绝对的无可能真的不存在）。因此，自然不要求任何别的东西，只要求人们精神的愉快，无忧无虑，而不是什么财富、地位和权力。这就是卢克莱修从宇宙物质运动规律引发的对幸福的理解。什么是幸福？幸福就是精神愉快。这种精神愉快来自人们对宇宙运动规律的认识，来自人们对自然的理解。他认为人们对宇宙物质运动规律的无知，对自然科学的无知，会造成恐怖，

左：费米夫人劳拉·费米所著《原子在我家中》中文版本的封面，他们夫妇的生活一直都围绕着原子展开。右：《飞鸽化弯月——物质形态转换的拓扑不变》（刘夕庆 作），按照《物性论》中提出的物质永恒的思想，物质是不灭的，由于原子的运动，它会不断转换存在形式，而不会消失——不论有机生命还是无机事物都是如此

造成痛苦："能驱散这个恐怖、这心灵的黑暗的，不是初升太阳炫目的光芒，也不是早晨闪亮的箭头，而是自然的面貌及其规律。"

诗人们的"宇宙畅想"

在人类文明史上，人类对于宇宙图景的构想来自于不同的文化，而宗教、哲学、艺术和科学则是几个主要来源。其中，诗人的贡献功不可没，像本书的主人公中就有几位，他们分别是中国的屈原、英国的莎士比亚、美国的爱伦·坡、印度的泰戈尔，当然还有本篇中的卢克莱修。此外，还有意大利的但丁、英国的弥尔顿和美国的惠特曼等。

比如，但丁在他的《神曲》（与荷马的《荷马史诗》、弥尔顿的《失乐园》并称为西方三大诗歌）中赋予自然宇宙以神学含义。他笔下的天国是按照古希腊的托勒密天文体系创造的，它集天文学与占星术于一体，其中的每一重行星天都具有占星学上的象征意义。不过，为了解决占星术与基督教义的冲突，但丁在《天国篇》中对托勒密天文体系进行了修正，使每一种行星的特性都与某种神圣的美德相匹配。

再比如，在英国诗人、学者约翰·弥尔顿创作的史诗《失乐园》中，作者发

但丁的宇宙——"我曾去过那受光最多的天体,看到了回到人间的人,无法也无力重述的事物"

挥了不受宇宙学教条约束的艺术家能自由畅想宇宙的才智,想象并创造了自己认为的宇宙秩序。《失乐园》讲述了叛逆之神撒旦,因为反抗上帝的权威被打入地狱,为复仇寻至伊甸园。亚当与夏娃受被撒旦附身的蛇所引诱,偷吃了上帝明令禁吃的知识树上的果子。最终,撒旦及其同伙全被变成了蛇,亚当与夏娃也被逐出了伊甸园。该诗作说明人类从不识不知的原始社会进入从事生产劳动的文明社会,必须依靠知识和劳动。同时,宇宙间本身就有正反相对、相互矛盾的两种势力存在,人类历史上也反复出现过变革、斗争的流血事件,出现过《失乐园》中所描述的悲剧。

在《宇宙图像的镜子:宇宙的复兴图像》(1977)里,作者赫宁格赞美了艺术家对描绘宇宙图景的贡献:"我们可以猜想,不受宇宙学教条约束的艺术家能自由发挥他们对宇宙的思索。他有创造自己的宇宙的权利。这样的世界,随便拿几个例子来说,如博施的,阿尔贝蒂的,弥尔顿的。"比如,弥尔顿在《失乐园》中这样写道:"他们竟会仿造天空,/测量星宿,/他们是如何设计出这庞大的架构;/如何构筑、又拆毁、再发明,/以解释天象……"而当今的宇宙学家就是这么干的。

而卢克莱修则用宇宙物质运动规律进一步说明了当时宗教观念的愚昧。为此,他在《物性论》中表示:"必须用推理认识天的规律和面貌;还有那些狂风暴雨和光亮的闪电也必须被谱入我们的诗篇,歌唱出它们做什么,由什么原因而发生,以免你把天划分成许多区域来占吉凶祸福,愚蠢而狂乱地寻问那飞翔的火焰是从哪里来的,它是转向天的哪一半而去的,或者它如何穿入了紧闭的地方,如何在那里任意妄为之后又迅速地从那里离开——所有这些现象,人们都无从知道它们的原因,他们就以为有神灵操纵其间。"从这些用推理认识天的规律和面貌的诗句,我们联想到了在卢克莱修之前的中国屈原的《天问》(见本书"屈原篇"),他们的不少见解真是英雄所见略同。但是他们诗作的篇幅、风格等反映了东西方文化的差异:一个详细具体,一个重点写意,不过都是人类古代思维之经典。

在本书以诗性艺术论述科学精神、科学思想、科学方法的多个人物中,甚至还有从原理上诗解宇宙的"玩转艺术的'科学家'",像近代的爱伦·坡和泰戈尔等——有西方、也有东方的人物。卢克莱修的思想对古代西方的影响是很大的,虽然受到历史的局限,其中的一些观点是错误的,但他从宇宙物质运动规律以及自然科学对道德的影响角度来分析问题,对后人有很大的启发。现在,我们将他视作"玩转艺术的'科学家'",是由于他以艺术形式阐述原子论的历史功绩,特别是他有如泉涌的洋洋数千行诗,句尽其用、铿锵有力,闪耀着真理的光芒,值得后人纪念与继承。

左:卢克莱修纪念雕塑。右:纪念卢克莱修的艺术性版画

意大利"文艺复兴"的内涵
用不着添加什么注解或释义
"文艺复兴三杰"之首
用不着想便可直呼其名:达·芬奇

"绘画的确是一门科学"
一个短句便道出了一个真谛
为此,他用一生做了证明
让头脑插上艺术和科学的两翼

使之成为一部无所不包的万能机器

那流动而优美的笔触和墨迹
发明与发现由表及里
说它们是艺术品,不全是
说它们是科技,也可以
一位"玩转艺术的'科学家'"
创造的是艺术与科学真正融合的奇迹

达·芬奇——绘画论科学

在全世界，达·芬奇这个大画家的名字恐怕真正可算作妇孺皆知了——他主要是因《蒙娜丽莎》与《最后的晚餐》等画作而闻名的，就像科学界的牛顿因"牛顿力学三定律"与"万有引力定律"、爱因斯坦因"狭义相对论"和"广义相对论"而闻名一样。知道他的人可能至少基于两个原因：一是不管哪个国家的孩子人生起步阶段都要学点绘画知识，而学画的规范路径都是从较严格的素描开始——科学性绘画训练要追溯到达·芬奇的那个时代，正是文艺复兴运动为后世留下了为数众多的经典素描作品，而达·芬奇又是其中的佼佼者；二是父母们为了让子女学有榜样，经常会用"达·芬奇画鸡蛋"的故事来激励孩子，因为他们朴素地认为，顺着这条道路走下去，就有可能培养出像达·芬奇那样了不起的人物。

同样作为世界名人的爱因斯坦在1934年写道："不管一件艺术品或是意义重大的科学成就，其伟大和高尚之处均来自特定的个人。当文艺复兴时代为个人提供了摆脱枷锁求得发展的可能性的时候，欧洲文化才结束了令人窒息的停滞状态，实现了自己最重要的突破。"事实上，这段话所指的主要代表人物就是以达·芬奇、伽利略等为首的艺术与科学界的杰出人物。而对于大众来讲，虽然达·芬奇本人最伟大的成就来自绘画，但后来的史料陆续揭示了他还是一位背后有着长长科技影子的人——日心说的创立者哥白尼就曾从波兰去到意大利请教过他。而本人在写作本书的姊妹篇《玩转科学的"艺术家"》时就发现，欧洲文艺复兴及稍后一段时期涌现出的大艺术家或大科学家基本都兼具艺术与科学素养，只是侧重点有所不同而已。如发动科学革命的人物，像哥白尼、维萨留斯、伽利略、开普勒、笛卡儿、牛顿等都是业余画家，且都有画作留世（参见《玩转科学的"艺术家"》中对诸位的介绍）。

科学支撑起的大画家

列奥纳多·达·芬奇（1452—1519）生于意大利的芬奇，是文艺复兴时期一位著名的百科全书式的人物——他不仅懂得多，而且创造的东西更多；其兴趣广泛而深远，对观察和探求新事物有着不懈的热情。当他还是个学徒时就显露出了绘画等艺术方面的天赋。不久，他的全才性优势又让他在解剖、数学、光学、建筑工程、科学论证和地图绘制等众多领域表现优异。虽然完成的完整艺术作品并不算多，但他确定是文艺复兴时期的杰出代表人物，因为他为业余科学探索分出了相当多的精力，并成了科学与艺术交融之路上的真正领跑者，在历史上达到了任何一个后来人都无法企及的高度——依笔者个人看，他是将艺术性绘画作为一种美妙而富有直觉的语言加以运用，让科学与艺术这两只翅膀同步拍打，去寻求存在于世的感性与理性交集的真实面目。即使在画法上他也做出了众多发明，如空气透视法、晕涂法等。所以，达·芬奇是一位依靠科学手段支撑创作的大画家。

说来也巧，本人平生第一次看到的外国名人传记就是《达·芬奇》——那是

不同画家绘制的不同时期、不同版本的达·芬奇画像（包括达·芬奇本人画的自画像——下排从左数第二幅等）；下排最后一幅为埃舍尔所作的《达·芬奇创造的矛盾空间》，充满了错觉、悖论等（参见本书"埃舍尔篇"）

在20世纪70年代中期。100多页的小书给我最初的印象并不是里面的文字,而是后面直观的附图,其中一幅就是双目深邃、嘴唇坚毅、满面银须的老年达·芬奇的自画像,这幅由艺术性波浪线条构成的素描很长一段时间被粘在我的床头——看也看不够。但相当长的时间里我都不知道该怎样用自己的语言来表述对达·芬奇的看法,那是因为我当时还不知道这位伟大的人物身上还存在科技发明的一面。就像一枚硬币我只看到了它带有花卉艺术图案的一面并且记忆深刻,而忽略了它还有定量数值的严谨一面。

最能体现达·芬奇对于绘画与科学关系的认识的莫过于他的一句名言:"绘画的确是一门科学。"在他的所有作品当中——无论是绘画、设计还是文字——《蒙娜丽莎》无疑是最能完整体现其思想的作品,这幅画几乎涵盖了从1503年起到1513年达·芬奇全部艺术和科学研究的主题。画中呈现的是一位半身女子像。背景中的山峦风景轮廓模糊,色调暗淡。这幅画是绘画史上和文艺复兴时期的巅峰之作,表达了画中人因无法得到所期盼的幸福而悲伤的情绪。作为达·芬奇最爱不释手的画作之一,《蒙娜丽莎》也可能最能说明上述名言的分量——因为这幅画是达·芬奇后期的作品,其中的科学元素含量也最高(如人体解剖学——女子身体运用的涂晕法,心理学——女子面部的神秘微笑,数学——画面的黄金分割比例等);如果说《蒙娜丽莎》等是达·芬奇完美作品中的代表,那么也应该可以说是他一生中的全部作品砌起的金字塔塔尖的高光之作了。

文艺复兴运动为达·芬奇等提供了摆脱枷锁求得发展的可能性,欧洲文化结束了令人窒息的中世纪停滞状态,实现了最重要的突破——这一突破反映在文艺领域,最直观的画面可能就是"蒙娜丽莎的微笑"了。因为处于中世纪长期桎梏下的欧洲还没有哪幅画作具有心理学内涵的神秘笑面呢。当时,也只有在人文主义精神的驱动下,达·芬奇才让"蒙娜丽莎"嘴角微微向上那么一挑,最终实现了长期阴霾下难以见到的人性解放。

达·芬奇的艺术名作:《蒙娜丽莎》(木板油画,77厘米x52厘米,现存于巴黎卢浮宫)

绘画让科学更具魅力

今天我们所了解的达·芬奇已绝不仅仅是一位天才画家了——如果用立体的视角从各个角度来看他,并且不光看其创造的成品,他也应是一位独树一帜的科学家、发明家和工程设计师。他用绘画形式记录了许多笔记,其图文并茂的艺术特色,让那些闪耀着发现、发明光辉的思想囊括了当时几乎所有可知的人类探索领域。他的设计,例如许多飞行器和军事设备都大大超前于他所处的那个时代。有着强烈好奇心的他,对大自然的观察细致入微:植物、动物、山水、地质构造、人类的体貌结构,甚至湍流等都是他研究和刻画的对象。因此,达·芬奇被认为是文艺复兴时期的完美人物,同时也是极具现代开创性的艺术大师;他的绘画使科技展现出更加诱人的魅力,因为他让发明创造穿上了艺术的外衣。

绘画的过程存在一个直觉性创意和激情性发挥的问题,画家学识涵养的高低决定了画作内容品质的高下。譬如,达·芬奇的科学意识就决定了画作内涵的深度与丰富度,而他的艺术能力又决定了其科技设计的感染力。另外,作品诞生后,它的图景语言还给予了人们除70%~80%的视觉信息以外的形象思维。而目前对于气势宏大的科技图景,除了像探测引力波那样需要借助听觉以外,其他信息的处理基本上要借助视觉才能完成,而达·芬奇偏偏就抓住了这个视觉占优的契合点,终身玩着一种智力与技艺融合的图景游戏,为我们留下了数千幅艺术与科学有机联系的传世之作,并用绘画的独特魔力加以装饰,让人们觉得科技非常有趣并值得亲近。这与科学领域所涉及的图景说(比如"世界的机械化图景""生物的演化图景""暗宇宙分布图景"等)不谋而合。

达·芬奇的所有作品都展现了他在发明和艺术创作过程中充满绝妙想象的一面。特别是他留下的大量手稿和草图,我们从中可以看出这位大设计师探索世界万物运行法则的雄心壮志,以及他那颠覆艺术史的惊人直觉、梦想和独具魅力的性格,这些特质令一代又一代崇拜者着迷。尤其是他的原创性绘画笔记至今都让我们惊叹不已。我个人甚至认为,这些从科学与艺术两方面看仿佛都是半成品的文物本身就具有独特的艺术欣赏价值,同时还可让后来的人们加以深化和完善,演绎出更加丰硕的艺术与科技的融合性成果(在此我想到了乔布斯)。同时,达·芬奇关于绘画的众多至理名言也指引了我们在可视化科学研究道路上的前进方向。

不知为何,历史上的一场自然或社会风暴总会引出不止一种前所未有的事物，像生物学上的寒武纪生命大爆发、2000多年前古希腊众多先贤和中国诸子百家的同时段涌现就是典型的自然或人文事例。而始于500多年前的欧洲文艺复兴运动也一样，代表人物就是意大利的"文艺复兴三杰"——达·芬奇、米开朗基罗和拉斐尔，还有当时可谓德国的达·芬奇的丢勒、英国的文学大师莎士比亚等（参见本书"莎士比亚篇"等），他们都不同程度地用自己的艺术作品让科学更具有魅力。

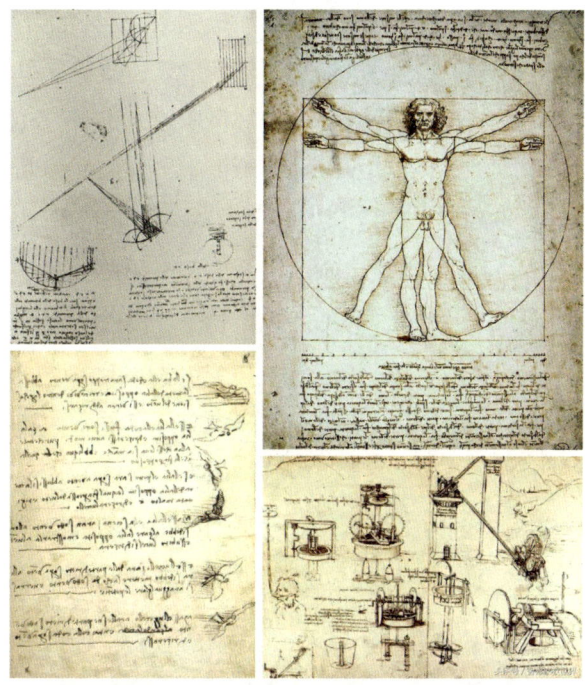

达·芬奇看似有些随意的手稿（右上为著名的《维特鲁威人》，作于1501年，现存意大利威尼斯学院美术馆）有着艺术与科学的交集之感。后来的许多科学家，包括20世纪的伽莫夫、费曼、李政道等仿佛也延续了这种风格[参见《玩转科学的"艺术家"（下册）》"伽莫夫篇""费曼篇""李政道篇"等]

"文艺复兴三杰"中的米开朗基罗与拉斐尔和文艺复兴早期涌现出的众多艺术家（如乔托、布鲁内莱斯基等）就好像是"艺术生物链"上不可缺失的环节，在空间艺术的各方面都对达·芬奇的不足给予了补充，保证了当时艺术生态的平衡，单视觉艺术方面就使得文艺复兴运动的图景完美无缺。当然文学的辅助作用（如莎士比亚作品中隐含的宇宙学）也必不可少。布鲁内莱斯基发明了线性透视、米开朗基罗等在艺用解剖学方面也有不少贡献，但唯独在达·芬奇这里"分叉"并长出了太多具有科学元素的果实——可以说他笔记中的那些具有美学意义的配图持续影响着引发了科学革命的人们。

同时，达·芬奇采用的一些方法让人们看不出艺术与科学的明显区分。比如，用色彩在画面中创造出距离错觉的技法被称为"空气透视法"。空气或大气透视的作品在一些古希腊与古罗马壁画中就已经出现，但达·芬奇是第一个使用"空气透视"这一术语的人——他在1540年左右的《绘画论》中写道，"**色彩会按照观察者的距离按比例变弱**"。后来，人们发现当光线穿过大气时，水分与微小的灰尘颗粒会造成散射。因为短波段的蓝光散射最严重,远处的色彩会显得更蓝。大气也会使远处的形体变得不太清晰,边缘变得模糊。因此在采用空气透视法的画作中,远处的物体会显得颜色更浅、更蓝,且细节更少,而近处的物体则显得颜色更明亮,细节更清晰。中世纪时期的艺术形式并没有广泛使用这一技法。但在 15 世纪,人们对其进行了探索,起初是佛兰德斯艺术家通过观察(而非数学或科学理论)在风景画中加入了细微的色调渐变。这里艺术似乎等价于科学,笔者则认为是艺术巧妙地诠释了科学,因而它们的融合魅力无穷。

这里需要重点提示的一点是,尽管中国艺术家直到 16 世纪才开始采用线性透视法,但他们从 8 世纪开始就画出具有空气透视效果的画了——现在我们看到的许多古代中国山水画就呈现出空气透视的绝佳效果。下页这幅笔者用油画棒绘制的《紫金山斜阳》以看得见的前景树丛透视光线的具体实例证明了空气中看不见的水汽与尘埃颗粒一样能够阻碍透视光线,且折射光色。

空气透视法最早是由达·芬奇确立的科学透视概念,可见他是一位善于提出科学概念的人。这些科学概念对艺术领域中的现象也一样适用。此幅《紫金山斜阳》(刘夕庆 作)可以帮助读者理解空气透视法

近代科学艺术原点式的人物

16世纪，欧洲的文艺复兴运动进入全面成熟时期，杰出的人物不断涌现。特别是在造型艺术方面，这个时期出现了空前绝后的艺术作品，同时也出现了科学革命的伟大作品——哥白尼的《天体运行论》、维萨留斯的《人体构造》等，特别是身处波兰的哥白尼在创作其巨著的过程中还特地到意大利拜访了达·芬奇。哥白尼认为具有伟大艺术造诣的达·芬奇的思想会给他以指引——果真，哥白尼在后来建立日心说模型的过程中运用了艺术上的转换视角法——他"站"到太阳上去看宇宙了；而在那个时代的所有科学艺术大人物中，达·芬奇的年岁也居大。所以依笔者一孔之见，他应该是近代科学艺术的原点式人物。为什么？我们不妨看看他将艺术与科学融合运用所取得的成就。

由意大利发端的文艺复兴运动传遍了整个欧洲，并且在文学与艺术之外的领域也得到反响——理所当然地包括科学技术领域。近代科学的基本特征之一是注重实验。近代实验传统可以追溯到培根，但直到文艺复兴时期，实验才开始为更多的人所接受。特别是当时的造型艺术大师们，为了准确地再现人体的千姿百态，率先研究人体结构，推动了实验科学的发展，他们之中最为杰出的是达·芬奇。我们很难准确地描述这位天才的过人之处。他既是画家、雕塑家、工程师、建筑师，又是物理学家、生物学家、哲学家，而且在每个领域都表现出众。在那个充满了创造活力、朝气蓬勃的年代，达·芬奇是许多新兴领域的开路先锋。他虽没有受过正式的教育——主要在家里跟随父亲读书自学——但从小才智过人，加上勤奋好学，很快就在许多方面取得了令人惊叹的成绩。达·芬奇的名画流传千古自不必说，他在工程技术、物理学、生理学、天文学方面取得的成就，在科学史上也具有划时代的意义。

据说达·芬奇为米兰的天主教堂修建过一部升降机，还设计过降落伞、坦克和飞机。为了设计飞机，他研究过鸟的飞行；为了设计潜艇，他研究过鱼的游泳方式。他发现了杠杆的基本原理，重新证明了阿基米德所取得的许多流体静力学方面的结论。他还认识到人类的视觉源自于对外界光的接收，而不是从眼睛里向外发射光线，并且绘制了一个眼睛的模型，以说明外界光线如何在视网膜上形成图像。在天文学上，他认识到地球也是诸多星体之一，整个宇宙是一部"机器"，按照自然规律运行；月球实际上也是由泥土构成的，靠反射太阳光而发光，而地球也一定像月球一样可以反射太阳光。他还在笔记本中写道，地球的结构可能存在长期缓慢的变化。

达·芬奇在人体解剖学方面的工作影响更大。据说他不顾罗马教会的反对，解剖了约30具尸体。由于有了解剖方面的经验，他在哈维之前就提出血液循环的构想，并且研究了心脏的功能和构造。达·芬奇的这些工作的重要意义，在于他倡导了一种亲自动手实验的科学态度和作风，这对经院哲学（天主教教会在其所设经院中教授的理论）派中盛行的光看书本不观察事物本身的风气是一个纠正。写在他的笔记本上的这段话充分体现了近代科学的精神：

"自然界的不可思议的翻译者是经验。经验绝不会欺骗人，只是人们的解释往往欺骗了自己。我们在种种场合和种种情况下谈论经验，由此才能够引出一般的规律。自然界始于原因，终于经验，我们必须反其道而行之，即人必须从实验开始，以实验探究其原因。"

达·芬奇以他名画家的高超手法，画出了许多人体的解剖图和物理实验示意图。这些图不仅是珍贵的艺术作品，也是重要的科学史文献。达·芬奇在科学方面的重要思想大多记录在他的笔记本上，生前没有公之于世，因此对近代科学的创建事业未产生直接影响。但他生前是一位社会名流，与社会各界知名人士交往甚密，他所崇尚的实验精神无疑有助于近代自然科学的成熟和发展。

所以，正是在他的这种带头作用下，一大批科学巨星相继闪亮登场——哥白尼、维萨留斯、伽利略、开普勒、笛卡儿、牛顿，一直到达尔文、孟德尔和巴斯德等，而且有一个潜藏的事实不知道大家注意到没有，那就是所有这些科学大人物都像达·芬奇一样会画画，并且画技还很高，甚至可以上升到艺术高度来谈。从这个意义上讲，是不是可以说达·芬奇是一位近代科学艺术的原点式人物呢？

有人说，人类在学问的探究上存在一种"广而不深、深而不广"的规律，从人生时空有限和精力一定的情况上讲确实如此。但这种规律被现代科技和艺术交融的原点式人物达·芬奇的"好奇心辐射出的光芒"所淹没。许多评论家和学者表示，达·芬奇并不是一个有问题的人，但他的一生确实是一个巨大的谜团。在他的一生中，所有有幸见过他的人都被他的智慧所折服。距离我们更近的保罗·瓦莱里在《达·芬奇笔记》的前言中用诗一样的语言评价了这位拥有伟大直觉的特立独行的"怪人"："达·芬奇对绘画、数学计算、科学定义和文字描述都运用自如，信手拈来，对他而言，科学与艺术之间、理论与实践之间、分析与综合之间、逻辑与类比之间似乎没有壁垒分明的界线，当他热情洋溢地投身于创造知识的事业中时，一切外在的差异都不复存在。"

伟大科学家们的画作（刘夕庆 收集整合）——不同学科的科学家都有；有专业画，也有艺术画，还有反映心理、心愿的画作

几乎在同一时段，德国也出现了一位达·芬奇式的人物，他就是被誉为"德国达·芬奇"的丢勒。因为整个欧洲文艺复兴时期是一个艺术与科学既并驾齐驱、又相互交融前行的时期，那时有太多两个半球皆很活跃且协同发展的大脑支持着这场大潮，其中丢勒与达·芬奇就是分属欧洲两个不同国度的杰出代表。丢勒曾说过，"艺术就在自然当中……找到它就能拥有它"。这样的看法源于他的信仰：上天创造的一切比任何艺术作品都要好。艺术家的使命是学习，永不停歇地研究造物主赐予我们的世界——这样的话似乎更适合科学，所以将丢勒也视为"玩转艺术的'科学家'"一点不过分。原因是，丢勒与达·芬奇既属于艺术上的"独一无二"，又属于科学上的"无独有偶"。

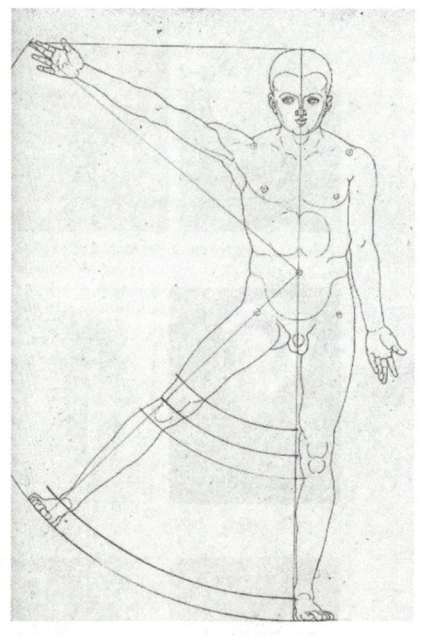

左：《丢勒创意肖像》（刘夕庆 创意制作）——通过思索，丢勒在版画《忧郁》中展示了属于自己的"数字幻方"。右：两位巨匠虽不曾谋面，但丢勒的人体动态比例图有达·芬奇著名的《维特鲁威人》的味道

1519年5月2日，达·芬奇在克洛·吕斯城堡去世，被安葬于昂布瓦兹的圣夫洛朗坦小教堂。对于这位人类文明史上的科学与艺术这两种文化的双料性大人物，他大就大在对待大自然的态度上——大自然始终是达·芬奇研究探索的出发点和终点；既是他的灵感来源，也是他欣赏崇拜的对象。在他生命中的最后几年里，他愈发迷恋关于大自然的重大理论的探究。他越来越深刻地认识到，大自然体现着宇宙的深邃规律，而后者正是他一直孜孜以求的真理——艺术家和科学家分别从主观与客观的视角探寻真理，而达·芬奇则同时从主、客观的全方位视角进行探寻。

哈姆雷特的宇宙　　　　　　　《哈姆雷特》的艺术
由他间接叙述　　　　　　　　经文学和哲学的解析
哥白尼体系的寓言　　　　　　在理解宇宙上从此有了变化的观念
通过戏剧传播
"在天地之间，　　　　　　　一种新宇宙观在戏剧中出现
有许许多多事情……　　　　　传达了他正是
是你们的哲学所梦想不到的。"　旧世界中的"新星和新人"
　　　　　　　　　　　　　　啊！思辨的剧作
"生存还是毁灭？这是个问题。"最伟大的文学家
一种固化不变的恒星观念　　　不会放过最先进的科学理念
被突现的新星所摧毁　　　　　为其著作注入新的能量形式

莎士比亚——"果壳"宇宙王

大仲马曾经说过，莎士比亚作为一位诗人是创造最多的人。莎士比亚年仅37岁时就已完成了21部戏剧并创立了一种被称为十四行诗的文体。他对英语炉火纯青的运用，400多年以来折服了无数观众和读者。他一生写过38部戏剧和154首十四行诗，每一部作品都以前人未曾达到过的情感广度和深度探索着人性的复杂多样。他的写作主题悲喜参半，从浪漫的喜剧到催人泪下的悲剧都有，但所有的作品无不证实了他无可匹敌的文字功力与哲理魅力。莎士比亚对世界各地的舞台、电影、课本以及我们日常用语的影响无处不在，这也是他成就辉煌、涉猎广泛的最好例证。但是很少有人将他的作品跟天文学或宇宙学联系起来，对于中国的读者可能更是如此。直到霍金的科学作品《果壳中的宇宙》翻译出版，我们才有了寻觅莎士比亚作品科学性一面的线索。

在1603年首次出版的《哈姆雷特》中，莎士比亚完成了对自己的超越。他为这位处于矛盾冲突中的王子塑造了一个文人英雄形象。整部戏剧充满了问题，但它通过诗一般的语言牢牢抓住了全世界观众和读者的心。同时他也像但丁一样，将自己对宇宙的认识巧含于剧作中。俄罗斯作家列舍特尼科夫在《夜空为什么是黑的》一书中这样写道："毫无疑问，《哈姆雷特》是世界文学中最神秘的作品之一。"因为人们在这部作品中发现了隐秘的结构——当时前途未卜的哥白尼提出的日心说之踪迹，而《哈姆雷特》写于1600至1601年间。一位作家，竟将一个还未得到彻底证明或公认的天文学说融进自己的剧作中，充分证明了他对该学说的理解和拥护。《哈姆雷特》跌宕起伏的剧情中竟穿插着作者对宇宙秩序的认识，足见莎士比亚作品的伟大。

《哈姆雷特》中蕴含的科学

威廉·莎士比亚（1564—1616）是文艺复兴时期的戏剧家和诗人，也是人文主义文学的集大成者，近代欧洲文学的奠基人之一。莎士比亚在埃文河畔斯特拉特福出生长大。从16世纪末到17世纪初的20多年时间里，莎士比亚在伦敦开始了成功的职业生涯，他不仅是演员、剧作家，而且是宫内大臣剧团的合伙人之一，该剧团后来改名为国王剧团。1590到1600年是莎士比亚创作的黄金时代。他的早期剧本主要是喜剧和历史剧，16世纪末期的作品达到了深刻性和艺术性的高峰。那么，为什么莎士比亚作品的影响力至今在全世界都经久不衰呢？这看来是一个问题。

从某种角度看，评判一部文学作品的好坏不能仅看其运用的华丽辞藻或一时振奋人心的叙述，还要看其中是否设有隐秘结构，而这种结构是否具有推动人类进步的艺术性逻辑过程，有无情感宣泄下的秩序结构极为重要。我国著名文化学者余秋雨在其著作《伟大作品的隐秘结构》中论述道："我坚信伟大是有秘密的。对艺术来说，伟大作品的成功秘密，除了人格因素之外，也不排除方法上的原因。我花费了七年时间仔细钻研世界上十四个国家在美学和艺术学上的主要著作，并进而研究古今的伟大作品……终于发现，这些作品背后潜藏着两大隐秘结构……一、无结论的两难结构；二、半透明的双层结构。""艺术的伟大不同于哲学的伟大，在于即使不'懂'，也要尽可能地吸引人们的注意力。"列入本书中的文学家都有这方面的天才性结构创造，莎士比亚更是如此——他的《哈姆雷特》充满了问题和矛盾，就连潜在的天文学结构模型都前途未卜，然而即使这些都不明确，他也努力用戏剧化的场景去吸引观者的注意。

莎士比亚的《哈姆雷特》这部戏剧借助讽喻描写了当时的4种不同宇宙模型的冲突，即16与17世纪之交众所周知的4种宇宙体系：托勒密的地心说、哥白尼的日心说、迪格斯修改的日心说体系（没有恒星球的无限宇宙）以及第谷的折中模型（这种模型将关于地心说和日心说的4个体系的特点融为一体）。1996年美国天体物理学家彼得·亚瑟根据种种历史背景和迹象做出推测，对日心体系修改并让哥白尼的日心说思想在英国得以传播的著名天文学家托马斯·迪格斯（1546—1595）应该就是莎士比亚戏剧中哈姆雷特的原型。

彼得·亚瑟更进一步认为，莎士比亚跟迪格斯相识，并从他那里了解到了金

大同小异，侧向一致；千面一人，谁更"真相"？因为莎士比亚时代还没有照相机，其形象均为各时代的绘画创作，那到底哪个形象最接近他本人？这是一个问题

星的相位、月球环形山、太阳黑子以及肉眼看不到的无数恒星等知识。所有这一切迪格斯本人是从他父亲那里知道的，而迪格斯的父亲可能正是天文望远镜的发明人。亚瑟同样认为，在《哈姆雷特》中存在只有通过天文望远镜才能看见的现象，当然，这些的最好证明与其说是《哈姆雷特》的潜台词，不如说是作者机敏的推测："我并未去思考和评判星辰；尽管我对天文学也很了解……"尽管莎士比亚的戏剧和诗歌中似乎没有提及哥白尼的日心说，但彼得·亚瑟在《哈姆雷特的宇宙》和《莎士比亚与现代科学的开端》以及一系列的文章中指出，《哈姆雷特》是一部关于哥白尼主义的复杂寓言。在《哈姆雷特》中，亚瑟找到了支持自己这种推测的许多细节。在他看来，《哈姆雷特》是一部解释天文学的戏剧。例如，"上帝啊，如果噩梦不再纠缠我，即使把我关在果壳之中，我仍然自以为是无限宇宙之王。"这里，哈姆雷特直接提到了无限宇宙——正是这句台词，让近400年后的斯蒂芬·霍金写出了属于自己的《果壳中的宇宙》一书。因此，这句话也应该算是对自身被"囚禁在轮椅上"的霍金研究宇宙学处境的真实写照吧。

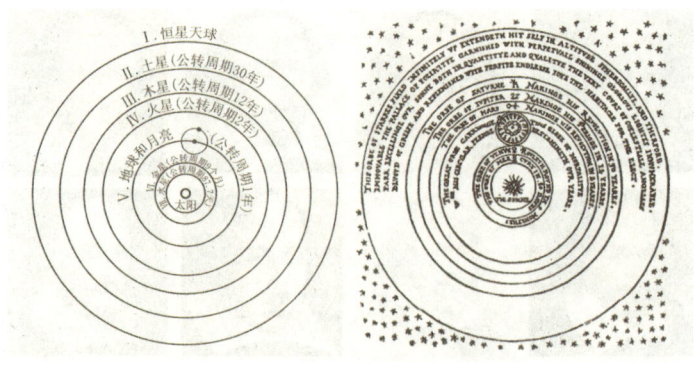

哥白尼日心说（左）的图示与迪格斯宇宙模型（右）的比较——迪格斯虽画出了模型外的恒星，但并没有将其视作宇宙的组成部分，结果使得有没有恒星天球成为二者的主要区别，但这并不影响日心说模型的内在构造

　　《果壳中的宇宙》这一书名源自于《哈姆雷特》中的经典台词。它的隐喻是多重的——哈姆雷特认为，即便把他关在果壳中，他仍然是无限宇宙之王。《哈姆雷特》几百年前所吟唱的自身处境，却和人类的宇宙观完全相符，这当然要归功于莎士比亚敏锐的洞察力，在那个高度上艺术和科学是相通的。从广义上看，粒子、生命和星体的处境都和果壳相似，只是现在我们尚不清楚它们中谁是无限宇宙之王，或者可能就是它们的动态集合。但无论如何，这个"果壳'宇宙王'"的名号都是莎士比亚赋予的。

　　现代量子宇宙学曾认为，整个宇宙由一个果壳状的"瞬子"演化而来，果壳

莎士比亚的后世"替身"霍金（《霍金科学肖像》刘夕庆 作）（左）及其著作《果壳中的宇宙》（右）

上的量子皱纹包含着宇宙中所有结构的密码。宇宙的所有位置在宇宙学时间的每个瞬间都相似，这个原理有着深远的意义。在同一时刻比较，遥远区域与我们的本地区域处于相同状态，通过研究一个样本区域的历史，我们就能发现宇宙的很多东西。这就是"果壳中的宇宙"的基本思想。霍金是这一学说的开创者。这位被禁锢在轮椅上40余年的、富有创见的科学巨人，一定比他的任何同行能更深切地体会这个短语的含义，否则的话，他何以从卷帙浩繁的莎士比亚剧作中总结出这一短语作为书名呢？可以断言，一切有志于创造的人们都可以从他的《果壳中的宇宙》里汲取艺术与科学融合创造的灵感。

莎士比亚的创造模式

普利策奖得主霍夫斯塔特（又译作"侯世达"）的《哥德尔、埃舍尔、巴赫——集异璧之大成》与美籍印度裔诺贝尔物理学奖得主钱德拉塞卡的《莎士比亚、牛顿和贝多芬——不同的创造模式》两本书的书名中共有6位人物，其中有3位被选入我编写的套书《玩转科学的"艺术家"》和本书中，他们分别是莎士比亚、牛顿与埃舍尔，这3位分别是文学家、科学家和画家——他们在创建自己热爱的秩序结构方面具有无与伦比的想象力与创造性，其中在跨界（跨学科）基础上的创造更是首屈一指。钱德拉塞卡在书中说道："……任何人如果敢于大胆地探索艺术工作者和科学工作者的不同创造模式，那么他一定是一个艺术领域及科学领域的实干家，同时也一定是一个学者，若仅仅是科学领域或艺术领域的工作者，那是不够的。"请注意，这里讲的是任何人，进而他反推了敢于探索这种交叉领域的人的身份。

这样反向考察，作为戏剧家的莎士比亚肯定是一位敢于大胆地探索艺术或科学的不同创造模式的人——他甚至将天文学模型融入了他所擅长的剧作中，这不能不说是一种创新模式；同时他也是一位艺术领域的实干家（著名剧作家和诗人），还是一位学者——我们完全可以将他的创作视作"莎士比亚的创作模式"，因为其中的思想理念、认识境界、恢宏架构、语言艺术和戏剧色彩等无不都是独一无二的，同时带有鲜明的思维个性，一看便知道是莎士比亚式的，也与他那个"天才的大脑门"完全相符。

再让我们回头看看欧洲的文艺复兴运动——它是在经历较长时期的中世纪黑

拥有"天才大脑门"的莎士比亚(左)与画家朋友在一起(绘画作品)

暗后才突现的人类文明的伟大历史事件,犹如大爆炸模型中的宇宙大爆炸,经过了黑暗时期后群星才涌现并闪耀于太空。表面上看文艺复兴只限于文学艺术上,而实质上,由于人性的解放,人文主义的文化土壤间接地让现代科学的种子孕育其中并迅猛生长——哥白尼在天文学上的革命性思想拉开了现代科学的大幕。而莎士比亚剧作中的主人公哈姆雷特是威登堡大学的学生——这里也正是哥白尼日心说的中心,天文学家第谷也曾在这里学习过。

在戏剧中罗森格兰兹和吉尔登斯吞的死是莎士比亚摒弃第谷式宇宙模型的方式,而克劳狄斯的死则标志着地心说的终结。但是戏剧的高潮并不是任何宇宙学说支持者的死亡,而是福丁布拉斯从波兰顺利归来并向英格兰大使致敬,这暗示着莎士比亚对哥白尼理论的支持以及迪格斯对日心说的深化,从而使新的宇宙秩序和人类在宇宙中所处的地位被重新进行了诗学定义。我们看到哈姆雷特在给奥菲利娅的信中写道:"许你怀疑星星会发光,许你怀疑太阳在运行,许你怀疑真理会说谎……"这正是作者怀疑地心说的有力表达,莎士比亚还借哈姆雷特之口说:"在天地之间,有许许多多事情,霍拉旭,是你们的哲学(相当于现代的自然科学)所梦想不到的。"可见,《哈姆雷特》不单单在文学和哲学上十分重要,在宇宙科学上也不遑多让。

17世纪末期,没落的占星学被哥白尼和之后的牛顿彻底粉碎,不变的宇宙观念被突现的天文现象所摧毁(如1572年和1604年出现的新星)——如果天体都是可变的,那么它们的影响显然是不可预测的。而伽利略对木星的4颗卫星的发现则使人们明白了宇宙中有众多看不见的星星,而它们的影响则是我们无法解释的。莎士比亚出生于哥白尼逝世21年后,他的作品中似乎没有任何关于哥白尼理论的痕迹,其剧中对天体的记述好像都是基于地心说的。而和莎士比亚同年出生的伽利略直到45岁才制造出望远镜并观测到木星,其理论同样也没有在莎士比亚的作品中出现。但是,我们不必惊讶于这样明显的疏忽,因为哥白尼的理论在长达200年的时间后才被大众所完全接受,况且莎士比亚已借哈姆雷特之口表达了自己对旧宇宙学的不满。

左:《哈姆雷特》英文版。右:我们说莎士比亚创作了《哈姆雷特》等流芳千古的剧作,但"谁是威廉·莎士比亚"至今还有疑问——《影响人类历史进程的100名人排行榜》的作者麦克·哈特在此书排名第31位的题为"爱德华·德·维尔(更以'威廉·莎士比亚'之名闻名于世)"的文章中讨论了关于其身份曾有过的诸多争论

现在我们将莎士比亚收入本书并冠以"玩转艺术的'科学家'"之名,因为他向同时代的人们介绍了当时的重要科学观点,通过文学作品向读者传达了新天文学理念。同时他还表现出观念上的远见和对新科学的浓厚兴趣,这是因为他对天体有着自己的理解。莎士比亚所做的这一切有着很少人知晓的原因——如前所述,当时英国著名的天文学家迪格斯,他是第一个将哥白尼的日心说引入英国并加以阐释引申的人。他们一家与莎士比亚关系密切,他死后妻子嫁给了莎士比亚的好友托马斯·拉塞尔,其子又是莎士比亚的崇拜者。

文艺复兴运动使欧洲进入了人的觉醒的时代,人们对上帝的信仰开始发生动摇。在"个性解放"的旗帜下"为所欲为",这是当时的一种时代风尚——思想意识的大解放推动了社会文明的大发展;另外,尤其是到了文艺复兴运动的晚期,私欲泛滥和社会混乱问题开始突显。面对这样一个热情而又混乱的时代,人到中年的莎士比亚已不像早期那样沉湎于人文主义的理想给人们带来的乐观与浪漫情怀,而开始对理想与进步背后的隐患进行深入思考,《哈姆雷特》正是他采用自己的创造模式对充满隐患而又混乱的社会的一种审美关注,也表现了他对自然宇宙、人类世界秩序重要性的认识和期盼。

莎士比亚促成"世界读书日"

法国大文豪雨果说:"莎士比亚这种天才的降临,使得艺术、科学、哲学或者整个社会焕然一新。他的光辉照耀着全人类,从时代的这一个尽头到那一个尽头。"俄国的别林斯基对莎士比亚更是无限崇拜。他在《文学的幻想》中写道:"莎士比亚——这位神圣而崇高的莎士比亚——对地狱、人间和天堂全都了解。他是自然的主宰……通过他的灵感的天眼,看到了宇宙脉搏的跃动。他的每一个剧本都是一个世界的缩影,包含着整个现在、过去及未来。"莎士比亚在马克思的心目中所占的位置也是独一无二的,没有任何其他作家可以与之相比。在马克思的著作中,仅从数量上来说,引用或谈到他的地方竟有三四百处之多。所以有人说,莎士比亚是马克思科学研究过程中从始至终的最好伴侣,同时他为马克思的科学理论提供了例证、模型和历史内容,展现了资本主义社会发展的雏形和趋势,也为其科学的革命理论提供了大量的形象论据——这些都是书作为媒介所发挥的作用。

笔者个人对莎士比亚的认识,并不像对他之前的达·芬奇那么早,因为本人上学的时候世界文学名著及其作者们的传记都是不能轻易读到的;《达·芬奇》传记是"近水楼台"、从学校绘画组旁边的屋子里"偷到"的;而接触到莎士比亚是我工作后不久的事……本人一直以来都有一个行事特点,就是不管当时"吃饭"的行当是什么,所热爱的事情总是如影随形。记得我当时试图编一本供自己用的《人物名典》(以世界范围内的著名文化人物为主),也不想出版什么的,只是供自学使用,并想以自己画的人物肖像为插图——当时正处于收集人物形象的阶段。谁知入职后不久,由于工作和学习等各方面的压力,自己生了一场病——失眠、心悸导致神经衰弱。于是我利用病假的这段时间到南京图书馆阅览室查阅文化名人的形象资料,想用作钢笔素描肖像的素材。

当时我肯定将莎士比亚归类到了文学艺术类(巴尔扎克、契诃夫、罗曼·罗兰、拜伦、德罗克罗瓦、裴多菲、苏里科夫、李白、冼星海、傅抱石等都在列)。那时我并没有想过他们与科学的关联——我想即使是现在,仍有很多人不会把莎士比亚与科学联系起来,因为不深入了解一些历史背景和原著细节,以及艺术与科学的本源的话,是不可能知道上述一切的。就跟对曹雪芹的认识一样,如果你不知道他对博物学的情感以及对科技元素的日常积累,就想当然地认为他能凭空或靠天资写出《红楼梦》，那是绝对错误的（见本书"曹雪芹篇"）。世界上所有最伟大的艺术家都及时或充分地运用了同时代已有的和最先进的科学理念。

不知大家是否知道，每年的 4 月 23 日，对于全世界的读者和文学界是一个特别的日子，因为威廉·莎士比亚在 1616 年的这一天去世。1995 年，在巴黎召开的联合国教科文组织大会选择在这一天向全球的书籍和作者表示敬意，并鼓励每个人，尤其是年轻人，去发现创作和阅读的快乐，且再度对那些为促进人类社会和文化进步做出无以替代贡献的人们表示尊敬。1995 年 11 月，联合国教科文组织

《蓝黑色钢笔素描——莎士比亚等中外艺术家肖像图谱》（刘夕庆 1978 年作）——在众多艺术之星中，莎士比亚是最大最亮的一颗。虽然当时我的绘画水平还不怎么高，但这些本领毕竟都是主要靠自学而来的

第二十八次大会通过决议，宣布每年的 4 月 23 日为世界图书和版权日（又称"世界读书日"）。而 4 月 23 日也恰好是我的家乡南京的"解放纪念日"，所以，对于我这个土生土长的南京人来讲，每年的 4 月 23 日具有双重的重要意义——因为没有中华人民共和国的成立，可能就没有我父母的各种机缘巧合，哪怕是差一点点都不会有我；而我好像生下来也是为了"读书和创造"，以至于在自己的书房和工作室里拥有数不清的藏书，而且慢慢地"溢出"到卧室、客厅，甚至卫生间……

"To be or not to be, that's a question."（"生存还是毁灭？这是个问题。"）——这是莎士比亚所写的《哈姆雷特》中丹麦王子的经典独白。今天的我们可能经常思考这个问题。如果没什么特殊情况，我想大多数人肯定都会选择生存，因为只有生存才有机会读书和创造，人生也才会更有意义！而"世界读书日"是莎士比亚带给我们的，因为他比我们每个人读的书都多，所以创作的资本也更丰厚。

一部经两年磨砺得到的
《苏里南昆虫变态图谱》
让她从"魔女"化为女杰
如同美蝶的羽化翅展
将艺术演绎成了科学
为博物学实现了经典性装扮

在她事业的生命世界里
毛虫缓行化为蝶儿纷飞
虽呈变态却一脉相承

共寄宿主多姿多彩的图画
动静相对又美轮美奂
无意中为林奈的生物分类
贡献出了间接的力量

她的艺术不断地涌动
捕捉到了自然动物的秩序
出自于女性心房的热血
描绘了昆虫一生的完形图景
由此,她成为伟大的梅里安

梅里安——昆虫"图谱"解

如果你是一位昆虫或植物爱好者，那么可能熟悉梅里安这个名字。她一生中为昆虫和植物研究贡献了许多珍贵而精美的图画资料——不少关于昆虫学的散落知识和片段在这里连成一片，生长脉络清晰可见，而昆虫一生不同时段的生长形态也串接成景。如果你是一个美术爱好者的话，她的画作简直就像色彩写生的优美集锦——相同空间中不同时间的昆虫及植物宿主活灵活现。如果你既是生物学、又是绘画艺术爱好者，你一定对她佩服得五体投地。当人们第一次看到她的一幅幅柔美的画作时，真的能感觉到一个自然爱好者的淳朴，也能感受到一位艺术女性的认真细腻。她的作品不仅是一部内容丰富的、生态学的连贯图谱，而且是一场生物多样性及其生命图景的视觉盛宴——如果要寻找这一切的缘由，可能就要归结于德国人对艺术性和精细化的极致追求。

笔者在众多有资格收录在本书中的德国人（丢勒、歌德、巴赫、海克尔等）里，选择了唯一的女性梅里安，并不是完全出于要增加本书中女性比例的考虑——相比起来，特别是对大众而言，可能她的名声并不比那些男性同胞大，但在艺术与科学的融合发展上，她所做的贡献丝毫不逊于其他几位男性——尤其是在艺术为科学服务、自然界的昆虫作为绘画艺术表现的主题方面，梅里安不但受到了画家同行的推崇，而且被跨界的博物学家、昆虫学家们认可为他们中的优秀一员。在这方面，俄裔美籍作家、生物学家纳博科夫因为在文学作品《洛丽塔》与生物学的捕蝴蝶之间建立起联系也具有同样的地位，但梅里安是这个领域更早的实践者，并为林奈构建的生物分类体系贡献了力量。

但凡科学必有因

玛丽亚·西比拉·梅里安（1647—1717）出生于德国法兰克福的一个艺术世

家，其父为雕刻师和出版商。梅里安从小就喜欢昆虫，13岁时她将蚕当宠物养，并仔细观察和记录它们的生活习性及不同成长阶段的形态变化，后来对各种昆虫的蜕变过程产生了极大兴趣。她在昆虫世界里探索，到处收集各种毛毛虫，观察它们的成长发育过程，用画笔把每个发育阶段的形态展现在画纸上，并为画作附上详细的描述……这也为她日后从事或涉及科学的特别性创作打下了基础，同时也证明了"凡事皆有因，科学更如此"的道理。

由于从小就醉心于昆虫的世界，那些"小精灵"也逐渐成了梅里安艺术创作的主题。1679年，梅里安出版了一本以欧洲蝴蝶成长过程为主题的小书，共收录了50张铜版雕刻画，画作以梅里安独具匠心的手法呈现了蝴蝶完整的生命周期。在博物志的绘画中，这在当时是一种极为创新的方式，加上她对细节的敏锐观察和描绘，所创造的画作既赏心悦目，又十分新颖。一位有识之士对她的创作印象深刻，还买下了部分版画。梅里安一生的美好时光都与其绘制昆虫图谱之美妙、有序分不开。画技与智慧兼具的她是一位有着艺术气质的德国自然主义学者，她在描绘昆虫世界时，将昆虫的成长形态与其植物宿主巧妙地融汇在一起，完美地结合了艺术形态和科学上的生物生存法则。

后来三卷本《毛毛虫的华丽蜕变及其奇特的寄主植物》的出版，更证明了梅里安是首位将鳞翅目昆虫的成长阶段（卵、幼虫、蛹和成虫）与其赖以生存的植

梅里安的创作在昆虫学或生态学还未完全诞生时的那个年代简直就是一种具备超前意识的科学行为

物一起完整地呈现在同一画作中的艺术家兼博物学家——用生态学眼光去观察自然，对她所处的那个时代来讲无疑具有革命性。她的画就是科学和艺术的完美结合，栩栩如生地展现了昆虫的一生，也揭示了昆虫与植物的依存关系。即使单独的昆虫学或生态学在当时还没有完全诞生，但她所关注和记录的甚至可算得上昆虫行为学和生态学里物种间关系的一部分。

梅里安以欧洲蝴蝶为主题的第二本著作于1683年出版。两年后，她携女移居到了荷兰的沃尔萨。对富有的荷兰公民来说，当时收藏自然动植物标本是很时髦的事，许多来自荷兰海外殖民地的昆虫标本都令梅里安心驰神往。与其熟悉的欧洲蝴蝶种类相比，这些标本不论在尺寸、形状还是颜色上都奇异和另类。这让她下定决心，有朝一日要看到它们在自然环境里真实而鲜活的生存形态。

1691年又搬到阿姆斯特丹的梅里安，由于结识了一些当时的权贵，她等待许久的大好机会终于到来了。在市长与其他有势力人士的支持下，梅里安在1699年以52岁的高龄获得荷兰政府的固定津贴，并在次女的陪伴下，于该年6月开始了为期两个月的航行，前往苏里南的首都帕拉马里博，并在这个南美洲小国进行了两年的工作（苏里南当时是新近开发的荷属殖民地，位于南美洲北部，是热带雨林气候的一个典型地区，绝大多数欧洲人对其一无所知。1954年，苏里南成为荷兰的一个海外自治省，1975年独立，成为南美洲最小的一个国家，同时也是西半球唯一使用荷兰语的国家）。正是通过这两年的工作，一部让梅里安永存于史的图谱诞生了。

梅里安的上述举动，让我

上：加拉帕戈斯群岛上的达尔文雀的喙的各种素描图谱——它们成为生物进化论的强有力证据（达尔文 画）。下：上行下效——在达尔文的生物进化理论和食物链知识的熏陶下，达尔文的孩子们也学他用绘画的形式对这些内容给予了精彩表现

联想到后来的英国生物学家达尔文求得机会进行为期 5 年的环球生物学考察的故事——不知达尔文是否知道梅里安早于他的航程所取得的成果，或许就是她那具有博物学情怀的榜样力量感化了达尔文，并让他取得了博物学上更大的成就。达尔文在美洲的加拉帕戈斯群岛的发现成为他提出的生物进化论的关键证据 [参见《玩转科学的"艺术家"（上册）》"达尔文篇"]。

画作艺术变态图

在逗留苏里南期间，梅里安完成了数量相当惊人的工作。她遍寻蝶蛾幼虫，观察并描绘它们在植物宿主身上进食的模样，看着它们化蛹，并照顾着这些蝶蛹、蛾茧，直到它们羽化成虫。梅里安的观察内容几乎都是前所未见的，她在回到阿姆斯特丹以后，将自己的写生制成版画，与她在苏里南的其他观察笔记一并以《苏里南昆虫变态图谱》一书的形式出版，得到各地读者的高度赞誉。书中收录的 60 幅版画中，有一部分以非昆虫为主题，包括蛙类、蟾蜍、蛇类、蜘蛛，甚至短吻鳄等，不过除了这些以外，其余全都是蝴蝶与蛾类。每张插图上有一至两种于宿主植物上觅食的蝶蛾幼虫，以及正在飞离植物的成虫，它们组成了一幅幅生动且艺术感十足的变态图景。

梅里安在图谱的构图上，兼顾了艺术上的美观性与科学上的准确性。由于当时这些蝴蝶与蛾类大多未经命名，因此梅里安只对植物做了注释。但由于她优异的观察与描绘工作，后续人们的昆虫辨识工作很少遇到问题。在梅里安出版该书的时代，异地自然史记述用的插图，充其量不过是艺术家以受损或保存状况极差的动植物标本为参考绘制而成的，而且绝大部分都是绘画者凭空想象的，要不就是以断章取义的二手资料为根据——我想到了梅里安的同胞丢勒的那幅著名的《犀牛》版画形象的不完善。到了"梅里安时代"，艺术上的美好与科学上的准确兼具，成为她为后继的绘图员定下的极高绘图标准。

《苏里南昆虫变态图谱》以荷兰文和拉丁文出版，在荷兰国内和国外都有极佳的销售量，因而在 1726 年又发行了法文版，只可惜梅里安在法文版问世前的 1717 年去世，享年 70 岁。在梅里安去世以前，她针对《苏里南昆虫变态图谱》一书绘制的作品，甚至她早期的画作，都早已引起收藏家的注意。她的仰慕者甚至包括俄国沙皇彼得大帝——她的许多作品目前仍然被保存在俄罗斯。梅里安是一个精明的商人，也是一位才华横溢的自然观察者与艺术家，她意识到此种收藏兴趣的商业潜力，也不反对将自己的获益提到最高。因此，她针对部分作品制作了不止一组的原件，举例来说，《苏里南昆虫变态图谱》一书的水彩画原作在伦敦就有两组：斯隆收有一组，英格兰温莎皇家图书馆也收藏了一组。

梅里安的画作与出版物引起了许多人的兴趣，他们对之大加赞赏，不过在她所受到的肯定中，最崇高也最铸永恒者，来自于现代生物分类学之父卡尔·林奈对其欧洲与苏里南昆虫研究成果的仔细研读与查阅参考。由于梅里安在绘画与进行相关描述时引以为据的材料并没有被搜集与保存，林奈无法亲自对这些昆虫进行检验。尽管如此，林奈却对梅里安在观察上的正确性极具信心，他在1758年出版的《自然系统》一书中，对自己所熟知的来自世界各地的4400种动物进行分类、描述并命名时，某些物种就完全以梅里安的记述作为根据。也就是说，梅里安的艺术作品为沿用至今的林奈自然生物分类法做出了科学依据方面的贡献。

从单纯的对植物（1）的描绘开始，梅里安逐渐增加了蝶蛾等与植物宿主的关系元素（2~5）；当然，这也可以触发对某一学科感兴趣的人借鉴这种方法来进行科研或科普工作，博物学家甚至可将这些画作当作科学性艺术品来收藏

蝴蝶艺术风云会

在关心梅里安的蝴蝶的同时，我还想到了另一位在文学写作之余关心和研究蝴蝶的俄裔美籍作家、生物学家弗拉基米尔·纳博科夫，他与梅里安关注的角

度不一样——梅里安作为一位画家广泛描绘和研究了蝴蝶、飞蛾等的变态过程并取得了科学成果,而纳博科夫作为作家只单纯研究蝴蝶中的眼灰蝴蝶新种的分类——两人研究昆虫的切入点不同,因而成就也不一样。

很多文化都关注蝴蝶,因为蝴蝶这种生物很有特点,从西文词源上看,它跟人的"心灵"有一定联系。蝴蝶一生的戏剧性成长和成虫后的美艳让许多艺术家浮想联翩,也让许多科学家因其整体性的形态"质变"而感到惊讶。在中外艺术或科学的发展历程中,诞生过许多与蝴蝶相关的杰作:歌剧《蝴蝶夫人》、电影《蝴蝶梦》、小提琴曲《梁山伯与祝英台》中的《化蝶》片段和著名画家高云《小花》上的"花蝶"等(见本书"高云篇"),还有混沌学中鼎鼎大名的蝴蝶效应。鳞翅目的专业期刊《赛凯:昆虫学杂志》是剑桥昆虫学俱乐部于1874年创办的。该刊的刊名有时就简称《蝴蝶》——纳博科夫的一些关于蝴蝶的论文就发表在这份刊物上。

被冠以"蝴蝶"之名而出名的科学概念莫过于蝴蝶效应了(刘夕庆 作),它是混沌学中的重要概念。它的意思是,某地一只蝴蝶翅膀的某次扇动可能会致使异地的一场台风生成

纳博科夫不止一次提到,在他的生活中有两件能使他燃起激情的事情:一件是写作,另一件则是"捕蝴蝶"。他对这两项事业都做出了重大贡献。文学上就不必多说了,难道还有人没听说过他的长篇小说《洛丽塔》吗?在昆虫学上,更具体地说是在鳞翅目昆虫学以及象棋等领域,纳博科夫也都有突出贡献。

关于艺术与科学,纳博科夫有一个令人费解但也很好理解的定义:"我认为,在一件艺术作品中,这二者之间存在着某种意义上的融合,即诗的精确与纯科学的激情之间的水乳交融。"不要认为他的这段话有误或存在印刷错误,因为他还说过"从长远来看,检测一部小说质量的极佳公式就是,看其是否达到了诗之精确与科学之直觉的融合"。这种看似错位的说法恰恰证明了纳博科夫的洞见——艺术与科学原本浑然一体,只是随着逐步的发展分化为两个不同的方向。要说对艺术和科学同时有热爱,我们必然会想起爱因斯坦的"激情说"。他认为人们热衷于艺术或投身于科学的道理是一样的,都是基于直觉基础上的激情,就跟信奉宗教和谈恋爱的人一样,不过只是后面的工作开始分叉了,一个集中于情感的个性化展现,另一个则讲究客观的普适化逻辑。纳博科夫从小就双管齐下,在爷爷、父亲"传统基因"的影响下特别喜欢蝴蝶,同时也从小就开始写作诗歌。

晚年,在美国名利双收的纳博科夫搬到了瑞士居住。他想把自己的人生游戏玩到极致,准备写一本大书——《艺术中的蝴蝶》,研究历代艺术作品中展现的蝴蝶,并想通过艺术视角介绍蝴蝶的生存与演化历史。这个"压轴戏"很有趣,只是非常可惜,一直到他去世也没有完成。但从书名来看,即将走到人生终点的他,已经站在了对于整个世界都是一个崭新学术制高点的位置。他要将艺术与科学交织的情况呈现给世人,并要追溯到产生它们的原点。1969 年 5 月 23 日,步入老年的纳博科夫的肖像登上了美国《时代周刊》的封面。

回过头来讲,人类科学史常常是一部男人担当主角的历史,不管梅里安这位艺术家兼博物学家做了多少贡献,无论她如何把科学完美地融入艺术里并毫不逊于同时代的男性博物学家,她都很少被人们当成一位学者。为数不多的有关她的文章还常常关注她的艺术或生活逸事。但事实上,梅里安的作品足以达到被学术引用的水平——林奈和他的追随者们就采用了她的画作并描述命名了几十种动植物,还有德国、英国的博物学家们也在研究时引用了她的成果。梅里安的作品对于人们理解昆虫的发育过程、分类学的发展和昆虫幼虫的寄主植物等都有积极的作用。1992 年,德国为了纪念梅里安,发行了背面是她所绘的毛毛虫和蒲公英、正面是她画像的 500 马克纸币。2013 年 4 月 2 日谷歌更新的主页由梅里安式的植物和各种昆虫组成。这位伟大的女性改变了欧洲人对昆虫的看法,被誉为"与昆虫共舞的女人"。19 世纪末诺贝尔奖设立以后,越来越多的女性科学家受到褒奖,这说明了人们对女性科学家观念的转变。

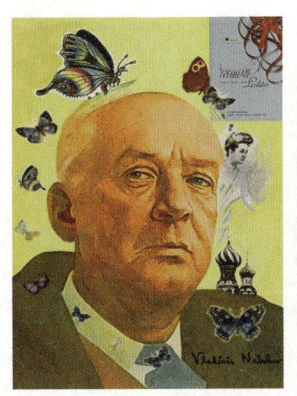 

左:《纳博科夫创意肖像》——舞文弄蝶(刘夕庆 创意制作)。右:《渐变的花蝶》(刘夕庆 作)——正好诠释了纳博科夫的人生,他一生都在寻求和展现花与蝶的内在联系,并予以艺术的表现

白日梦
触自然之道、使宇宙有序
夜眠梦
幻天下奇事、让万物互联
红楼梦
传世间博学、叙性情之真

《红楼梦》艺术
贵在半梦半醒之间
结构宏大、繁杂生动
而登中国古典文学之巅
儿女情长事,旁搜杂取汇
芸芸众生相,千姿百态存

集大成之"红学"
博爱、博学、博物
——百科全书的人间社会
文学、哲学、宇宙
——包罗万象的自然混沌
皆在梦中井然有序地创生

曹雪芹——"红学"话博物

1765年左右，一部没有署名的小说《石头记》出版，立即引起了当时北京地区的一流作家们的瞩目。后来相关专家认定作者是一位叫曹雪芹的人——江宁（南京的旧称）织造没落官员曹寅的孙子（后来曹雪芹举家迁往北京）。这部作品经扩写完善后最终重新出版，改名为《红楼梦》——该书叙述了一个名门望族兴衰的历史，它对中国封建社会中微妙的人际关系与日常生活的全面生动、博物百科般的描写，使其成为中国古典文学中最伟大的汉语白话小说；从科学的视角看，这部文学作品也包含着博物学与心理学的众多描写。而它对后来包括京剧、越剧、电影、电视在内的各种门类的许多艺术形式和各种具有博物情怀的文学作品同样有着巨大而深远的影响。与此同时，作者曹雪芹博物学家的身份也随之被人们所认可。

囊括菲尔兹奖、沃尔夫奖、克拉福德奖3项世界顶级数学大奖，从小深受中国古典文学影响的著名华裔数学家丘成桐常爱把数理结构创造与诗文结构创作相比较 [参见《玩转科学的"艺术家"（下册）》"丘成桐篇"]。在谈到文学与科学两领域的大型结构是如何被创造出来的时，他经常借古道今、借文学类比科学地谈到《红楼梦》。他认为，曹雪芹写《红楼梦》，借用了自身极为丰富的思想经历和博物学认知："书中的笔墨，充满了他的澎湃感情，但却是有条有理的创造和叙述。""《红楼梦》的创作过程有如一个大型的数学创作。"据丘成桐介绍，他在1976年完成的"卡拉比猜想"证明就是一个对大型数理结构的构建，那是因为它的完成是建立在由包括他自己在内的数十名数学家贡献的基础之上的；而曹雪芹的《红楼梦》是建立在贾府的盛衰以及与贾府有着复杂社会连带关系的众多人物基础上的，它表现出了曹雪芹在博物学和心理学等方面的广博造诣。曹雪芹和丘成桐，一个完成了伟大的文学梦想，另一个完成了伟大的数学猜想的证明，他们均为中华优秀儿女。

"红学"的博物学呈现

据记载，曹雪芹（1715—1763）生于江宁。年少时异常淘气、素性放达，厌读四书五经、八股文，后反感科举制度、淡泊仕途。虽有严格的家教并经过私塾熏陶，但他终因祖母李氏的溺爱，在江宁织造府亲历了一段锦衣纨绔、富贵风流的生活。幸亏曹府家学博深、藏书甚多（精装本达3287种之多），因此曹雪芹自幼生活在人文气息浓郁的环境之中，接受父兄教育、师友规训，博览群书，尤爱读诗赋、戏文、小说之类的文学书籍，此外，对诸如戏曲、美食、养生、医药、茶道、织造等百科文化知识和技艺类书籍，也莫不旁搜杂取。他对金石、诗书、绘画、园林、中医、织补、工艺、饮食等也均有所研究。最终他以坚韧不拔的毅力，历经多年艰辛，创作出了兼具艺术性与博学性的伟大作品《红楼梦》。由于这部作品内涵丰富广博，兼具情理与博物描绘，日后围绕它形成了一系列的品读研究，最终经文人学者的不断扩展演绎，系统提升到今天的一门专门的学问——"红学"，而红学中蕴含了相当比重的中国式博物学。

博物学是人类与大自然打交道的一门古老学问，指对动物、植物、矿物、生态系统等所做的宏观层面的观察、描述、分类等。博物学内涵丰富、历史悠久，它是自然科学研究的四大传统之一，包括了当今意义上的天文、地质、地理、生物学、气象学、人类学、生态学、自然文学、动物行为学、保护生物学等学科的部分内容。而其中有许多学科的内容在《红楼梦》的记述中都有直接或间接、或多或少的反映。

将中国式的博物学浸润于一部具有宏大语言结构的小说中不能不说是曹雪芹的一种创造。《红楼梦》出现在中国的清代，而17到18世纪的明末清初时期是中国历史上的一个重要阶段，这一时期封建社会开始逐渐走向衰落，封建经济体系内蕴含着的资本主义经济因素开始萌发，中西方的交流逐渐频繁，大批传教士来华。虽然他们的目的是传教等，但客观上也给一个具有古老东方文化的民族带来了西方的先进文化思想和科学技术，为中华大地注入了崭新的科技元素。但长期以来，学术界对《红楼梦》的研究往往限于文学、艺术等方面而缺乏科学分析。其实《红楼梦》是一部解读空间非常广泛的小说，所涉及的领域除了文学、艺术之外还有科技、哲学、美学、社会学等；随着近些年人们对《红楼梦》深入而广泛的研究，它在园林学、建筑学、医学等方面的价值也逐渐显现出来。而处在三四百年前时空节点上的曹雪芹之所以能写出《红楼梦》，是因为他将其当时的时代格局与自己的个人意志用尽全力打了个大大的"文学之结"，其中尤其突显了他博物、博爱与博学的"三博情怀"。

应该说，清代文学家曹雪芹与当代数学家丘成桐的大型结构在本质上是相同的，但方向相异——丘成桐虽说是华裔，具有中华民族的基因，但由于研究的是抽象数学，又身处美国，深受西方文化的熏陶，所以他采用由点及面的演绎方法取得了数学上的成功；而曹雪芹是土生土长的、典型的中国小说家，由面归点的归纳方法在他的建构中起到了决定性的作用，并促其在文学上取得了成就——他从小就有博物学倾向的爱好，后经日积月累，直至用于写作《红楼梦》的方方面面，使小说不仅具有宏大的骨架，而且也有血有肉。在这方面，我们还可列举英国博物学家达尔文写就《物种起源》的经历说明问题[参见《玩转科学的"艺术家"（上册）》"达尔文篇"]。实际上，曹雪芹在创建具有中国封建社会百科全书意味的《红楼梦》的架构时，尽可能全面地熟悉了当时的博物学知识，比如书中关于女性妆饰过程和所用器物的描写都极为详细和专业，假如集聚有关描写加以系统论述，应该就是一部中国女性源远流长的化妆史。

思想性、学术性都很强的《红楼梦》，其博大精深、描写深入的特色，受到了世界范围内的学术界的高度赞扬；而红学可谓中国原创的一门以小说形式作为载体、在中国传统文化的基础上讲述博物学的学问，难怪有学者称《红楼梦》为"**哲学的也，宇宙的也，文学的也**"。

长久以来，我们虽没有明确的博物学提法或分类等，但中国式的博物学已然形成，这可从自古以来的传统科学著作及其书名，还有这些著作讲述的侧重点上得见一斑，像沈括的《梦溪笔谈》、李时珍的《本草纲目》、徐霞客的《徐霞客游记》，还有曹雪芹的《红楼梦》等，它们分别归类记录了大自然中的动植物、地质矿物与人文博

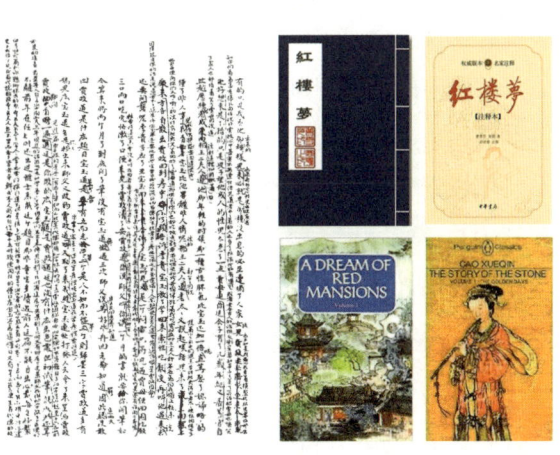

左：梦稿本《红楼梦》稿，亦称"杨藏本""脂稿本"，第78回末有"兰墅阅过"字样，"兰墅"为《红楼梦》续写者高鹗的字。
右：古今中外众多版本的《红楼梦》

物等方面的作者的个人认识和实用知识，是相对独立的中国式博物学历史遗产。尤其是中国古代学者以人文笔触写就了一部部具有科学蕴含的著作，不得不令人钦佩。因此，曹雪芹应该算作中国式博物学领域的一位典型学者。

《红楼梦》之心理学流露

《红楼梦》内含的中国式社会心理学"论述"是其科学性的另一大体现——热爱生活而又怀有梦想是曹雪芹人生的美妙之处，但入世又出世，这是曹雪芹人生经历的矛盾所在，体现了中国儒家思想和道家思想相悖的一面。他并不是厌世主义者，也不真正认为人间万事皆空，否则他就不会那样痛苦地为尘世之悲洒辛酸之泪，也就不会在感情上那样执着于现实的人生了。所以这一海纳百川、情真意切的文学作品只有通过梦的形式来表述，而梦境的文学性表露也是一种心理学与艺术传达的尝试——根据世界著名精神分析学家弗洛伊德的《梦的解析》："梦就是（个人）欲望的实现 [参见《玩转科学的'艺术家'（上册）》'弗洛伊德篇']。"

梦是一种特殊的潜意识心理现象——《梦的解析》道出了梦之精神分析的科学性。弗洛伊德认为，梦是做梦者变了样的个人生活经历，因此也只有针对个别做梦者进行解析，才能明了其含义。这样看来，不管梦怎样光怪陆离，从实质上讲，它和其他所有心理现象一样，都是对现实直接或间接的反映。因为它是人在不随意的精神活动中，对自己正在经受的刺激，或以往经历的一种感觉、回忆和理解，因而是做梦者的兴趣、需求、动机、理想和信念在不顺意情况下的自然流露。根据梦的生理机制，我们可以把它分成两种基本类型：一种是感官正在经受的刺激传至大脑引起的接近联想，另一种是大脑皮层对记忆痕迹进行的加工改造。

所以曹雪芹的《红楼梦》中的"梦"实际上就是他借以描述个人变了样的思想认识与情感、生活经历和情景的艺术性象征——这是比现实主义或批判现实主义更为大胆和艺术化的表现方式。小说中的许多场景是借梦写成的，这部名著起始于梦，宝玉情是梦，今作诗也是梦，一并《风月鉴》亦从梦中所有……在一部书中写了多种多样的梦，这种情况似乎绝无仅有。可见曹雪芹对借梦这种心理现象描写人的思想与情感的形式是多么重视和偏好。作品中插入梦境的写法，原也是作家们惯用的，什么高唐梦、蝴蝶梦、南柯梦、黄粱梦等。但如果作家不懂梦的心理学和生理学机制，是很难写好有意识的梦境的，所以作家的用意必须在"梦"

前精心布局好，如同中国写意画的"意在笔先"。

后来的曹雪芹有着老子、庄子的哲思，所以他能统领全书纷繁复杂的元素。插入书中的那些梦，除了因情节的需要而人为添加了某些神秘色彩，一般说来大都符合梦的生理学和心理学观点，故而都是很精彩、很有创造性的。红学家周汝昌曾经说过，曹雪芹"*分明考虑过宇宙、世界、人生、国家、社会、政治、道德、宗教、伦理、制度、风俗……他确实考虑得极多，而且似乎想要得到一个哲学上的理解和解决*"。这段话可谓完全符合曹雪芹的思想。譬如，我们通过以上分析可以看出，他确实研究过人的心理，他不仅深刻地把握了青少年男子的性心理，还准确地把握了包括梦在内的所有心理现象的实质，那就是人脑对客观现实的神经性反应。这种对于梦之心理的认识非常了不起，只是曹雪芹仅将其用于艺术创作，故至今没能引起心理学界的注意。假如不是通过学术理论著述，而是通过艺术作品来论述心理学的人也可被划作心理学家的话，那曹雪芹无疑是18世纪一位极为杰出的心理学家。

《红楼梦》中所叙述的复杂爱情心理也逃脱不了博物学的陪衬与伴随。比如，各种花草树木对于主人公的象征意义也各有不同——"黛玉葬花"就很能说明病入膏肓的林黛玉悲痛欲绝的心理与植物的关联象征。还有，譬如各种树叶有时也被人当作博物标本收集，它们具有各种分形学构造的美感，并与各式各样的顽石收藏一样，象征着收藏者的博物学情怀；不过，叶子与有限的人生一样，不但具有一定空间的生命性，还有一定时间的生命性——它们凋零后会转化为另一种看不见的生命延续下去，即作为大量微生物的餐食，再经分解后作为植物的营养物质被吸收；而顽石则更多地被赋予相对于有机生命在时间上的无限性。难怪不少多愁善感的人每当深秋看到树叶飘零就会变得伤感或悲情。

1981年，法文版《红楼梦》正式出版，法国《快报周刊》这样评价道："现在出版的这部巨著的完整译本，填补了长达两个世纪令人痛心的空白。这样一来，人们好像突然发现了中国的塞万提斯和莎士比亚（参见本书'莎士比亚篇'）。人们产生了这样的想法，法国著名作家普鲁斯特、马里沃和司汤达由于厌倦了各自苦心运笔，所以决定合力创作，于是完成了这样一部天才的鸿篇巨制。"由此报道来看，曹雪芹完成的《红楼梦》仿佛是由西方众多文学天才合作才可完成的杰作，他具有普鲁斯特的敏锐目光、托尔斯泰的同情心、缪西尔的才智和幽默，还有巴尔扎克的洞察力。

"百科全书"式的文学力量

有人说，当今世界几乎没有什么百科全书式的人物了，包括曹雪芹耕耘过的文学界，因为所有学科都越分越细。所有学科似乎都要走向无法回首的终结，原因之一可能就是现在没有体现"完形图景"的百科全书般的人物从中斡旋。只要你足够细心或具有极强的辨识力，就会发现那些立于文明金字塔塔尖的哲学家、艺术家、科学家等几乎都是百科全书式的人物。很明显，如果没有他们位于塔底、塔身的百科全书般的众多知识"砖块"砌成塔体，哪来的高耸入云的塔尖呢？西方这方面的人物有柏拉图、亚里士多德、达·芬奇、米开朗基罗、拉斐尔、丢勒、哥白尼、伽利略、开普勒、笛卡儿、牛顿、达尔文、爱因斯坦、玻尔和霍金等，而我们中国也在不同历史时期出现过祖冲之、张衡、沈括、李时珍、徐霞客等人物（参见《玩转科学的"艺术家"》与本书的相关篇章），而曹雪芹与他构建的百科全书式的"《红楼梦》之塔"也位列其中。

这里举一个大科学家的例子说明问题。卓越的美国理论物理学家、诺贝尔物理学奖获得者盖尔曼兴趣十分广泛，小时候，他的同学认为他是"会走路的大百科全书"。学生时代的盖尔曼曾沉溺于几乎所有事情：古代历史、考古学、语言学、野外生态学、鸟类学、钱币学以及中国和法国烹饪，并总是在与别人的交谈中显露出自己的渊博知识。他曾带着造访者到中餐馆就餐，用听起来还过得去的汉语点菜。他曾在加德满都和唐人街上闲逛，大声读出那些招牌上的文字。这样的表演确实很吸引人，在展示世界语言丰富性时他所得到的纯粹的快乐也很难不让别人佩服得五体投地。有时候下午不上课，他会去朋友戴维斯的家里听听古典音乐唱片，同时炫耀自己掌握的多样化知识。正是此人于1964年提出了远离我们日常生活且博大精深的微观世界强子结构的夸克模型——而这个现在几乎妇孺皆知其名的模型，从取名到结构都来自盖尔曼百科全书般知识中的一部分。

1939年，盖尔曼的哥哥买了一本小说，这部书的名字来自一首爱尔兰的戏谑民歌《芬尼根的守尸礼》，它导致了后来粒子物理学中甚至小于原子、质子和中子的基本粒子——"夸克"之名的诞生。如果说夸克的"八正法"是根据佛学的教义而为，那么"夸克"则是引自这部怪诞的诗集，其中有这样一段诗句："'夸克……夸克……夸克……'／三五海鸟把脖子伸直，／一起冲着绅士马克。"生活中的盖尔曼就是一个身体上的小个子、知识上的百科全书般的"大块头"。同样是诺贝尔物理学奖获得者的温伯格说他"从考古到仙人掌再到非洲约鲁巴人的传说再到发酵学,他懂得都比你多"。

同样是美国物理学家的拉肖曾表达过:"假如你从来没有见过大象,你能凭空想象出这种奇形怪状的东西吗?……在我们研究物理问题的时候,往往会用到现实世界的各种形式。对世界或人类社会的事物形象掌握得越多,就越有助于抽象思维。"他这样经验性的"金字塔创造成效规律"的表达,杨振宁也曾有过论述——要知道他们可都是站在科学金字塔顶端的人啊!

而《红楼梦》作为一部中国封建社会百科全书式的作品,融入了大量的中西方科学技术知识,表达了作者以及当时的文人对科技之真的态度,使我们今天在阅读《红楼梦》这部社会与自然之书时,能够了解当时的科学技术知识在人们生活中的应用情况,以及文人对当时科学技术的理解和态度。《红楼梦》正是通过对情的细腻描写为人们展现了一个情之外更为广阔的空间,让我们以情见真,透过"千红一窟(哭),万艳同杯(悲)"的人间悲情,看到当时的社会生活状态和《红楼梦》中的科技背景及其所表达的科技观念。

当然,我们讲述这些"玩转艺术的'科学家'",目的不是让读者看了后只有感动。丘成桐认为,目前中国的理论科学家在原创性方面还比不上一些发达国家的科学家,一个重要的原因是他们的人文修养还不够,对自然界的真和美感情不够丰富。他的表达似乎在说,情商(EQ)与智商(IQ)协作才是创造的根本——这些认识同样也体现在中国著名科学家钱学森的言行中[参见《玩转科学的"艺术家"(下册)》"钱学森篇"]。中国因艺术与科学交融而成就卓著的人物古来有之,首篇的屈原和本篇的曹雪芹就是响当当的例子。因此我们要有足够的文化自信,去创造属于中国的更强有力的旷世之作,以纪念我们祖先中在这方面的佼佼者。

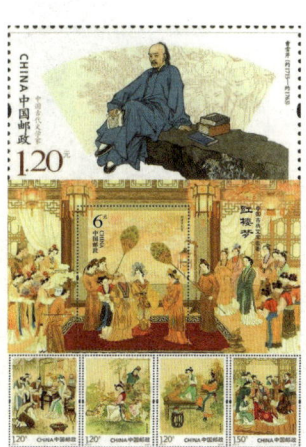

左(上、下):曹雪芹诞辰300周年纪念币。右(上、中、下):庞大的叙事结构、复杂的心理描绘——曹雪芹、《红楼梦》的众多纪念邮票及小型张

使命让他不负韶华
人生的波澜起伏啊
点燃那航程中思想的火花
再次起锚——
去探索远距离通信的崭新方法

发明的点点画画
始于作画程序的笔法
艺术灵感启发了电报电码

发报收报——
代替了遥远人儿之间的说话

点线间隔空中飞啊
不是神话胜似神话
自然元素为艺术家所用啦
摇身一变——
名画家变成了杰出的发明家

莫尔斯——"点、画"传电报

在美利坚合众国建国不足250年的历史上，诞生了许多对整个人类的科技文明都产生过深刻影响的大发明家，像发明避雷针的富兰克林、发明电灯与留声机的爱迪生[参见《玩转科学的"艺术家"（上册）》"爱迪生篇"]、发明飞机的莱特兄弟、发明电话的贝尔，等等。其中有一位发明电报及电码的人原本是一位艺术家（具体说是画家），他就是莫尔斯；无独有偶，100多年后，另一位艺术家海蒂·拉玛（具体说是女表演艺术家）发明的跳频技术也改变了世界，因为我们现在使用的蓝牙、GPS、CDMA和Wi-Fi等都以此为基础。

从莫尔斯创造发明的经历来看，一个创造性的物品，不论它是一幅画作还是一个发明，总要由今天所说的硬件和软件两方面组成。对于绘画，它的硬件就是画布或画纸、画笔和颜料等，软件则是画家的情感、思想或创意；而对于发明，比如莫尔斯发明的电报，硬件和软件则是相应的发报机和电码。实际上，从大的方面讲，创造过程本质上都一样。对于莫尔斯来讲，他有着创造作品上的间接经验，那就是绘画创作；同时他还有哲学和自然科学的学习背景。综合运用个人所有这些硬件、软件资源并力图达到一个高尚的目标就可以将人生效益最大化，或者说是马斯洛的"自我实现"，因而他这一辈子活得就更有价值和意义。不过，这种努力并取得效果的过程必须付出代价，有时甚至是巨大的代价。

莫尔斯的"艺术性"发明

塞缪尔·莫尔斯（1791—1872）出生于美国的马萨诸塞州。他从小就近水楼台先得月——享受到优良的家庭教育，因为他父亲是一位享有盛誉的地理学家。后来他在美国名校耶鲁大学学习哲学、数学，还有自然科学。虽然有一个名望和财富兼具的老爸，但莫尔斯自食其力，学生时代从没向家里要过钱，因为他除了吸收那理性十足的知识外，还有自己感性的自由爱好——画画。于是，他利用天赋通过业余时间帮人画肖像的收入支付他的学费，这也是一种快乐勤工俭学的策略。

1810年，年仅19岁的莫尔斯从大学毕业，并获得了美国大学最古老的荣誉——全美优等生称号。毕业后的他跟着兴趣和感觉走，到处采风写生、开阔视野，很快就因为绘画天赋变得小有名气，艺术道路渐宽并明朗起来。10多年过去了，从1826年开始，莫尔斯被任命为美国美术协会的主席，并做了足足16年；晚年又于1861到1862年期间担任过这个职务——这是业内对他在绘画上非凡造诣的认可。但中间有一段相当长的时间他去干什么了？这就是我要跟大家交代一下的。"**天生我材必有用**"——莫尔斯在大学期间培养起来的理性思维在艺术激情的驱使下波澜起伏了一把。也就是因为有了艺术与科学、人生和命运的混沌交织，才有了今天我们所知的莫尔斯的艺术性发明——电报，否则美国美术协会主席一职和他的那些画作不足以让全球那么多人知晓他的名字。

就任美国美术协会主席后不久，莫尔斯旅行途经意大利、法国等国家，去向人讨教欧洲画技，结束行程的他搭船回国。也就是这次航行之旅改变了莫尔斯的人生方向，同时也改变了人类世界的文明进程——那是一位画家将一个瞬时通信梦想变为现实故事的开始。在大西洋上的七八天航行中，他看到了一位来自波士顿的名叫查理斯·杰克逊的年轻电学爱好者所做的一系列科学小实验，这些经历让莫尔斯萌生了想要发明电报的想法，就像萌发了一幅画作的创意，不过这是一幅人类通信革命的图景——此时身处英国的惠斯通和库克还没发明出世界上第一台电报机。不过，莫尔斯并没有立即动手研究电报。他是一位有名的画家，如果因为旅程中的一个插曲就轻易放弃自己的艺术前程，那可能太鲁莽了。但有一天，正在画室作画的莫尔斯收到了一封由马车送来的信件，他的妻子在生下他们的第四个孩子后因产褥感染而去世了。他没有赶上妻子的葬礼，因为人工送信的速度太慢了。

世界上总有一些人因为某些重大或突发事件而改变人生的轨迹，比如因为亲密的家人或朋友重病离世而立志当医生等。不过，莫尔斯另有打算。也就是从这时开始，心碎的他才真正下决心要研究电报，探索远距离通信的新方法。但对此时已经44岁的莫尔斯来说，这并不是一件简单的事。不过，他拥有的感性又具创造性的头脑经过理性而有的放矢的准备，已插上了艺术与科学的双翼，这样就会使他飞得更高、更稳——雄心勃勃的莫尔斯想要制造出单线路的电报机,这样的电报硬件干扰更少、效率更高,并可超过英国的惠斯通和库克发明的多线路电报机。

在纽约大学专家莱纳德·盖尔的帮助下,莫尔斯解决了一些技术难题,并成功实现了自己的设想,很快就实现了16千米距离的通信,这是他梦寐以求的突破。后来,他们又得到了一位动手能力极强并富有远见的年轻人阿尔弗雷德·维尔的帮助。但在1835年,莫尔斯遇到了一个最艰难的问题,那就是发电报要用的英文字母实在太多,足足有26个,无论怎么设计、怎么删减,都不可能用单根线路满足需求,即软件不能最佳地匹配硬件。经过反复思考,一个新的创意诞生了——1836年,莫尔斯终于想到了一种新的方法,他在笔记本上记下了一个新的设计方案:"电流只要停止片刻,就会出现火花。有火花出现可以看成一种符号,而没有火花出现是另一种符号,没有火花的时间长度又是一种符号。这3种符号如果组合起来代表数字和字母,就可以通过导线来传递文字了。"

莫尔斯利用自身艺术和科学素质兼具的优势,化意象为抽象,利用点、画、空格来以少胜多地表示字母,这样只需要两种符号,就可以代表所有的字母和数字,从而实现运用简单符号表达复杂信息之目的。这个想法大大简化了电报报文的编码方式。我们最早似乎可从中国古老的《易经》的太极八卦图中见到与莫尔斯电码中的线与间隔符号相类似的符号。实验反证了其所具有的科学性,同时也证明了科技所拥有的软、硬件具有对应并相连的简洁优美、内涵丰富的属性。目前计算机所采用的二进制系统的发明灵感也来自莫尔斯电码。莫尔斯的发明利用一根线路就可以传送电子脉冲,很方便地就可以进行消息的发送和接收。在此基础上他很快制造出了成品机器,并申请了专利。

1838年,莫尔斯和维尔一起在新泽西进行了第一次公开场合的电报展示,电报内容是"有耐心的人永远不会失败"。围观的都是当地居民,这次展示并没有引起什么关注。1842年,莫尔斯终于得到了美国国会的支持。两年后的5月

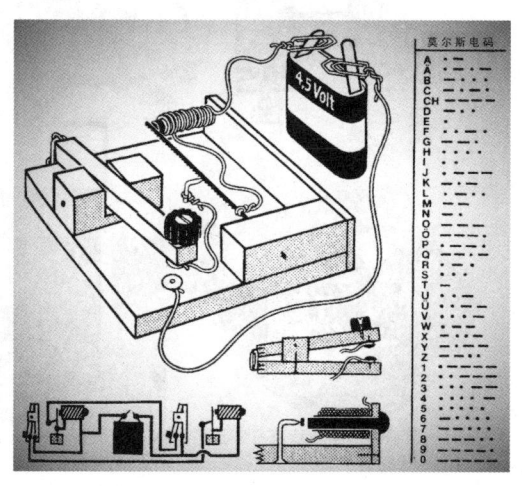

发报机的硬件原理示意图及软件电码代表的英文字母

24日是一个人类通信史上极具纪念意义的日子——莫尔斯来到位于华盛顿的国会大厦,在联邦最高法院的会议厅里向应邀出席的几位科学家、政府官员介绍了电报的原理;而另外一群人则在64千米外的巴尔的摩等候。会议厅外观众云集,人们怀着极大的兴趣来观看"用电线传递消息"的场面。

在预定的时间里,莫尔斯接通了电报机,用一连串的点、画,也就是用了100多年的莫尔斯电码,发出了一条电文。几乎同时,在巴尔的摩的人成功地接收到这条内容,它是《圣经》中的诗句——"上帝创造了何等的奇迹"。莫尔斯的发明很快风靡全国,并得到了政府的大力支持和推广。最早期电报的传输成本是色灯信号机的1/30;随着技术的改进和覆盖面的增大,成本更是大幅下降。随着电报的普及,各地很快出现了专门使用电报传送新闻的机构,即当时的通讯社,我们现在熟知的最早的通讯社路透社就成立于1851年,至今它仍是新闻界的老大哥。电报的发明也为各地气象资料的迅速传递和集中提供了条件,使绘制当日的天气图成为可能。

莫尔斯电码清晰、高效、廉价、便捷。1857年,一条横跨大西洋的电报电缆铺设完毕,人们从此就可以在瞬间与大洋对岸的亲朋通信了。20世纪初,电报的无线电波覆盖了地球的大部分地区。人们如此清楚地感受到了科技的力量,以及它是怎样不可思议地缩短了地球的广阔时空距离的。但请不要忘记科技成果的创造之初,那些具有艺术想象力的头脑起着多么大的作用。

左:1840年的莫尔斯的照片。右:莫尔斯的电报发明从实验阶段分别走向和平利用及战时应用场合(右上为莫尔斯当众进行发报演示,右左下为19世纪的伦敦电报厂,右右下为在战争中电报得到广泛应用)

艺术和科学共用"点、画"

说句实在话,大自然的笔画在某种意义上可能为科学与艺术所共用,一般绘画艺术家也运用基本的点、画组合形成自己的作品。莫尔斯深知点、画在人类理解世界过程中的重要性;中国古代画家创造了点、线交融的画法,而后来的西方印象派画家修拉与凡·高等分别运用了点、画。按照中国《易经》八卦图中的阴爻、阳爻,自然宇宙和人类社会中的大多数东西都可归结为"点点画画",后来二进制中的0、1与量子力学所呈现的物质的基本特征也证实了这一点。

前面我们科普了一下莫尔斯电码是如何传递信息的——在拍发电报时,电键将电路接通或断开,信息是以"点"和"画"的电码形式来传递的。发一个"点"需要0.1秒,发一个"画"需要0.3秒。在这种情况下,电信号的状态只有两种:按键时有电流,不按键时无电流。有电流时称为传号,用数字"1"表示;无电流时叫空号,用数字"0"表示。一个"点"就用"1、0"来表示,一个"画"就用"1、1、1、0"来表示。莫尔斯电报将要传送的字母或数字用不同排列顺序的"点"和"画"来表示,这就是莫尔斯电码,也是电信史上最早的编码。经过一年的努力,莫尔斯终于在1837年研制成功了一台传递电码的装置,他满怀希望地称它为"电报机"。

《马可尼科学肖像》(刘夕庆 作)——马可尼利用的是连续的无线电波,而莫尔斯运用的是断续的无线电波

二进制：计算机的基础，也应该是莫尔斯电码的具体运用。这里，从中国古老的阴阳太极图到印加人计数用的绳结，从二进制0、1到只有波峰、波谷的方波，从八卦图中的阴爻、阳爻，到人类精子、卵子符号，应有尽有

1838年1月，莫尔斯进行的4.8千米收发电报的试验获得了成功。1840年4月，他的电报机发明申请到了专利。电报机有人工和自动两种，还有有线发送和无线发送两种方式。人工电报机是由人来按动电键，使电键触点开闭，形成"点""画"和"间隔"信号，经电路传输出去，收报端接到这种电信号后，便控制音响振荡器产生"嘀""嗒"声，"嘀"声为"点"，"嗒"声为"画"，供收报员收听抄报，这也就是我们经常在谍战剧中看到或听到的情况。为此，本人用上面这幅画来纪念当年莫尔斯发明艺术想象力与科技创造力结合之产品的过程——它是科技父亲和艺术母亲的孩子，呈现出来的是一幅由中国古老阴阳鱼图演绎而成的类比式创造图景，它将古老的人类文化与现代文明紧密地联系在了一起。

众多美国艺术家发明一览

实际上，莫尔斯的电报发明只是众多美国艺术家科技发明中的一例，它的出现绝非偶然，说明了多元文化交融的美国文化土壤创造性强盛的一面。这里需再列举几个例子来强化这一观点，如海蒂·拉玛、哈罗德·艾格顿等。我们可以看出，艺术与科技的本质是多么一致。其中，发明者的艺术思维起到了关键或决定性作用，一句话就是艺术的"巧妙且更好"的特性让科技发明更胜一筹。

海蒂·拉玛（1914—2000），美国著名女表演艺术家，出生于奥地利维也纳的一个富有的犹太家庭,父亲是一位成功的银行家,而母亲则是一位钢琴家。她在科技发明上的杰出贡献,印证着她自己的一句妙言:"电影往往限于某一地区和时代,而技术是永恒的。"这也让我们想起了爱因斯坦的那句"政治是暂时的,但方程式是永恒的"的名言——这两句分别出自著名艺术家和著名科学家的话,其思想来源如出一辙。

海蒂在看到弹钢琴的人敲击琴键时突然产生了灵感:既然可以通过跳换音符来改变乐曲的旋律,那么用同样的原理随时变动无线电的频率进行应用又何尝不可呢?没过多久,海蒂就拿着画出的设计图兴奋地寻找发明伙伴,他们根据海蒂的设计图想出了具体的实施方法。1942年,海蒂和伙伴拿到了美国专利局颁发的秘密通信系统的专利,编号为2292387。他们将这一专利送给美国政府,但这一技术并没有引起足够的重视,还因涉及通信的核心机密而被政府封存,一封就是50年。

海蒂去世后,她发明的跳频技术却改变了整个世界,因为现在的CDMA、Wi-Fi等都以此为基础。一家著名的报纸曾写道:"没有海蒂·拉玛,我们不会有Wi-Fi。"通信业著名工程师戴夫·莫克在其传记《高通方程式》中写道:"扩频通信的探索来自一个意想不到的人物的发现,她就是美丽而富有洞察力的电影女星海蒂·拉玛。只要你使用过移动电话,你就有必要了解并感谢她。"波音公司在她去世后进行了一系列宣传活动,以纪念她的成就:"不要错过创造历史的机会。"她的名字还被收录进了美国发明家名人堂,里面收录的人物全都是对人类历史做出过卓越贡献的人,像爱迪生、莱特兄弟、乔布斯等。在名人堂里面有对她的一句话简介:"她的发明是今天所使用的几种无线技术的先驱,包括蜂窝网络、GPS和蓝牙。"

哈罗德·艾格顿(1903—1990)出生于美国内布拉斯加州的弗里蒙镇,父亲是小镇上的一名律师。小哈罗德爱动脑筋,10岁时他就用一个铁皮桶制成了一盏探照灯,轰动了整个学校。由于家境不那么富有,他在内布拉斯加大学半工半读地读

《海蒂创意肖像》(刘夕庆作)——感性与理性交织的头脑

到毕业,其间当过电器工、架设电线员、运煤工人和电影放映员等。大学毕业后,他进入麻省理工学院继续深造。在攻读硕士学位时,他发明了一种光线强烈的测量电动机转速的定时灯,而就是这种频闪闪光灯改变了他的一生,让他永远与灯光紧紧地联系在一起,最终使他成为频闪定瞬息的艾格顿。

"摄影"最初的含义就是用自然的光影写作,但有人偏偏不走自然这条路。对于大众而言,多少年以来,美国人艾格顿那些将高速飞行的子弹定格的照片令人惊异,它们已成为现代科技与艺术相结合的经典之作。不论实现这些摄影作品的技术有多复杂,设备有多先进,人们更认可的却是,艾格顿是一位怀揣绝技的摄影艺术家,而不把他视为科学家——美国大都会艺术博物馆差不多像对待毕加索的绘画那样对待他的作品,经常把它们挂出来进行展览。"别把我当作艺术家看待,我是发明家和工程师,我追求的是事实。"——这是艾格顿的原话。但事实上,人们在高速飞行的子弹穿过苹果时根本就看不清那瞬时的影像,只有艾格顿能做到。所以大家还是没有听从他本人的话,继续将他看作一位知道如何运用"延时曝光"旋钮的摄影家。

同是美国人,艾格顿似乎与莫尔斯正好相反——前者是由于科技发明落在艺术圈内,从而确定了著名摄影家的地位,而后者则先是著名画家,而后走上了电报发明人的道路。然而在大众的印象中后者却为发明家,前者则是艺术家,真有点"无心插柳柳成荫"的意思。相比之下,发明跳频技术的海蒂基本上还一直是那个被人们记住的电影女星,所以现在要问 Wi-Fi 的发明人,恐怕知者极少。"内行看门道,外行看热闹。"——公众(包括媒体)的眼光可能与专家正好相反,许多新鲜事不问其产生过程,而只关心表观结果。因为艾格顿成果的落脚点是摄影,而大众不问它是艺术摄影还是技术摄影(实际上摄影和电影一样,从一开始就依赖于科技的支撑),只要是好的、惊艳的特技摄影作品均被划入艺术范畴。

在人类认识自然世界的历史中,有过一些以速度见分晓的图景:如爱因斯坦近光速下的狭义相对论,海森堡速度与位置不能同时确定的不确定性原理,宇宙飞船须以第三宇宙速度才能冲出太阳系等,它们都是先从理论上推导后被证实的客观事实;但有时候可见的图像只能由艺术家描绘出来,因为它们不是存在时间太短,就是本身太小或距我们太远。有些所谓的真实只能出自人们的想象,如宇宙大爆炸时的情景,地球上的人无法知道。但艾格顿的高速摄影技术能让人们切实地看到一种高速运动下的瞬间真相。

得过奥斯卡小金人的人到底是艺术家还是科学家？这里我们需要考虑的是艺术与科学的转换机制——因为同宗同源，它们之间的转换留有余地，这在美国表现得尤为突出。比如，看过传记片《乔布斯传》后，我们会产生这样的困惑：他到底是艺术发明家，还是发明艺术家？因为他的头脑决策与他的作品同样具有双重性。而上面列举的诸位都是在有着艺术与科学转换机制的环境中诞生的。

就我们人类看来，大自然倾向于展现它最表象的一面（所以往往会让人们产生错觉或给人们造成一种假象），而习惯于隐藏支持这些表象的真正奥秘。同时，大自然往往也给人类留一手，看看人群中有无个别人能抓到它留下的蛛丝马迹——在这个意义上，莫尔斯、海蒂·拉玛、哈罗德·艾格顿、乔布斯等都是我们的榜样，因为正是他们洞见了一些时隐时现的天然技巧，并加以改造利用，使其最终变成为人类服务的便利机器。

上：艾格顿利用自己发明的频闪设备（频闪速度高达 120 次/秒）拍摄到的"瞬间中的瞬间"。下：爱因斯坦通过思想实验踢出狭义相对论尺度效应足球（刘夕庆 作），在足球的飞行速度接近光速（30 万千米/秒）时它呈椭圆球形——这是一幅只有在接近宇宙上限速度时才有的图景

夜空的面容
为何如此黝黑?
仿佛只有那细小的
"亮眼"和"白牙"
零星地闪烁,忽明忽暗

不应该啊
如果宇宙无垠
星星也该无数
围绕我们的应是
一堵厚实的"宇宙金墙"
白昼,它们敌不过日光

但夜晚,
它们是万亿个小太阳
理应让整个夜幕闪亮

《我发现了》——
让诗句与天文等价
使直觉与推理合拍
原来宇宙创生有限
"砖块"还没来得及砌满
亮墙还有大片窟窿啊
看上去才星光斑驳
犹如寒夜草地上不均的白霜

爱伦·坡——发现了"夜黑"

按照时序，如前所述的诸位文坛巨人们，比如屈原、卢克莱修、莎士比亚等，他们的作品都或多或少、直接或间接地与天文学、宇宙学有着千丝万缕的联系。他们要么提出"天问"但没有回答，要么提出当时的万物理论但缺乏整体架构，要么变相宣传了最新的天体模型但没发表自己的学说，要么对自己表达的宇宙观闪烁其词、信心不足……可到了爱伦·坡，这种情况发生了根本性转变。是他最早在其作品中实质性地提出了一种天象的科学性解释，使得几乎任何一本普及性或学术性的天文学、宇宙学著作中都为他的成就留下了位置——这种天文现象就是"夜黑之谜"，即夜空为什么总是黑的？

400多年以来，天文学家（不论是专业的还是业余的）提出了许多关于"夜黑之谜"的答案["夜黑之谜"史称"奥伯斯佯谬"：假设宇宙里一直以来满是均匀分布的星星，遥远的星星之所以看起来更暗，是因为我们只能看到它们的一部分，那个部分应该和太阳一样明亮。但是在一个恒定且无限（或者有限却无边界）的空间中，每一个角度上都会有星星，所以夜晚的天空看起来应该像白天一样明亮]。结果这些答案都偏离了正确的方向，没有人能从根本上符合逻辑地解释这一看起来简单得不能再简单、貌似天经地义的自然天象。直到20世纪初，77岁的开尔文勋爵（1824—1907）把敏锐的目光投向了这一谜题，答案才水落石出。但使人感到意外的是，之前最早接近正确答案的人居然是本篇的主人公、一位美国作家——爱伦·坡。

科学——终极选择

埃德加·爱伦·坡（1809—1849）出生于美国马萨诸塞州的波士顿。非常巧合的是，他和大西洋彼岸的生物进化论奠基人达尔文同一年出生，而且他后来娶的妻子与达尔文的妻子是表姐妹[参见《玩转科学的"艺术家"（上册）》"达尔文篇"]。爱伦·坡年幼时父母双亡，后来被约翰和弗朗西斯·爱伦夫妇收养，在弗吉尼亚大学就读了短暂的一段时间便辍学从军，之后便离开了爱伦夫妇。从此，他低调地开始了其写作生涯，匿名出版了诗集《帖木儿及其他诗》。1838年，他的《亚瑟·戈登·皮姆的故事》出版并受到了广泛的关注。次年夏天，爱伦·坡成为《伯顿绅士杂志》的助理编辑。这期间他发表了随笔、小说和评论，强化了自己在《南方文学信使》工作时开始确立的敏锐批评家的声誉；同时，他的《怪异故事集（上、下卷）》也于当年出版。1845年1月，爱伦·坡发表了诗歌《乌鸦》，一时声名鹊起。

少年时代的爱伦·坡就显露出不一般的广博兴趣和爱好，养父豪宅阳台上架设的望远镜不经意间引发了他对天文学的兴趣。青年时期，博览群书的他知识渊博到惊人的地步，除了文学，他还对物理学、化学、植物学、医学、法学、数学，特别是天文学都有所涉猎，这证明了他的心境也随着知识领域的不断拓展而逐渐广阔，最终到达了满天星斗甚至宇宙的边际。

在美国甚至世界文学史上，爱伦·坡都是一位多产的作家。与其他作家不同的是，在短短40年的生命历程中，他用尽毕生精力，涉猎了不同文化领域并期望有所成就。他曾扮演过各种角色，从小说家、诗人、文学批评家到记者、编辑、社会评论家，甚至是哲学家；如此殚精竭虑的一生也没有换来社会对他的一致认可。200多年后的今天，他的个人生活和作品在文学史上仍存有不解之处。后来的荷兰图形大师埃舍尔也有过这种独特的经历，其呕心沥血创作的作品大多被主流或传统观念所排斥而未能成为被研究的对象(参见本书"埃舍尔篇")。其实也不奇怪，没有公认的说法只是因为没有公认的艺术与科学交融方面独具慧眼的专家而已，这并不能掩盖他们超越时代的伟大成就和精神。

不论人们对爱伦·坡的评

艺术家刻画的爱伦·坡的多面人生——注意：1、2这两幅年轻一些的肖像还没留胡子，目光朝上，向往进步；3、4这两幅漫画般的变形面孔说明他的精神被压抑和扭曲了；5、6这两幅画说明他转向了艺术与科学融合的人生

价如何，至少有一点他值得受世人尊重，那就是无论有什么隐情或驱动力作用，他都勇敢地做出了多方面的努力和尝试。当然这里不排除有人会用弗洛伊德的精神分析学说对其进行解析——或许爱伦·坡有精神不专注或耐力不足的可能，但无论如何，最起码说明他是一位敏锐且有着多方面潜在才能的人。更能说明问题的是，他在有限的三四十年时间内即取得了成功。文学上，他的成就自不必多说——发表了许多作品，取得了相应的文学地位；至于科学方面，虽然众说纷纭，但是时间总能说明一切——他在自己看起来是散文诗的作品中"发现了"天大的秘密。这不论让文学界还是科学界的专家都无法张口评述，因为他们都有其学术短板。

这里我们需要提出一个人生选择及选择时机的问题。在爱伦·坡去世整整30年后的1879年，一个名叫阿尔伯特·爱因斯坦的人出生了 [参见《玩转科学的"艺术家"（上册）》"爱因斯坦篇"]，他在大学后期（约20岁左右）就已有了自己坚定的选择并终其一生——因为他具有不想做"布里丹之驴"的明确意志，所以毅然选择理论物理作为自己的事业 [布里丹（1300？—1360）是14世纪法国唯名论哲学家，倾向于决定论，认为意志是由环境决定的。反对的人提出这样一个例证来反驳他：假定有一头驴子站在两堆同样大、同样远的干草之间，如果它没有自由选择的意志，也就是不能决定究竟该先吃哪堆草，结果它就会在这两堆干草之间活活地饿死。后人把这个论证叫作"布里丹之驴"]。

可能是因为时代、国度、经历或性格等各有不同，与爱因斯坦相比，爱伦·坡在多项选择中不停切换，想抓住一切时机尝试自己生命中最有可能获得突破的事业。这说明爱伦·坡和爱因斯坦采用了两种不同的选择模式：一个是早有选择，另一个是伺机而定，但他们的终极选择都是科学——《我发现了》这一关于夜黑奥秘的散文诗就是爱伦·坡在逝世的前一年写下的。

在这本150页的小册子的一开始，爱伦·坡异常严肃，甚至是带有些学究气地写下了

两种写作和生活模式。左（肖像画）：《爱猫的爱伦·坡正在写作中》（刘夕庆 作）。右（人物漫画）：生活中的爱伦·坡正准备吃"活蒸"的乌鸦——命运多舛、殚精竭虑、呕心沥血，人性与形体也都扭曲和变形了

"我发现了"这一书名,使我们联想到了古希腊哲学家阿基米德在洗澡时发现浮力定律后疯狂裸奔并叫喊着"尤里卡"(我发现了)的情景。这本号称"美国天书"的小册子,被爱伦·坡视作其一生创作的最高成就与最后总结。而该"艺术性遗言"因为集天文学、逻辑学、神学、美学和文学等于一体,不免有些晦涩,甚至有人认为这是他在神经错乱状态下的一派胡言。但经事后认定,这是一部科学思想与艺术诗句结合的典范之作:一方面它含有科学真理,另一方面它又直接关注人生。在书的开篇,他宣称要与读者们一同探讨一个最严肃、最广博、最艰深、最庄重的问题:"我决意要谈谈自然科学、形而上学和数学——谈谈物理及精神的宇宙,谈谈它的本质、起源、创造、现状及其命运。"能在人生的最后阶段在自己从小就热爱的宇宙奥秘探寻方面有所成就,他哪能不激动异常呢?

发现——"夜黑之谜"

前面说过,在任何一张宇宙学年表中可能都会有"1848年爱伦·坡提出了'奥伯斯佯谬'的一种科学解答"的条目。而他的发现并不是像绝大多数专家和学者一样以论文或学术著作的形式发表,而是以散文诗的形式公之于众,所以我们在本书中给爱伦·坡一个"玩转诗歌和文学的宇宙学家"的称呼并不为过。因为他对解开"夜黑之谜"的决心,并非只是一时之兴或想入非非,而是思考、观测后的"蓄谋已久"。由此,爱伦·坡提出了一幅符合天象的逻辑图景,那就是如果宇宙在时空上是无限的,夜空必定会像本书的另一位"玩转艺术的'科学家'"草间弥生所描绘的图景一样(见下页上图)。

爱伦·坡所说的"宇宙的金墙"由"无数明亮的物体组成,它们的数量如此之多,看起来已经融为一体"。此外,在充满想象力的散文诗《我发现了》中,含有"要解释望远镜中的黑暗,只有假设可见背景极为遥远,它发出的光根本还没来得及到达地球"这样的阐述。由此可见,爱伦·坡采纳了下页诠释图中的"B",天空之所以没有被恒星覆盖是因为可见背景极为遥远,光线还没有传到我们这里。换种说法,就是回溯宇宙起源的时间是大于恒星的光线传到地球的时间的。光的有限速度和发光恒星的有限寿命第一次被用来解决宇宙的"夜黑之谜"。然而,爱伦·坡不相信宇宙是无限的,所以他又写下了下面的话:"事实可能如此,谁会冒险否认?我仍然认为我们没有一点理由去相信事实是这样的。"他因为相信

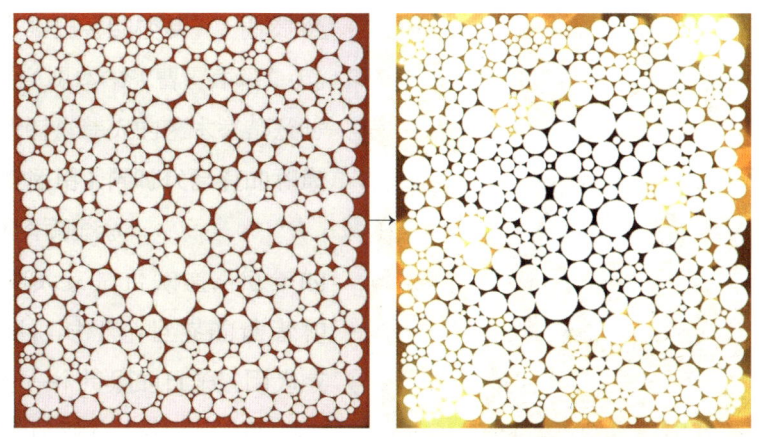

左：草间弥生 1990 年的作品《无限的点》，此画可以转化为这样的图像表述。右：如果宇宙的时空无限，将无限繁星的光线汇聚起来就可筑起一堵巨大的"宇宙的金墙"

有限宇宙论而放弃了正确的答案。即便如此，在《我发现了》中，他对"夜黑之谜"和其他问题的解答一样，所表现出来的预见性仍值得称道。

"夜黑之谜"还有另一种陈述，大意是：如果宇宙是稳定的、无限的，且平均分布着无限个发光星体，那么我们站在地球上，无论仰望星空的哪个方向，星空都应因叠加无限星体的光芒而无限明亮（见下图"A"）。但为什么事实上的宇宙黑暗一片？它的第一个正确答案的出现，说明感性的直觉与理性的推理可以融于一体，这种融合出自一位诗人，这说明科学绝非一定出自于科学家之手，或艺术就一定要出自艺术家之手，世界的终极问题必须由这"两只手"协同解决。

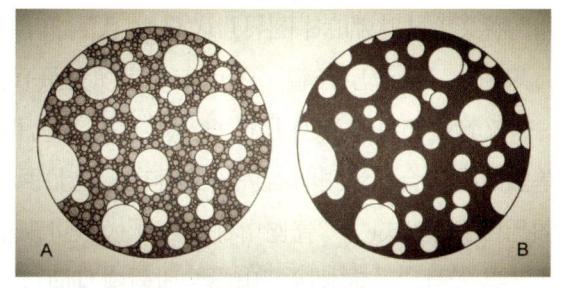

关于"夜黑之谜"的两种解释图景（A 和 B）

《我发现了》[全名《我发现了：一首散文诗》（英文名为 *Eureka: A Prose Poem*]这部作品源自爱伦·坡进行的一场演讲的内容，副标题为"关于物质与精神世界的随笔"，是一部非凡的作品。它并不是一部真正的科学著作，而是爱伦·坡对自然规律的直观想法的表达。这可以说是他猜想宇宙如何开始、演化与终结的宇宙学论述。他在书中进行了逻辑推理与大胆的猜测，而没有什么具有明确科学根据的构想。例如，他自创了关于牛顿万有引力定律如何解释行星的形成与自转规律的理论，但并不正确。然而，在他的论述中却有以下著名的片段："假设星星绵延不绝直到无穷远处，那么天空的背景会呈现均匀的亮光，就像银河一样——整个背景没有一点不被星星填满。但是透过望远镜，我们在四面八方的夜空中发现了幽暗与虚空。在这种情况下，唯一能让我们理解这些虚空的方法，乃是假设不可见的背景深不可测，以至于尚未有任何来自该处的光线能抵达我们这里。"

对于"夜黑"，目前有两种得到承认的解释：宇宙有限、哈勃红移。而作为一位诗人，爱伦·坡第一个正确解决了"夜黑之谜"问题，但他并不是科学家。有历史学家辩称，爱伦·坡的论述不过是个臆测，应该等到19世纪最伟大科学家之一的开尔文爵士在1901年发表完整的计算过程和结果，这个悖论才算真正得到解决。但开尔文基本上只是提供了爱伦·坡设想的数学证明罢了，这说明了理念对于科学的重要性。不论怎样，爱伦·坡都答对了。所以该怎么回答"为何入夜之后天色会变暗"这个问题呢？结果应是宇宙起源于大爆炸。按照著名宇宙学家哈里森的说法，爱伦·坡的诗刻画了一个真实的宇宙——就像他诗中写的，"穿过群星，我们看到了宇宙的源头"。

现在看来，《我发现了》应该是爱伦·坡生命的绝唱。在这样一部表现宇宙

左：爱伦·坡处在"人类宇宙"旋涡中的创意图景（刘夕庆 创意）["人类宇宙"一说出自布赖恩·考克斯的著作《人类宇宙》——参见《玩转科学的"艺术家"》（下册）"考克斯篇"]。右：《两条大鱼》（刘夕庆 作）。这两幅都有旋涡图形的画说明了什么？说明了生命宇宙具有同一意象。《两条大鱼》的科学推理方法运用：根据不同季节鱼儿到水面呼吸或觅食的经验，可推理画里的水中有两条鱼，甚至根据鱼的繁殖期判定，它们可能是一雄一雌——爱伦·坡作为诗人能解答"夜黑之谜"应该就是运用了这种既依据直觉又有逻辑性的方法

哲学思想精髓的作品中，爱伦·坡借助科学性思维揭示了"夜黑之谜"的一个谜底。宇宙学界肯定了他作为一名作家对天文学的贡献，或通过解读《我发现了》证明了爱伦·坡有别于其他浪漫主义作家的科学观。

诗意——揭示自然

前面说过多次，人类文化史上有一些艺术品并不是由当时就称为艺术家的人创作的，而有不少科学或技术成就也不一定是由当时就定为科学家或发明家的人所获得的。但有一个可能不一定为很多人所接受的观点，那就是创新一定要由具有诗意的人来进行——这里的"诗意的人"并不是指纯粹的诗人，而是富于幻想并勤于思考的人。本书一开始提到的那些人物，像屈原、卢克莱修、莎士比亚、弥尔顿，还有但丁、惠特曼与泰戈尔等，他们都在各自的作品中"化诗意为奥秘"。

比如，惠特曼歌唱带电的肉体，"先知"了神经系统是能够传导电流的：

我歌唱带电的肉体，

我所喜爱的人们围绕着我，我也围绕着他们，

他们不让我离开，直到我与他们同去，响应了他们，

不让他们腐朽，并把他们满满地装上了灵魂。

在惠特曼写作的那个时代，还没有身体中有电流通过时会颤动的例证。伽伐尼在1786年发现蛙腿在被带电体触碰时会产生痉挛颤动现象，这在当时引起了激烈的争论。实际上，直到1875年，即惠特曼写完《我歌唱带电的肉体》20年之后，利物浦市的医生理查德·卡顿才通过实验确定惠特曼是正确的，神经系统事实上是能够传导电流的——他通过反射镜式电流计（一种新发明的能够感应低压神经元的设备）探测了动物裸露的大脑，向人们展示了这个以往看似不大可能的事实。

惠特曼说过，"美国要求有一种诗歌，一种勇敢的、现代的、包容一切的、全宇宙的诗歌……这诗绝不可无视科学或现代，而要从科学与现代的发展中获得灵感"。正是惠特曼第一次把科学的进步、城市的繁荣、物质文明的发展作为美的形象写进了诗歌。这个创举使他成了一位名副其实的、具有科学思想的现代诗人。

绕一圈回来，再把视点落回爱伦·坡的《我发现了》上，我们就不难发现诗

惠特曼创意肖像（刘夕庆 创意）

意对于科学发现有多么重大的意义！所以，从推广的意义上来讲，这个"诗意"的广义内涵实际上就是"艺术"的内涵。难怪《普鲁斯特是个神经学家》的作者乔纳·莱勒说道："对所有这些艺术家们影响最深的一个因素，同时也是他们共享的唯一一个影响因素，就是他们所处时代的科学。在查尔斯·斯诺哀叹两种文化分离了很久之前，惠特曼就已经在忙于研究脑解剖教材并观察血淋淋的手术了，乔治·艾略特已经开始阅读达尔文和麦克斯韦的著作，斯泰因也已经在威廉·詹姆斯的实验室里做心理实验，而伍尔芙当时就在探究关于精神疾病的生物学根源。如果看不到他们工作中的艺术与科学的联系，我们就不可能理解他们的艺术。"

写到这里，我终于得出了爱伦·坡实际上就是一个十足的"玩转艺术的'科学家'"的结论，所以我想将其分享给大家，好让读者完全理解"玩转艺术的'科学家'"原来就是这样一群人。爱伦·坡为他们中的突出代表，愿他的思想和精神远远超过他阴阳两地的住所而永驻人心。

爱伦·坡 ——发现了"夜黑"

生前住所和身后住所。左：1832—1835 年爱伦·坡住过的房子。右：1875 年人们为其竖立的墓碑（注意：墓碑上有一只归巢的鸟——它应该具有什么样的象征意义呢？）

自称"周日作曲家"
他称"音乐化学家"
孰是孰非，各有其理

是音律加催了化学反应？
还是元素触发了音乐灵性？
是《伊戈尔王子》
生成了"苯甲酰氟"
还是"鲍罗丁反应"
催生出《在中亚细亚草原上》
相辅相成啊！互补式前行

发散旋律上的情感音符
糅合着严谨科学上的印记
一生交织俄罗斯音乐和化学的人
终于让青灰色的墓碑上
永远印刻上了那
注入有机化学意味的动人旋律

Alexander Borodin

鲍罗丁——音乐化学家

音乐总是令人身心愉悦，作曲家往往能创作出区别于其他艺术形式的独立结构，同时迷人的乐曲有时还能充当科学研究过程的催化剂——历史上竟然还有利用乐理规律发现科学问题的人，例如毕达哥拉斯、开普勒等[参见《玩转科学的"艺术家"（上册）》"毕达哥拉斯篇""开普勒篇"]。将鲍罗丁选入"玩转艺术的'科学家'"的理由是，尽管在化学领域他取得过卓越的成就（尤其在有机化学领域享有盛名），但他最先感兴趣的是音乐，并且他也是由于那或雄浑激昂或悠扬迷人的乐曲才为世界人民所知晓的——笔者青少年时期就被其富有俄罗斯风格和东方情调的交响诗《在中亚细亚草原上》所感染。那些专业性很强的化学理论和实验可能迟早会被他人所为，但《伊戈尔王子》那独一无二的艺术旋律却不可复制。

尽管后来鲍罗丁在工作日的工作是化学方面的，但他总谦称自己是一个兼职的"周日作曲家"——就像本书中多处提到的艾格顿，自认为是发明家或工程师，可大众却"硬生生地"将他当成了高速摄影艺术家。为何如此？可能这就是不可复制的艺术所造成的发散性影响无法收回的原因，而那些专业性很强的科技论文和实验多数只在专业人士和学生们之间复制、传承。人们最终还是在鲍罗丁墓碑雕像的背景或衬景上刻上了清晰的曲谱和乐器，但不可否认的是，这类人身上所拥有的科学素养会反过来驱动他们的艺术创作并放大其造诣，比如那一行行的化学方程式在形式上犹如一行行的五线曲谱。他在头脑中研究的化学反应说不定就催生了他的音乐灵感。

化学反应激发音乐灵感

亚历山大·鲍罗丁（1833—1887）是一个格鲁吉亚贵族的私生子，由于身份

特殊，他没有资格进入贵族学校，母亲便给他请了私人教师，但这样又缺少了和同龄人玩耍的乐趣。深爱鲍罗丁的母亲开始鼓励其学习各种乐器，他也常常一个人待在房间里练习海顿、贝多芬、门德尔松等古典名家的作品，并随妈妈一起观看免费的音乐会。小鲍罗丁自从有了音乐这个无形的伙伴，变得日益开朗起来。但不知从何时开始，他也对化学产生了浓厚的兴趣——除了钢琴等乐器，他的房间里还摆满了化学实验仪器与药品。就这样，鲍罗丁开始了在音乐和化学间的来回穿梭，度过了他不一般的少年时光。17岁时，他没有选择音乐作为自己的专业，而是毅然进入了圣彼得堡医学院。在医学院，鲍罗丁师从因合成苯胺而闻名于世的俄国化学先驱齐宁。

在化学研究上，先后师从齐宁和德国化学家埃伦迈尔的鲍罗丁后来成了最早制备出苯甲酰氟的人，在羟醛的缩合反应方面也有重大贡献；而在音乐创作上，他的作品民族性颇强，题材主要是反映英雄性和史诗性的内容，致力于赞颂俄罗斯的历史和民族英雄。他的主要作品有抒发爱国情怀的歌剧《伊戈尔王子》、富有俄罗斯风格和东方情调的交响诗《在中亚细亚草原上》和奠定了俄国史诗性交响乐体裁基础的《第二交响曲（勇气）》等。由此，鲍罗丁成为俄国历史上少见的在科学和音乐上均有杰出成就的大家——这样一来，一位没有全力付诸音乐创作的人反倒由此大大促发了自己的化学研究。也许，鲍罗丁的主要精力都放在了化学上，只能利用周末和生病的业余时间进行音乐创作。但从他创作的乐曲广受欢迎的程度来看，他自称"周日作曲家"所取得的成就也许超过了他"全职化学家"身份所做出的成绩。

如果说在音乐方面鲍罗丁几乎完全是自学成才的话，那么在化学方面他就是一个十足的学院派，其研究重点在有机化学和生理化学方面。最初他在对联苯胺衍生物进行了一系列的探究后，发现了联苯胺、亚联苯和半联胺等的重排机理。1862年，鲍罗丁用制备酰基氟的方法使苯甲酰氯和氟氢化钾反应，从而成功得到了苯甲酰氟。这是一种有刺激性气味的无色液体，是化学史上人类制备出的第一种芳烃氟化物，后来在有机合成、染料和医药领域有很多应用（例如生产除草剂和过氧化苯甲酰等）。几年后，鲍罗丁又发现一种溴与脂族酸的银盐反应生成卤代脂族酸的方法。这种方法可以很便捷地使碳链变短，后人将其称作"鲍罗丁反应"。同时他也由兴趣驱使，习惯在音乐旋律的陪伴下进行化学研究，并成为俄国民族主义时期的伟大音乐家——俄国"五人强力集团"的5位作曲大师之一。

像鲍罗丁这样既是艺术家又是科学家并在两个领域都有直接贡献的在本书中不乏其人，如达·芬奇、梅里安、莫尔斯（参见本书对这3位人物的介绍）等，以至于我们很难明确判定他们的专业身份和贡献领域的关系，因为他们中的一些人的工作本身既科学又艺术（例如布鲁内莱斯基的线性透视法与其建筑、绘画的关系，艾格顿的高速摄影技术发明与其特别的艺术图片的关系等）。而鲍罗丁的化学研究与作曲艺术之间表面上看似乎没有直接的联系，但有一个间接的理由可将它们联系起来，那就是化学反应——一个当下可以跨界运用的、原本只属于化学领域的专有名词；况且他研究的还是有机化学，跟万物的生命有关。这样我们就可以称鲍罗丁的音乐作品是其大脑发生有机化学反应后的灵感生成物了。

我们要接受的一个事实是，一位人物的名气往往决定于其影响，而不一定是他工作的重要性或是否专业。像鲍罗丁，在世人的印象中，他的音乐的影响力可能要远远大于其化学贡献的影响力，以至于在谈到他的身份时，大多数人都以为他是作曲家，而不知道他的化学家身份——这似乎是由于人们对一个人的工作成果印象特别深刻而产生的排他效应造成的，就像中国清代著名画家、书法家和诗人郑板桥所画的竹子就有掩盖其诗文和书法之光彩的嫌疑——有研究者甚至认为，他诗文和书法艺术的深刻程度可能更加难能可贵。

可以反映鲍罗丁生命意义的3幅图片：1.他生前的全身坐像——看不出他从事什么职业，也不知他的大脑此刻究竟在思考什么；2.他研究的化学反应催生了他的作曲灵感——那一行行的化学方程式犹如一行行的五线曲谱；3.他逝世后的塑像墓碑——人们在其雕像背景和底座上刻写的似乎都是音乐元素

波浪式前行更符合自然规律

1858年，年仅25岁的鲍罗丁便在德国海德堡大学获得了博士学位。他的博士导师埃伦迈尔是第一个认识到多键的化学家，并且以发明了一种以他名字命名的锥形瓶而著名。次年，鲍罗丁和门捷列夫[参见《玩转科学的"艺术家"（上册）》"门捷列夫篇"]等人一起赴意大利、德国、瑞士等国进行访学考察。作为俄国代表团的一员，鲍罗丁后来参加了在德国卡尔斯鲁厄举办的第一届国际化学大会，诸多基本化学概念都是在这次大会中确立的，这说明了鲍罗丁在化学领域的工作得到了专业人士的认可。

自1864年开始，鲍罗丁在近10年的时间里对醛的聚合与缩合反应进行了系统而深入的研究。在当时，有些化学家错误地认为，醛和醇都是由金属取代分子中的氢而形成的金属衍生物。但鲍罗丁通过研究指出，醛和碱金属反应不是仅有一种金属取代氢的产物，而是一个含有多类化合物的混合体系。这使得他进一步设计出一种在碱金属存在的情况下进行醛的缩合反应的通用方法。有意思的是，当时德国化学家凯库勒（就是那个传说在梦中发现了苯环结构的人）认为自己才是醛类研究的权威，在得知鲍罗丁已经取得重大进展后，他怒火中烧，竟在一篇文章中指责鲍罗丁"侵犯"了他的研究领域。这种文人相轻的情况有时甚至妨碍了科学的发展，证明了科学的进步不但要克服学术上的困难，还要去除人为的干扰。

左：鲍罗丁音乐作品的"弦乐四重奏"。右：《"真理"总在"谬误"后》（刘夕庆在中国传媒大学张骏教授所画作品的基础上完善）——这是一幅辅助说明真理与谬误出现了时间差的漫画。实践证明，"健全"的真理总是在无厘头、缺胳膊少腿的谬误之后上路

和化学研究相比，音乐创作也一样。先前的鲍罗丁似乎只是把音乐作为自己的业余爱好和消遣。他在圣彼得堡拿到学士学位后，便远赴德国继续追寻自己的化学梦，其间虽偶有音乐创作，但大部分时光都是在实验室度过的。然而为了化学事业而前往海德堡的鲍罗丁，却在那里邂逅了钢琴家普罗托波波娃——他未来的妻子。因此，他不但收获了一份甜美的爱情，还开启了一种崭新的音乐创作之路。普罗托波波娃是一名出色的钢琴家，她常为鲍罗丁弹奏舒曼的作品，并建议他对舒曼的音乐之美进行研究。鲍罗丁和普罗托波波娃聊天的话题总是离不开音乐，同时他们还一起研究李斯特和瓦格纳等人的作品。在妻子的影响和鼓励下，鲍罗丁开始正式走上音乐创作的道路——这体现出一种"爱的化学反应"。

可在那时，鲍罗丁的创作并不十分成熟，他在音乐创作上的重大转折点出现在1862年。这一年他回到圣彼得堡任教，并在那里结识了音乐家巴拉基列夫。巴拉基列夫欣赏鲍罗丁的人格魅力，但更为欣赏鲍罗丁的音乐才华——他常常跑到鲍罗丁的实验室，并对他诚恳地说道："作曲才是你的事业！"在巴拉基列夫的邀请下，当时已身为著名化学家的鲍罗丁加入了后来在俄罗斯音乐史上鼎鼎有名的"五人强力集团"。加入这个音乐组织后，在巴拉基列夫的专业指导下，鲍罗丁开始了正式的作曲训练，并逐渐形成了自己的音乐风格。有趣的是，"五人强力集团"中除了巴拉基列夫之外，另外4名成员全是业余的：鲍罗丁是化学家，穆索尔斯基是陆军军官，科萨科夫是海军军官，居伊则是军事工程学家和工兵大将。不过，这个看似业余的"草台班子"其实一点也不业余，它对后来整个俄罗斯音乐文化的发展产生了深远的影响。

说鲍罗丁是"音乐化学家"或"化学音乐家"似乎都可以，但在本书中，我们更应该称他为"音乐化学家"，这是因为无论从事业的起始时间还是所产生的空间影响来看，他一生都受到音乐的渗透和熏陶，而且可以说音乐随时随地都在发挥作用——人们可以在任何时空里哼上一段小曲以帮助解乏或提高工作与学习的效率。所以，天差地别的双重兴趣相辅相成地成就了鲍罗丁的事业，这种双螺旋波浪式交互前行的方式，如同沃森、克里克发现的DNA双螺旋结构——围绕一根人生主干两大兴趣交互作用的情况仿佛更加符合自然机制，因而也更经济、高效和更具生命力[参见《玩转科学的"艺术家"（下册）》"沃森－克里克篇"]。鲍罗丁在化学上的灵感可追溯至音乐的激发，而在音乐上的灵感可解释为大脑的化学反应，就像达·芬奇的绘画创作与科技创造交替进行、互为补充一样。由此我们可以得出一种更高级的人生前进模式——人生在人文艺术与科学技术这两种互为补充的状态下波浪式前进，因为它符合自然的本质。

鲍罗丁波浪式前行的人生以及在音乐和化学间不断切换所创造的工作模式是不是科学我们并不能下定论，这毕竟是他的人生选择。不过，后来俄罗斯大地上出现的、被爱因斯坦和罗素等大科学家称道的革命领袖列宁认为，交替性的学习和工作是一种积极的休息方式——这也被许多事实所证明。爱因斯坦说过"热爱是最好的老师"。一生在音乐和化学间波浪往复且乐此不疲的鲍罗丁有着双重热爱，仅凭这一点他就是我们的老师，因为爱之跨度越大，碰撞产生的思想火花就越闪亮。

音乐与科学的内在关系

鲍罗丁的事迹只是音乐与科学关系史上的一个个例。实际上，在他之前就有过前文介绍的毕达哥拉斯与开普勒等人做出的贡献，甚至还有巴赫的秩序统一曲；而在他之后，更有勋伯格的乐理新秩序等。我们可以列举出许多古今中外体现音乐与科学内在关系的事例，中国"地质力学"的首创者李四光就是其中一位；而离我们更近的一本书——《爱因斯坦的小提琴：一位指挥家看音乐、物理和社会变革》的作者约瑟夫·埃格尔就将音乐与科学的关系公开化，并将其"姻缘关系"推到了由来已久、内在一致和永不可分的顶点。

埃格尔是联合国交响乐团指挥（也曾兼任过中国中央爱乐乐团客座指挥），曾经指挥过世界上一些主要的交响乐团。他在《爱因斯坦的小提琴：一位指挥家看音乐、物理和社会变革》中这样写道：

"当我告诉大家，要是没有小提琴，爱因斯坦压根儿不会是爱因斯坦，他们都很吃惊。大多数人连他拉小提琴这事儿都不知道。他爱音乐，每天都抽空练习，甚至在忙于科学工作的时候也不例外。

"对我而言，音乐、物理和社会关怀细密地织成一片，和纳瓦霍印第安人的小地毯相似。用这3种线纺成的这本书的经线和纬线，织成了许多相得益彰的图案。

"半个多世纪前，我得到了一个尝试性的结论：宇宙是用音乐造就的。又费了10年的工夫，我才有胆量把这个想法告诉戴维·玻姆，一个得了诺贝尔奖的物理学家……我又开始读了一些相对论和量子力学。关于音乐、物理和社会之

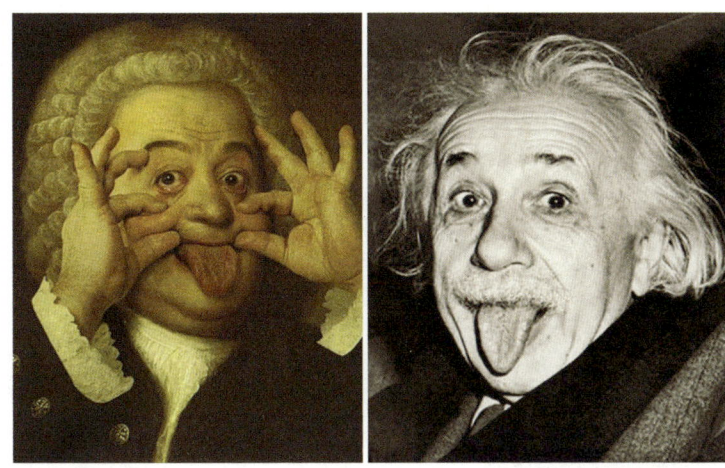

喜欢巴赫（左）音乐的爱因斯坦（右）也当众来了这么一个"滑稽怪样"

间的关系，我开始得到了更多的想法。

"超弦理论登场了，我的猜想又得到了肯定。一个接着一个的物理学家，都拿音乐来打比方。一根超弦，就像是'小提琴的一根弦'，以多种方式在振动，最细的弦好比宇宙中的那些最小的粒子，最粗的弦解释的是宇宙本身。"

紧接着，埃格尔又写道：

"音乐中有某种内在的东西，这东西超越地理、文化甚至人格上的不同……音乐的这种神秘的魔力和力量，似乎也渗进了全部的植物和动物的生活里。音乐也没把脚步停在那里。正如当代物理学揭示的那样，音乐呈现的是万千现象当中的那个统一性。所有这一切，以及音乐对人类社会的寓意，都为本书提供了种子。路德维希·凡·贝多芬为这些种子提供了丰富的营养，并使之抽出了新芽。他和爱因斯坦，虽然诞生的时间相隔几个世纪，在我写作此书的时候，都是我的灵感来源。

"对爱因斯坦而言，音乐是某种物理学，物理学是某种音乐。他看不出这两者之间有什么界线，他经常说，科学是一种艺术，贝多芬的音乐也是由这两个学科构成的……"

就对各艺术门类兴趣的热爱程度而言，在所有的艺术中，爱因斯坦最推崇西方古典音乐，因此他的物理学及其思考方式也近乎古典。他尤其酷爱巴赫、莫扎特和贝多芬等人的作品。除音乐外，爱因斯坦还推崇文学——他认为科学和艺术是相互补充的。爱因斯坦为何能以惊人的洞察力提出相对论？原因就是他自己一再强调的"想象力比知识更重要"。音乐和文学诚然不会直接教你如何去解数学

爱因斯坦喜欢巴赫作品统一于丰富多样性之上的结构,最终他演奏出了统一质能和时空的广义相对论引力方程的优美旋律(刘夕庆 作)

方程,但是能编织构成你的文化背景,丰富你的想象力,提高你的审美能力和精神境界,并有助于你成为掌握"第三种文化"的人,从而从最高的境界处看世界,并领会其运作的奥秘。

这里,我们借由鲍罗丁演绎出的迄今音乐与科学的"最先进"内在关系理念说明了音乐与科学有着割舍不断的联系,同时也反过来说明了鲍罗丁的存在绝非孤立或偶然,他只是这种关系史中承上启下者里杰出的一位。他留下的遗产更说明了艺术与科学不但同宗同源,而且是宇宙中诞生的最高水平、最完美的杰作——智慧人类都是艺术与科学融合的产物。还是拿埃格尔的话来讲:

"……不论是否愿意,我们的眼睛总是戴着双重眼镜,一重艺术的,一重科学的,两重影像在我们的头脑里交融在一起。科学和艺术原本是一家,都是'好奇'的子孙,源于对自然的好奇。在文艺与科学间游走的伏尔泰曾精妙地概括,一切哲学都基于两样事物:'好奇与眼光。烦恼在于我们好奇的太多而看见的太少。'我想,能比常人看得多的大概就是艺术和科学的眼睛。"

应该说,鲍罗丁就有着比常人看得多的艺术和科学的眼睛——他的"周日作曲家"与"全职化学家"的双重身份将可能是未来人们攀上智力高峰的理想模式。

鲍罗丁——艺术家和科学家的脚步永远交替前行，人们通过发行邮票和光碟的方式来热爱他、纪念他

包扎着的割耳之处
似乎还在渗血
而此时象征着
精神躁动不安的白纱
已化作夜空之卷曲流动
围绕着星月奔腾不息
调色板上的色彩
经大脑的秩序狂想
升华至画布上的《星空》

如同最终新星的闪耀爆发
绝唱的力量坚强无比
常人看不见的幻觉啊
经过天才的艺术表现
涌现出一个想象中的结构
有意无意中
促成了一幅湍流图景的诞生……

凡·高——"星空"涌湍流

凡·高恐怕是我们这个星球有史以来最具悲情色彩的艺术家之一了。可以说，他的高情商成就及跳动的色彩笔触与其精神波动互联互动，构成了一首值得叹惜和尊重的命运交响曲——他的使命感有时会战胜基因的缺陷，但祖辈的遗传有时又影响着他的生活和创作。而正是由于他独特的思想和情怀才让我们看到了像《星空》这样兼具深刻艺术性和深奥科学性的伟大作品。在他人生的混沌中隐含着一种奋力构建的潜在结构——他拼尽全力与病魔抗争，将无望的无序触底反弹为有望的有序，促成了象征着凡·高式星空的色彩图案文化现象。

由于对艺术强烈而执着的追求，凡·高在短短的一生中创作了大量传世杰作，包括含有科学意境并闻名于世的《星空》，同时还留下了大量蕴含科学哲学性的书信。但生前他的艺术成就竟始终没有得到世人的承认。不知为什么，曾做过牧师的凡·高跟另外两位对科学有过巨大贡献的神职人员——哥白尼和孟德尔一样，其成就在辞世后才逐渐被人们了解并认可 [参见《玩转科学的"艺术家"（上册）》"哥白尼篇""孟德尔篇"]。由此我们似乎得到这样一个认识：有少数人因孤独的生活和工作而在思想上趋于宁静致远，其建树生前可能不会被认可——不是因为他们的观念不正确，而是实在是太超前了。

内心有自然、艺术、诗情

文森特·凡·高（1853—1890）出生于荷兰南部布拉邦特省的津德尔特市集中心的牧师公馆（新教牧师家庭）。身为后印象主义画派先驱的他，深深地影响了 20 世纪的艺术风格，尤其是野兽派与表现主义绘画。同时，他也是继伦勃朗之后荷兰最伟大的画家，荷兰人民引以为豪的绘画大师——在世界艺术史上都占有重要地位。他一生坎坷，穷困潦倒，长期生活在社会的底层，在艰难竭蹶中挣

百面溯源——凡·高一生中不同阶段的自画像里只有这唯一的19岁真像（中间大图）可作为其本人样貌的参照（刘夕庆 创意）

扎，对贫苦劳动者怀有真诚而深切的同情。在他短暂的37年人生中，他形成了不少艺术与哲学、科学交织并成就大业的思想，这里和大家分享一个。

1873年6月，刚过20岁生日的凡·高在伦敦给弟弟提奥的书信中写道："……内心有大自然，有艺术，有诗情。倘若据此而不知足，怎样才能知足呢？"这反映了他此时漠视物质钱财、已有了追求精神境界的志向。时隔两年，22岁的凡·高来到巴黎。在那里，他除了听布道就是读书，并急切地想确立自己的信仰。他读了诗集及很多哲学书，还有自然手册、人物奋斗史，以及英国心理小说先驱艾略特的作品等——在其中他找到了一条由想象通往成功的路径。这些都可从凡·高在一生中写给胞弟的数百万字的书信中找到线索，它们生动地再现了其人生旅程、深刻的人生观、独到的自然观以及艺术见解，处处闪烁着哲理的光辉。荷兰人民将他的画作和书信相提并论，同视为国宝。

凡·高如此说过："想象确实是我们必须发展的才能。只有它能够使我们得以创造一种升华了的大自然。"是的，真正的想象属于艺术家——他们想要创造的是一种个性化的、理想的大自然；同时也属于科学家——他们所要创造的是一种普适化的、理想的大自然。所以在想象和创造、创新的关系上，艺术家与科学家本质上可以画等号。

后来被美国著名科学家 B.霍夫曼称为"科学的'艺术家'"的爱因斯坦也酷爱以想象（思想实验等）来达到科学研究的目的。例如，我们认为，爱因斯坦的广义相对论可以称得上一件伟大的科学艺术品，他的科学想象犹如在进行艺术创造。在广义相对论中，爱因斯坦表达了深刻的引力内涵，形成了一种时空弯曲理念，它具有黎曼几何的特点 [参见《玩转科学的"艺术家"（上册）》"爱因斯坦篇"]——这似乎在凡·高的《星空》中也得到了体现。

左：凡·高给弟弟提奥的图文并茂的手写书信。右：他的绘画研究笔记

世界著名传记大师、《凡·高自传》的编者欧文·斯通于其前言中写道："依本人拙见，凡·高既是一名大画家，也是一名大作家和大哲学家。天赋使他具有最全面的理解力和表现力，然而，二者得兼，集于一身，倒反成了一个人的负担。"现在，笔者写了这篇《凡·高——"星空"涌湍流》后也体会到，凡·高不仅是一名大画家、大作家和大哲学家，还是一名"艺术的'科学家'"。天赋使他具有最全面的理解力、表现力，甚至是科学洞察力。然而，三者兼得，集于一身，倒反成了他更大的负担，因此他倒下了……

《星空》即自然、现实、真理

伟大的凡·高在生命后期于法国圣雷米疗养院里创作了著名的油画《星空》。世人有种普遍的说法是，这幅画是他的精神长期受到极度折磨后的宣泄之作，所以其画面是他想象出来的想要追逐的美幻图景。然而笔者却认为，画作中的暗绿褐色柏树犹如火炬一般，由大地的深处向天空高高举起，仿佛那就是凡·高本人——他想奋力挣脱人世间的引力禁锢，冲向天际，与苍茫的星空紊流交汇，成为它们的一部分，从而真正实现身心自由运行的理想境界。

《星空》，作于1889年，布面油画，尺寸73厘米×92厘米，现藏于纽约现代艺术博物馆

凡·高于 1888 年创作的《罗纳河上的星夜》，现藏于法国巴黎奥赛美术馆

康德有句名言："有两种东西，我对它们的思考越是深沉和持久，它们在我心灵中唤起的惊奇和敬畏就越日新月异，不断增长，这就是我们头上的星空和心中的道德定律。"凡·高此时已无法坚守那象征着人间道德的画作底部的安静村落，所以他就向变幻的星空寻求永恒，而画作上大部分呈现的是奔腾不已的星光湍流的图景。

对比 1888 年凡·高所作的《罗纳河上的星夜》，此时的星空还能为常人所理解，星空下灯火的倒影、男女挽手漫步的平静描绘似乎说明当时他还处于"正常状态"，夜幕中的"星星点灯"只是对空气透视法夸大一些的应用，但这时非癫狂状态的他反倒仅仅画出了一幅艺术杰作，而没有表达出兼具科学性概念的理念。而从后来《星空》的画面语言来看，他的心理已出现了巨大变化，显露出其湍急的心理奔流。幸好他是一个几经精神崩溃也忘不了大自然和艺术的思想深刻之人，天生的毅力帮助他屡屡化险为夷，同时也成就了他用画笔表达宇宙物理学概念——湍流的举动。

左：罗斯伯爵对 M51 星云的素描。右：凡·高《星空》的速写习作

19 世纪，第三代罗斯伯爵、爱尔兰的天文学家威廉·帕森斯，在他位于爱尔兰的家中安装了一架巨大的望远镜。帕森斯还在当时普遍被认为是银河系内的星云里成功地看到了激动人心的旋涡结构。上方左图就是罗斯伯爵对这样一个星云——M51 的素描。这幅作品发表后在英国乃至整个欧洲都引起了轰动。M51，现在常被称为涡状星系，距离地球有大约 2300 万光年之遥；其大小与银河系相当。上方右图凡·高的速写习作是他在油画《星空》之后创作的，他的

"星空"系列很可能是受到了天文学家们精确观测记录的直接影响。现在人们普遍认为，凡·高当时是一个正在疗养的病人，他可能在疗养院或巴黎看到了被复制的罗斯伯爵的 M51 的素描作品，从而被激发了灵感——它们可能是关于夜空的图景中最著名的艺术作品了。

湍流是一种只要我们稍加留意就能发现的现象——把自来水龙头打开你就会看到湍流，在风吹过的拐角你也能发现湍流。然而科学家们却认为，这个我们常见的物理现象本质上无法求解，特别是速度快、旋涡多的情况下，你就更无法知道其发生的机理，连高端计算机也无济于事。20 年前，在 7 个悬而未决的"千禧年大奖难题"的解法征集活动中，就有这个被称为"湍流"的流体数学问题。

20 世纪中叶，德国科学家卡尔·冯·魏扎克曾经考虑过一种机制：宇宙之所以拥有现在这样丰富的结构，可能是因为它在初期曾有过一段布满湍流的历史。一开始，魏扎克只是想研究太阳系的起源和星系中的恒星运动，但后来他受到旋涡星系形状的启发，认为这种旋涡状的外观可能是宇宙中曾经出现过的湍流的遗迹，于是他提出，湍流才是理解星系形成的关键所在。就连量子力学开拓者之一的海森堡也加入了这一宇宙课题研究的征程，他此前就对湍流的数学理论进行过研究，而且一直对湍流这个物理难题异常着迷。宇宙大爆炸理论创立者之一的伽莫夫也曾被湍流宇宙模型吸引过，他还于 1952 年发展出了一个相似的理论。不过，星系形成于湍流的观点说着容易，要想将它化为一种精确的模型可不容易，人类现在就连实验室中的湍流现象都还没搞清楚呢。

虽说湍流用数学方法不易表达，但凡·高却用画笔将它表现得淋漓尽致。笔者也曾经看到过达·芬奇以素描形式描绘的湍流现象，看得人心中汹涌澎湃——说明无论是大科学家还是大艺术家都对湍流产生过兴趣，并都想用不同的方式阐释它。而凡·高竟以心灵狂放的艺术画作的形式展示了它的科学与艺术魅力。

关于《星空》的科学性与艺术性，还有另一则故事这里可以讲一下。2004 年 3 月 4 日，美国国家航空航天局和欧洲空间局公布了一张由哈勃空间望远镜拍摄的名为"麒麟座 V838"的恒星周围景象的照片，并称"这幅太空摄影作品与凡·高的名作《星空》有'异常相似'之处"。星星周围有旋涡状星云和气体这一发现，证实了凡·高的"幻觉"的确存在。

不知道爱因斯坦是否看过《星空》这幅画，美丽的星月透过地球大气呈现出周边弯曲的状态，这简直就是广义相对论绘画形式的艺术表达。难怪英国当代著名宇宙学家约翰·巴罗所著的《艺术与宇宙》一书用此画作为封面呢——那是凡·高以年轻生命的代价换来的科学艺术杰作。

星空文化的演绎——不同艺术家将凡·高的《星空》作为普适图景用于自己的世界

画家——可改善自己与自然的关系

1883年9月,凡·高在德伦特写给弟弟提奥的信中提到:"改善你与大自然、与人的关系吧。如果只有成为画家你才能做到那样,那就做个画家吧,不要理会各种非议和障碍。"他这样说,也这样去做。后来,诗人波德莱尔用文字记录了立志当一个好画家的凡·高的一生:"他生下来。/他画画。/他死去。/麦田里一片金黄,/一群乌鸦惊叫着飞过天空。/凡·高逝去,/却也是一种新的来临,/就在春天,/就在他的杏花盛开之时。"

而波德莱尔诗中涉及的第二幅画的创作背景是,凡·高在临终前曾有过一段凄美的、借季节性风景抒发自己情感的经历,说明他的画作还有其心理学寓意——《杏花》(见下页图)是凡·高在圣雷米疗养院接受治疗期间创作的。凡·高把它作为一件礼物,送给刚刚出生的侄子文森特·威勒姆(他弟弟提奥的儿子)——象征着春天新生命的开始:"凡·高逝去,/却也是一种新的来临,/就在春天,/就在他的杏花盛开之时。"画

波德莱尔诗中提到的凡·高的两幅名画之一——《麦田里的乌鸦》

中描绘的是杏树的一个分杈,白色的花瓣犹如明珠般闪亮,幽蓝的天色衬出其轮廓。凡·高用杏树的花枝作为生命体再生的象征,这是因为杏花是一年中最早开放的植物之一,通常在早春时节——尤其是阳光充沛的法国南部——开放。这种"生命体接力"的寓意在电影艺术中经常可以看到,但在绘画中体现比较罕见。它发生在热爱生命而又丢弃生命的凡·高身上,

波德莱尔诗中提到的凡·高的两幅名画之二——《杏花》——1890年早春二月凡·高作于法国的普罗旺斯,现存于阿姆斯特丹的凡·高博物馆中

不能不说是一种悲情。一般来说,画家都是热爱大自然的,因为是大自然造就了生命,要不是因为出现了无法抗争的状况,凡·高是不会……

从科学的角度看,生命于世界中更替是再自然不过的事了,无论是通过生物学、化学、物理学还是宇宙学等学科都能加以解释。从广义上讲,人类生命体是一种循环,其机制就在于DNA的复制与变异特性。但是在这往复不已的平常循环中,由于变异,就有可能会出现不寻常的生命体——凡·高就是一名非凡的可改善自己与大自然、与其他人之间关系的伟大画家,是他通过画家精神产品的作用改变了人们的人生观、自然观和宇宙观,从而真正改变了我们对自然与生命的认识——我们这些也想在绘画中得到人生境界提升的人将无比怀念他。

画家可以用画作改变自己与大自然的关系,甚至可以改变自己的生态观念,因为他的人生境界会在理想的描绘中不断得到升华,直至趋向于成为一名科学的生态环境保护者。更有甚者,还有拿好画作类比万物至理图景的画家,像中国南朝宋的王微就是其中之一。但不是单单绘画艺术家才会拿图景说事,科学家们也会,例如西方科学家就特别喜欢采用拼图的方法来扩大他们的认知领域,从而将凡·高的命题范围进一步扩展,最后力图反过来对这些领域进行人为的改造或征服——这就是现代科学所要实现的图景。

世界各地的人们采用各种形式来纪念凡·高和他的《星空》,有时甚至是在非艺术领域——在一次世界花样滑冰锦标赛上,美国参赛女选手的服装就是依据《星空》的图案设计的(2019年3月23日笔者摄)

光学和色彩充斥着他的画面
特别的实验令他的画作量少品精
"分色主义"的科学啊
是其世界观在作品上的反射
就像一份份辐射观念的能量
让量子力学的内涵一样不可想象

一定的距离去看他的画作
就是无数的色点印在视网膜上
形成寻求中的"画中调色"

新印象画派用点彩画告诉人们
看待自然需用更深广的思想
不要只服从于肉眼所见的物理假象

借助于光色理论的论证
融合自身特有的艺术情怀
他表现出了一幅幅色彩斑斓的景象
原理如同现代工业的点式印刷
却被人为赋予了配色的内涵
装点出那闪耀人性的世界理想

Georges Seurat

修拉——量子画中显

西方经典绘画的代表达·芬奇曾说过,"绘画的确是一门科学"(参见本书"达·芬奇篇")。不一样的是,法国新印象画派代表修拉后来又说了:"绘画应当变成一门科学。"几个世纪后,几个字的变化,本身就说明了绘画与科学的关系正在悄然发生变化,透露出逐步分派的绘画艺术及逐渐分科的自然科学与人类文化的其他任何领域一样,如同太阳的光线那般,线与线之间的距离渐行渐远、清晰而独立起来,而它们的本原却交汇并混沌于一体。不过,它们的基本创作模式总是不变的,这就导致了西方画家们有意无意地借鉴科学程序行事,如修拉就想把自己的绘画变成一门科学——他这样的思想和行为犹如导致人类两情相悦的男女情感,终归逃脱不了基因序列的掌控。

莫奈等在创立印象派时,"无意中"将这个画派染上了瞬时感觉的光色。而修拉等新印象派画家更是有的放矢地锦上添花,将光色的科学原理通过分色主义的形式表现出来。修拉是一位左右大脑并用的天才,也是一个不为常人所理解的"怪人",他将艺术创作当成了科学实验。从某种意义上说,修拉的点彩画也可以看作量子效应瞬时定格于世界的主观图景——要知道,修拉发明点彩画法时,物理学上还没有"量子"概念之说。量子论是1900年由德国理论物理学家普朗克基于黑体辐射提出的假说:电磁辐射场与分子、原子交换的能量是最小能量单位——能量子的整数倍。不知普朗克有没有近距离地看过修拉的画。依据后来逐步完善的量子论,我们周围的一切事物(包括人类自身),其质能组成与辐射都是"一份一份"的。修拉首先以主观的色点画形式表现了他的理想世界图景,其实这也体现了科学发展史上笔者所认为的"艺术率先想象、科学断后完善"的发展理念。

"点"的艺术与科学

乔治·修拉（1859—1891），法国著名新印象画派画家。他与凡·高一样，都活得太短，但修拉是因病而逝。他特别关注光学和色彩理论，并为此做了大量的实验。也许正因为太过致力于科学方法和理论研究，他一生创作的作品并不算多，在这点上，他又与凡·高不一样——凡·高身前留下了大量的画作。但修拉的绘画理论和技法对后世艺术家的影响是不容忽略的，他入行的起因是另一位法国画家西涅克邀请他加入印象派，并向他炫耀了纯色的优越性。他们一起在画布上堆砌与环境、阳光、颜色相互作用并相契合的小圆点。为了更好地平衡这些因素，并使它们互相渗透到只有极小差异的程度，他们采用了不在调色板上调色，而直接用小圆点和纯色色点进行点彩的办法。从一定的距离看上去，这无数的小点便在人眼的视网膜上形成所寻求的调色效果。从此以后，同时对比法则、点彩法、纯色和光学调色法便成为修拉艺术的主要组成部分。

要说后来的西班牙人毕加索是一个绝人的话（是他通过"科学实验"，愣是将只能看到二维结果的画面转化成了三维多面视觉的艺术效果——参见本书"毕加索篇"），而在他之前的修拉就更应该是一个绝人之前的绝人，因为是他开辟了"绘画应当变成一门科学"的先河。他从原先的瞬时光色印象派转向点彩派，从感觉转向科学，因为这是符合他对绝对艺术之追求的——这种艺术之所以如此，完全是因为它基于直觉和灵感的力量。他从讽刺画转向阿拉伯式装饰，再从三维空间转向平面描绘，又从光转向线的各种实验，都有赖于同一个原因。

无独有偶，几乎在同一时期的东方，比修拉晚6年出生的中国山水画大师黄宾虹同样革新了在现代物理学大师杨振宁看来是中国印象派的写意画。黄宾虹认为，中国书画虽然好像起于石涛的"一画"，但其实是起于"一点"——"一画"可以是书画的任一线性笔画，但按黄宾虹对几何学的分析，一画是积点成线的。几何学认为，任何一条线，都是由无数多个点接续而成的。因此，具有科学精神的黄宾虹把书画的最小单位从线归结到点，为他的笔法论找到了哲学，甚至科学的依据。这样看来，黄宾虹对书画起于"一点"的看法，颇有现代科学全息论的蕴含——与修拉同时代出生的他用中国画法得出了集点为线等观点，并将这样的思想融入了他的山水画中，使人近看他的画犹如近看修拉的画——"乱线"与"乱点"，而从远处整体看他俩的画，皆为艺术特点各异的画作中的"乱而有序"之作。

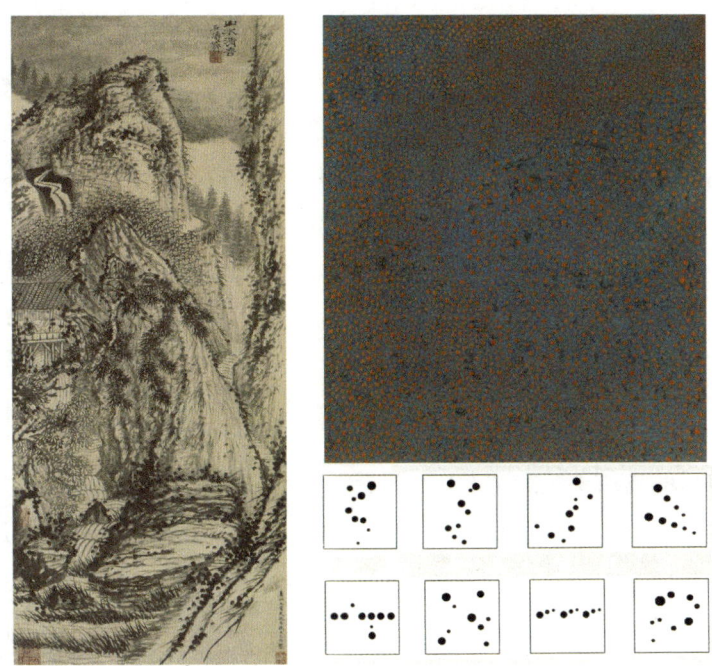

左:《山水清音图》(清·石涛 上海博物馆收藏)——虽然石涛强调"一画",但整幅画中含有不同内容的点。
右上:《无限之网》(日本·草间弥生)——虽然整幅画都由点组成,但点的不同组合给人以不同的视觉感受。
右下:点的组合不同给人的视觉感受也不同,中日两位艺术家为我们呈现了运用不同点组合后的不同图景

  修拉的点彩画能在艺术史上占有一席之地,是因为他开创了一条用丰富色彩的情感之点去看待世界的道路。点彩画派是运用圆点绘画方法作画的画派,它源自于法国,是从印象派的光与色彩的直觉原理发展而来的。但是,仅是论点的话,修拉们的技术并不是首开先河的——古代中国艺术家们所开创的中国画的许多皴法中就有各类专门的点子皴,如单从点形上区分,就有落茄点皴、雨点皴、芝麻皴、米点皴等,笔性或刚或柔,点形或大或小,或方或圆。这些性质不同的点用于描绘诸如山水中不同质地和形态的景物时,其意境就会不同;而修拉的用点虽显单调,但它们的颜色很丰富,说明东西方艺术所基于的科学观各有所长、各有所短,融合起来应为最佳。

  具体地讲,修拉首先提出并践行的用色点对光和色进行分解的方法,创造出一种运用笔触的绘画技法,把原色中的红色一条条涂在画面上,再在红的笔触下面平行地涂上蓝的笔触,站在一定距离看上去,画面中的两种色彩恰好混合成紫色。修拉和西涅克把物理学上的色彩分解与综合的方法运用于绘画上,又创造出

一种圆点绘画的方法。他们觉得用圆点比用长条的笔触画出来的画效果更好，就不再在调色板上调合颜色运用笔。它实际上向我们昭示了一种用点组合看世界图景的方法——现代的"点印刷"以及量子理论的"点粒子"都给我们这样的感觉，不过现在有越来越多的思想和事实表明，这种图景并不是宇宙图景的"完形"——"印刷点"需要寄托于纤维纸张，光色点需要寄托于纤维画布，就连"量子点"都有赖于量子纠缠等。

印象的艺术与科学

谈到修拉的新印象派的艺术与科学，就不得不回顾一下印象派的艺术与科学。有记者问科学家杨振宁中国文化的特点是不是比较不科学化，杨振宁以印象派画作为例回答了这个问题："我觉得这并不完全对。因为科学虽然包括了具体准确的考虑，可是，它也包括了宏观的现象，如西方到19世纪时突然发现了中国的画原来是印象派，他们觉得这是了不起的。其实，中国的画从来就是印象派，因为中国的画不是从具体写生着手的。中国的哲学认为写生写出来跟照相没有两样，这没什么意思，必须把它的意境给画出来才有意思。这在19世纪的西方是一个大发现，他们把它发展成印象派。"

印象派是欧洲绘画史上对人类自然观、科学观的又一次革命，对近代绘画的发展有着深远的影响。而提到印象派就必须要说到法国画家莫奈，他应该是该画派中最首要的人物。印象派的名称就是从莫奈《日出－印象》（下页上左图）油画的标题中的"印象"一词得来的。莫奈是一位光色的讴歌者，他在不断地探索与描绘明亮阳光照射下的自然景物，并以调和而优雅的色彩描绘充满新鲜感的事物。他是印象主义绘画果敢的实践者，也被赞誉为这种理念最纯粹的体现者，莫奈之名与"印象主义者"一词有着不可分割的关联。

莫奈在绘画技法上进行探索的一个目的，就是要把物体之间的维系点找出来。对他而言，这意味着要逐渐克服自然的界线，有些要点是他发现如何分开物体的关键。在印象派绘画里（比如莫奈的《干草堆》，见下页下左图），光线不再是从画面一角的固定光源发出的不可见的、仅仅依靠阴影宣示自身存在的东西——光线本身成为绘画的主角。它不仅制造灰黑色的阴影，还对绘画物象进行变形，并赋予它们更多变的色彩。这种光线的变化以及它所导致的绘画物象的变

莫奈《日出-印象》（左）（1872年，油画，法国巴黎玛摩丹美术馆收藏）与修拉点彩画（右）的比较

化似乎直接将我们重新引回了二维形象，前景和后景的区分点被取消了。

  修拉们的新印象派出现于印象派方兴未艾之际，提倡以理论为基础进行绘画，试图用光学科学的实验原理来指导艺术实践；新印象派画家使用准确分布的原色色点来组成画面，由于笔触和色彩需要科学化和严谨化的控制，也有人称其为"科学的印象派"。印象主义的发展也逐渐处在转变的过程之中：原本的印象派试图捕捉外在的光线，但现在变成内心的东西越来越多，也就是说，当观者面对修拉的作品时，会感觉一种光色在慢慢沉淀。

  如果说莫奈是印象派的发起者，那么修拉则是印象派画系内的一个革命者，这场革命的结果是诞生了所谓的新印象派。新印象派是19世纪80年代后期继印象派之后在法国出现的美术流派，"新印象"一词最早是评论家费内翁在《1866年的印象派》这本小册子中提出的，他指出了印象派画家的不同风格，表示虽然修拉和西涅克参加了第八届印象派画展，但把他们与先辈们联系在一起的线索是模糊不清的，因此他把修拉发起的绘画技法的革新运动所形成的美术流派命名为

莫奈《干草堆》系列之一的画作（左）与修拉点彩画（右）的比较

"新印象派"。这一画派的画家根据色彩混合的相关理论，认为将不同的、纯色的点和块直接放置在画板上，可以获得最鲜明的效果，观看者的视觉会自动产生中间色彩感，这一理论又被称为"分色理论"。

从1878年开始，艺术家修拉对当时所有关于光和色的科学理论产生了兴趣——你说从"印象"至"分色"到底属于艺术还是属于科学？应该是"你中有我，我中有你"才对。修拉发现绘画必须用到眼睛，因此开始彻底研究视觉现象，并不断研读绘画技法书籍，甚至涉猎了几何学及物理学——此时，英国物理学家麦克斯韦已经预测到了各种可见光，乃至自然中存在的各色各样运行速度与可见光相同的辐射都是电磁波。修拉还熟读了法国化学家米歇尔－欧仁·谢弗勒尔（1786—1889）在1839年所写的《色彩调和与对比的原理》一书，此书中谈道："**任何单独的颜色都被其补色的光晕所影响**。"这种光学原理是印象派所信奉并实践的金科玉律，但没有一位画家能像修拉那样，将此原理如此彻底地、严谨地实践到底。

新印象派将印象派对光色的运用进一步科学化和精确化。修拉独创的点描技法与配色，可以使观众的眼睛在点与色之间产生一种色彩和谐感。修拉称这种技巧为"分光派"，也是后来艺术史家所称的"点描派"。

分色的艺术与科学

新印象派又被称为新印象主义及点彩派，它既是一场运动也是一种关注色彩活力的风格。新印象派以科学色彩理论为基础，是后印象派的一部分。这些艺术家并不预先混合颜料，而是把微小的纯色块或纯色点并置在一起，创造出异常有活力的画面。这样做的初衷是使色彩在观者的眼中混合起来，并且色彩会比预先混合的颜料显得更鲜活灿烂。这一技法以谢弗勒尔《色彩调和与对比的原理》一书中的色彩理论为基础。他认为人们对色彩的感知受其附近或旁边的颜色影响。他提出，尽管实际景物的颜色不会改变，但我们的视觉感受却是可变的，而最强的色彩效果可以通过搭配互补色（对比色）来实现，比如红和绿、蓝和橙及紫和黄的组合。

修拉及他的追随者远离了印象派的自发性，但发扬了这一流派对鲜亮色彩的探索精神。将互补色搭配为一组，成为所有新印象派画家和大部分后印象派画家常使用的一种方法。关键是采用点形式表现出了色彩就在那里，种类就那么多，重要的是创作者如何使用，如何运作——全凭大脑的定夺。有和没有科学思想指引下的世界观会大不一样。光色联系在微观量子世界是再正常不过的事情啦，而修拉竟以绘画艺术的方式表现出来，真是伟大——先进的艺术表现手法，先进的科学理念指导，还需要一个丰富情感的表达，才可形成全新的视觉享受。

新印象派作品的画面色彩效果可以通过搭配互补色来实现

受到光学的启发，修拉认为微观物质世界在光的照射下会反射出丰富的色彩。他借助科学论证，并结合自身感情表现出的色彩斑斓的画面，向观众呈现了一种情感丰富且唯美的理想世界。修拉的《大碗岛的星期天下午》就是这样的一幅新印象派经典力作。他通过在画布上堆起与环境、阳光、颜色相符合的小圆点来寻求调色效果，还深入研究了同时性对比法则——点彩法、纯色和光学调色法等与色彩相关的基础理论知识，并专心研读有关色彩的科学著作，决心以色彩的科学方法将印象派从直觉印象引向理性分析，以合乎规律的笔触给光色和物象以永恒的形式。1884 年是他全面走上新印象派道路的一年，以《大碗岛的星期天下午》的创作为标志。

大碗岛是位于巴黎附近的一个岛上公园，每到周末就会有许多人来这里游玩，修拉正是描绘了这样一幅休闲惬意的场景。他使用阳光和阴影将画面自然地分割为两部分；近景处于阴影之中，草地是暗绿色的；中景和远景都处于强烈的阳光之中，

《大碗岛的星期天下午》（1884—1886 年作），芝加哥艺术学院博物馆收藏

草地显出黄绿色。分明的界线使用点彩的技法得以表现，反而有种影影绰绰、朦胧的效果，宛如阳光下的景物都在闪烁颤动一般，透出装饰地毯的效果。同时，画家对于所描绘的对象也力求达到写实的效果。当然，与以往的作品比较，这幅在世界美术史上都具有里程碑意义的画作之最大特点就是画面上布满了精密、细致的小圆点。这些小圆点以不加调和的暖、冷色以及相近色、互补色等堆积成的这幅画作，欣赏者在一定距离的视角范围内观看，就会获得极为鲜艳和饱满的色彩视觉效果。

什么是印象派的典型风格？是点彩画法。画家只要采用点彩画法画画，不问年代，不问国别，人们都会认定他是印象派。尽管莫奈有过一幅用细碎笔触描绘的风景作品，但它不是点彩作品。点彩作品是将纯色小圆点密集排列组合成色块、组织成形象，以至整个画面的作品。这类作品近看时全是色点，远观时人物、景象才会呈现出来。心理学上称这一现象为视混现象，即原色色点在一定距离外呈现出合成色的效果。

修拉进行的科学实验，还有剖析色彩构成的工作，对艺用色彩学最重要的贡献是使人们获知了自然界没有纯色，各色是由比例不同的三原色组成的；他的点彩实验证明了灰色是联系各色的纽带与和谐的基础；绘画领域逐步形成了补色对比产生饱和色调等一系列现代色调的组织原理。莫奈靠天赋和感觉作画，修拉将自己的感觉解析成科学原理，并且具有很强的可操作性，使绘画从此摆脱了固有色的束缚，进入条件色的广阔天地。新印象派的艺术家崇拜理论，认为理论高于感觉，他们使用原色色点来进行绘画，使画面产生视觉混合的色彩效果，其色点的分布十分科学、严谨。不同于印象派洒脱大胆的表现，新印象派画家严格从色彩原理出发，他们不在调色板上调和颜色，而是采用点彩法，通过观者的视觉使作品达到色彩的调和，作品给人一种客观、冷静、永恒的感觉。

从黑白转移到纯色点视混合成的实验中来后，修拉很快成为新印象派的领军人物。从创造心理学角度来分析，修拉运用了反向思维的创造方法：他将三原色光的加色法倒置，用原色色点完成三原色的减色法，由此将奥斯特瓦尔德和孟塞尔的色彩学演变成（绘画）应用色彩学。修拉又运用了转移经验的创造方法：将把整体分解成局部、由局部组装成产品的工业生产方式运用到艺术创作中，即将混合色的整体分解成纯色色点，用色点视混法造型，由此形成了点彩画法。他的这种解构重组的创造方法如今在艺术教学中已经相当普及了。我们不知道他是否了解创造心理学,也不清楚他是否从现代生产方法中获得的灵感,但巧合实实在在发生了。不可否定的是修拉的天赋,他对新生事物的敏锐感应能力令世人惊叹不已。

修拉是诞生在科学革命期间的最早的新型艺术家——艺术家兼科学家。他把文艺复兴运动期间传统的古典结构和印象派的色彩实验结合了起来,把最新的绘画空间概念、传统的幻象透视空间,以及在色彩和光线的知觉方面的最新科学发现结合了起来,对20世纪的几何抽象艺术有很大的影响。新印象派代表修拉只活了32岁,他与后印象派代表凡·高(只活了37岁)几乎同时代生死(19世纪50至90年代),非常巧的是他俩也只给世人留下了仅存的一张照片。

左:《马戏团》,乔治·修拉,1890—1891年作,布面油画,185厘米×152厘米,法国巴黎奥赛美术馆收藏。
右:《化妆的年轻女子》是修拉去世前不久所作的唯一肖像画——表明他将点彩画进行到了底

想用一首小诗
来写一个伟大诗人
是相当困难的事
况且还有国界的隔拦
那一段段来自
古老国度的哲美诗句
令爱因斯坦都倾倒不已
他以文学解析了世界
还有那浪漫诗性的自然观

一边天宇，一边人性
偏颇哪方都不自然
曲径通幽，哲思溯源
选择艺术的方式最有力量
由此，他给出了原创的答案

太丰盛的成就
文学诺奖已不足以褒奖
一位立于东方的文化巨人
通过精神干预了世界
赋予"梵"为宇宙的至高无上

泰戈尔——诗性自然观

在东方悠久的文化史上，由古老文明孕育的文学巨匠犹如长夜里闪烁的繁星，泰戈尔算是南亚上空明亮的一颗。他在众多文学与艺术领域都有杰出的贡献，尤其是在文学上的成就更加突出。他的诗歌作品位于他"文学与文艺金字塔"的塔尖——从13岁起他就开始醉心于诗歌创作，诗中充满了爱国主义和反对殖民主义的情感。此后，泰戈尔发表了长诗《野花》《诗人的故事》等。在其长达近70年的创作活动中，诗句就像他研究所得到的一行行科学方程式，是一切创造活动的概括、提炼和总结。科学家以假说后的证明、设想后的实验来研究自然模型，而泰戈尔用饱含深情的多种艺术形式描绘心目中的世界图景，并将其上升到一种古老哲学的高度。

作为印度文学史上最伟大的作家之一，泰戈尔被有着历史渊源的印度和孟加拉国人民尊为"诗祖"和"诗圣"——就像中国人称李白、杜甫那样，不过中国唐代的"诗仙"和"诗圣"还不曾有诗意与现代科学的"交集"之作，而泰戈尔有这样的幸运，因为他生长在科学繁荣发展的现代。作为有"自然诗人"之称的东方浪漫主义诗人，他创作了内容丰富多彩的自然诗，自然诗成为其诗歌创作的重要组成部分，也是他将自己作为人的精神与大自然结为一体、产生交集的有机衔接。泰戈尔对自然的坚定信仰使他成为自然世界或宇宙的"情人"和"诗人"。他的自然诗也不是一般意义上的仁山智水之作，而是人的自然观的诗化产物，蕴含着对自然与神、自然和社会、自然及人生的深刻思考与哲理探求。他用优美的语言和艺术形象表达了他对自然独到的理解和感受，阐释了自己深刻的自然哲学与自然美学观念。

精神的宇宙　诗意的自然

拉宾德拉纳特·泰戈尔（1861—1941）出生于印度西孟加拉邦的加尔各答。由于是父母最小的儿子，拉宾德拉纳特被家人亲昵地叫作"拉比"，是家庭中的每个成员都钟爱的孩子，但大家对他并不溺爱。小拉比在加尔各答先后进过4所学校，虽然他对这些学校都不喜欢，但他在长兄和姐姐的监督下受到了良好的教育。泰戈尔在文学方面的修养首先来自家庭环境的熏陶。他进过东方学院、师范学院和孟加拉学院。但是他生性热爱自由，厌恶刻板的学校生活，没有完成学校的正规学习课程——这种情况似乎发生在很多名人身上，仿佛是他们以后具有空前创造性的"象征性程序"，就像科学领域的达尔文、爱迪生和爱因斯坦一样。特别是爱因斯坦，他对那种灌输性的、教条式的、没有激情和不动用自主思维的教学深恶痛绝——这似乎在冥冥之中也造就了泰戈尔与爱因斯坦之间的机缘巧合。

虽然身处东方，但和西方文学史上的许多伟大诗人——卢克莱修、莎士比亚、爱伦·坡和惠特曼等一样（参见本书"卢克莱修篇""莎士比亚篇""爱伦·坡篇"等），泰戈尔也是一位具有开放思想的诗人，他认识到了西方现代科学技术的先进性。尊重并热爱科学的他，认为印度等东方国家在科技方面应该向西方学习。他掌握了相当丰富的科学知识，也和许多科学家做朋友，他有许多诗集是献给科学家的。"泰戈尔经常对宇宙的广袤和我们太阳系产生于原始星云等现代科学理论很感兴趣。"《故事诗集》就是献给当时印度著名的物理学家贾格迪斯·昌德拉·巴苏德的。他在献辞中写道："你若赐予真理宝石，／我将其理想和故事，／当作厚礼，／贡献于你。"与稍后的西班牙超现实主义画家达利相似，他以艺术形式表现出自己对科学技术的推崇备至。因此，泰戈尔接受了科学的物质观、生物进化论等观点和理论，认为自然中的一切事物都具有客观实在性，都是真实的客观存在的物质世界，而且都是有限的。"诗人将有限的世界作为一个无可否认的现实来接受，就如同他接受有限的自我一样。'认为神只是把独立的实在赋予了自我，而没有赋予自然，这种想象是错误的，……'"

从这方面来说，泰戈尔的自然观就大大超越了东方的许多先人。印度传统哲学——不论是属于主流思想的吠檀多哲学还是属于非主流的佛教哲学，都认为物质世界是虚幻的、不真实的。吠檀多哲学认为物质世界是一种"摩耶"，即幻空；佛教哲学则认为物质世界皆是"色"，"色即是空"，它把自然万物（色）当作体悟空的中介。泰戈尔显然摒弃了这种传统的虚幻的物质观。对自然的科学认识也反映在泰戈尔的诗作中，在《最后的星期集》中，泰戈尔用诗的语言表达了他对启明星的科学认识："启明星，/ 天文学家说你常改换相貌，/ 有时，你出现于黄昏的屋檐下。……学者称你为'金星'；/ 漫长的轨道上，/ 说你体积宏大，/ 运行迅速。……啊，学者的金星，我们承认 / 你是星系的一个实体，数学已提供佐证。……"

对自然观的个人认识集中反映在泰戈尔和爱因斯坦的一次交谈中。他们俩都是诺贝尔奖的获得者，前者是哲学家和诗人，而后者则是实在论者和崇尚自然科学图景的物理学家，他们涉及的领域和处理实在问题的方式有着巨大的差异，而对于宇宙的看法更是迥异。可饶有趣味的是，两个志趣非常不同的人却于1930年7月14日有过一次长谈——泰戈尔到德国柏林西南郊的卡普特访问了爱因斯坦，二人就宇宙、实在、美和真理等问题进行了交流。大家可能对爱因斯坦的哲学思想与科学贡献比较了解，但对于泰戈尔的自然观就不一定那么清楚了，因为当一个人认为被世间接受或认可的东西未必就一定是自然的本质的时候，他就一定有其理想世界了。例如我们现在所了解的宇宙有95%还未被人类所掌握的科学知识所认识，你说它的本质是什么——往往易于被发现的东西反而不代表真相的全部。

从面相、气质、服饰和胡须等方面看，东方文化化身的泰戈尔与西方文化化身的爱因斯坦非常不同，唯一相似的是，他们都有从个人独有的视角洞察世界的锐利目光——恐怕视线的交点处才是完善真理的所在

在此次谈话中，无论关于宇宙的本性，还是美与真理的问题，他们都表达了迥异的看法。爱因斯坦说，对于宇宙的本性人们有两种不同的看法，一种看法是世界是依赖于人的理想观念的统一整体，另一种看法是世界是离开人的精神之独立实在。爱因斯坦关于宇宙的看法当然是实在论的、客观论的。而泰戈尔则不同意这种看法，他说只有当宇宙与永恒的人和谐一致的时候，宇宙才可以被当作真理来认识，而且只有这样认识的时候宇宙才成为美的东西。

有关泰戈尔与爱因斯坦的对话表明，在无人观察或感知某个事物的真相的情况下，或在无人形成关于某事物的概念的情况下，断言它们是真抑或不真，在泰戈尔看来似乎是具有原则性问题的。爱因斯坦问："如果不再有人类，那么阿波罗瞭望台就不再美观了吗？"泰戈尔径直答道："是的。"之后，谈话继续深入并变得越来越有趣。爱因斯坦说："我同意这一关于美的观念，但不同意这一关于真的观念。"泰戈尔的回答是："为什么不同意？真是由人来认识的。"是的，在泰戈尔看来，肯定存在一种精神的宇宙或诗意的自然，否则就失去了唯一的衡量与辨识标度，所谓真的存在也毫无价值和意义。

这里举一个画例说明问题：《幼苗化蜻蜓》是本人多年前画的，当时我就觉得一株破土而出的青苗化作空中飞舞的蜻蜓，无论是从表观相似性，还是从数学的拓扑变换等方面看都有可画之处，况且还能借以直观地说明生物进化论的思想。当时我很是得意，但画好后想了一下，这个变化过程的客观真实性并不存在，反倒还增添了一些神秘感，但从数学视角看，它又具备了现代拓扑知识普及的趣味性。现在将其放在这里，或许对加深读者对泰戈尔和爱因斯坦谈话实质的理解会有帮助。泰戈尔同爱因斯坦这两位诺贝尔奖得主（文学奖得主和物理学奖得主）站在各自视角上的对话，可以举此画为例说明问题，其分歧就在于，一个认为《幼苗化蜻蜓》的创作过程说明只有人类参与认识的真理才是真实的，而另一个则认为《幼苗化蜻蜓》的认识过程并不能表明真理的客观性和世界的实在性，而只是间接地说明了进化的事物总是由低级向高级方向发展的道理。

泰戈尔的自然观是印度传统思想与西方现代科学自然观相结合的产物。他一方面继承和发展了"生命一体化""万物同情观"的印度古代哲学思想，另一方面吸收了西方现代科学自然观的有益成分，形成了他既具有一定科学性，又具有深厚传统文化内涵和民族哲学底蕴的自然观。他认为自然既具有物质性，又具有精神性；既富有人性，又富有神性；人类将通过亲证自然万物、与万物相结合而

《幼苗化蜻蜓》（刘夕庆 作）——自然所扮演的角色是可以在无与有、无机与有机、植物与动物、万物与人类之间进行转化的，另一个观点是人的心灵可以在理解自然的基础上连接起它们

实现人生的价值和灵魂的最终解脱。

丰富的造诣 多面的视角

如前所述，人们最了解的首先是泰戈尔的文学与艺术成就——他是印度著名诗人、婆罗门哲学家、视觉艺术家、戏剧作家、作曲家和小说家。他的《飞鸟集》《新月集》人们耳熟能详。他在1913年获得诺贝尔文学奖，成为首个获得诺贝尔文学奖的亚洲人。他与黎巴嫩诗人纪·哈·纪伯伦齐名，并称为"**站在东西方文化桥梁上的两位巨人**"。在一生的创作中，泰戈尔共写了50多部诗集、12部中长篇小说、100余篇短篇小说和20多部剧本。但众人有所不知的是，他还创作了2000余首歌曲，印度及孟加拉国国歌皆由他谱曲。他还绘制了1500多幅画。泰戈尔从60多岁才开始绘画，他没有受过任何绘画训练，透视关系当然是搞不清楚的，人物的外形也绝画不准，但凭着丰富的人生阅历和想象力，他独创了1500多幅来自直觉的绘画。或许这是谦虚的说法。印度著名画家贾米尼·罗对泰戈尔的画作赞赏有加："*泰戈尔的画作，我喜欢它们内在的力量、它们固有的韵律以及对艺术美的表现。*"需要着重提出来的是，他的自然观建立在这众多的文艺创作的基础之上。

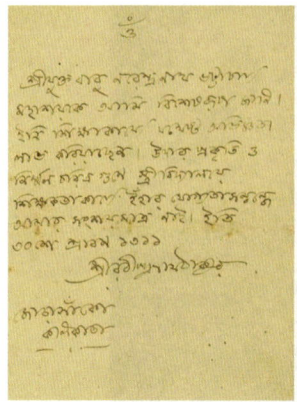

泰戈尔的亲笔信和写作素描像（徐悲鸿 作）

泰戈尔既遵从印度哲学传统，又相信现代科学，所以他的自然观不但大大超乎前人，而且在同仁中也高人一筹。他认为世界是真实的，大自然充满生机，充满神灵、爱意和人性。泰戈尔的自然诗是其哲学自然观的诗化产物，数量宏丰且多姿多彩，是其诗歌创作的重要组成部分。就像哲学家和诗人的身份在泰戈尔身上结合得十分完美一样，在他的自然诗中，诗歌和哲学也是水乳交融。泰戈尔的自然诗不是一般意义上的仁山智水之作，不是出于抒发个人情感或安抚自己灵魂的需要，而是用"真即喜"抵御摩耶论，启发民众，鼓舞他们的斗志。

泰戈尔的哲学是以他的宇宙观为出发点的。他以独特的视角分析了人与宇宙的关系，并在此基础上进一步阐述了他的人生观、认识论、宗教观和社会理想等。人与宇宙的关系是剖析和理解泰戈尔思想的核心，也是促使他以丰富造诣、多面视角进行创作的源泉。

在从哲学的角度论述人与宇宙的关系时，泰戈尔基本上承袭了印度古代奥义书和吠檀多哲学中的"梵我同一"思想。他认为，宇宙的最高本体是一种精神实体，称为"梵"，梵是宇宙的本源和基础，世界万物都是它的显现或创造物。在不同的场合，他赋予梵以不同的名字，有的时候称它为"宇宙意识""宇宙精神""最高精神"，有的时候又称它为"神""普遍无上者""无限人格"等。在吠檀

前排从左到右：林徽因、泰戈尔、徐志摩——中国女建筑学家和诗人、印度诺贝尔文学奖得主及大诗人、中国著名诗人——他们都在艺术与科学的结合上有建树，并对东西方文化十分了解

多哲学中，梵一般被描述为无形式、无属性、超越时间和空间的最高绝对。泰戈尔作为一个诗人哲学家，虽然也承认这种抽象的一元论实体，但是在更多的时候，他从诗人的形象思维出发，把梵描绘成一种人格化的神。在他看来，人不会对任何不能与之实际交往的东西发生兴趣，梵只有是一种有形象的、看得见摸得着的神，人才会敬仰和热爱它。所以在他的诗歌中，梵不是抽象的形式，而是以有形的形式出现的。他在《吉檀迦利》中写道：

梵就是树木、种子和幼芽，/梵就是花朵、果实和树荫，/梵就是太阳、光明和被光明照亮的东西。/梵无所不在，/世界上的男女都是梵的形象。

东方与西方、神学和科学

在泰戈尔的身上，我们看到了东方与西方、神学和科学的交融与矛盾——这使他一方面对宇宙的广袤和我们太阳系产生于原始星云等现代科学理论感兴趣，另一方面又遵从印度哲学传统，信奉"梵我同一"。量子力学创始人之一、德国物理学家海森堡曾经说过："在人类思想发展史中，最富成果的发展几乎总是发生在两种不同思维方法的交汇点上。它们可能起源于人类文化中十分不同的部分、不同的时间、不同的文化环境或不同的宗教传统。因此，如果它们真的汇合了，也就是说，如果它们之间至少关联到这样的程度，以致发生了真正的相互作用，那么我们就可以预期将继之以新颖有趣的发展。"另外，据华裔数学家陈省身回忆，他曾经在爱因斯坦在普林斯顿大学的住处，看到其书架上放着一本德文版的中国道教经典《道德经》（又称《老子》），说明相对论和量子力学的开创者们都认识到了不同文化的交织会带来科学思想上的革命——实际上他们也努力做到了这一点。

回望人类有文字记载的5000年历史，我们会粗线条地发现东西方文明发展中各自拥有的文化基因如同波浪一样呈现出交替起伏、此消彼长的模式。最早我们可溯源的文明倾向于东方的四大古老文明，继而是希腊的古代科技文明，然后到了中世纪（欧洲黑暗时期，东方文明蓬勃发展），接着又是文艺复兴后西方将现代科技文明掌握在手中……这种轮回像日月，道法同自然，聚散总有时，此规律反映到人类文明史上也是一样的。从全世界范围内看似矛盾的两大地域文化角度分析，泰戈尔之所以显示出十足的底气，是因为有东方文化的灵性加身，我们现在可以说是文化自信，因为从文化内涵之广大来看，科技毕竟在其中只占一部分。

日本明治时代启蒙家和翻译家西周（1829—1897）曾利用从古汉语经典或常用汉字创造性地组合新词翻译了大量西学概念，如科学、艺术、哲学、技术、理性、感性、归纳、演绎等，其中数以百计的词汇在现代日语和汉语的日常使用中扎下了根——这是我们好多人都不知道的事。如果东西方文化呈波浪式前进的规律成立、科学也有尽头的话，那到时西方文化是不是也该吸收一些来自东方的自然观、宇宙观之"道"呢？实际上，这种事情已开始悄悄地发生。接近20世纪末，美国学者F.卡普拉就写过《物理学"之道"——近代物理学与东方神秘主义》这样的书，论述了诞生于东方的道教、佛教蕴含的哲理与近代物理发现惊人的相似并先于科学的理念。

在泰戈尔看来，科学有其用武之地，但从它运作的范围和长远性来看它应该是有限的。他认为：从根本上来看，世界上的万事万物都是梵的显现，或者说是梵的表现形式，梵潜居于万事万物之中，作为它们的精神实质；人也不例外，人也是梵的显现；梵也潜居于人体之中，作为人的精神实质。潜居于人体之中的梵，泰戈尔称之为"我""个人灵魂""灵魂意识"等。他还认为：根据"梵我同一"的学说，既然梵潜居于宇宙万物之中，也潜居于人体之中，那么人与宇宙、人与自然万物在精神实质上就是同一的；从先天本质上看，人与宇宙就是和谐的、统一的、紧密相连的。这也是泰戈尔认为人与宇宙是和谐统一关系的原因所在。因

艺术家们用不同的艺术形式（彩画、雕塑、素描）创作的泰戈尔的智者形象——以作永久纪念

此，泰戈尔说："人的灵魂意识和宇宙是根本统一的""印度人强调个人与宇宙之间的和谐""对于他们来说，人与自然的和谐是伟大的事实"等。

可以说，印度人强调的"梵"和中国人强调的"道"本质上是相同的，它们均对理解自然宇宙做出了贡献，特别是对现代科学无法回答的部分进行了解释。当代英语世界最杰出的哲学家之一、美国艺术与科学院院士托马斯·内格尔在《心灵和宇宙》中说道："世界的可理解性并非偶然。在这种观点看来，心灵无疑与自然秩序相关联。自然产生了带有心灵的意识生命，自然也能被这样的生命所理解。因此，这样的生命归根结底应当被它们自己所理解。这些是宇宙的基本特征，而不是偶然发展（对这些偶然发展的解释并未提及心灵）的副产品。"例如，现在有些科学家认为标准宇宙学中的暴胀理论是不可被检测的，但拒绝放弃它。他们还提出，科学本身必须改变，应该抛弃科学的标志性特点——可检测性。这个主张引发了此起彼伏的关于科学本质及其新定义的讨论，并促使某些非实验主义科学理论的抬头。从这一点来看，它与泰戈尔的观点倒是相同的。

泰戈尔纪念邮票"大全"——不知为何，全世界为纪念他发行的邮票特别多，不知是因为他在许多领域都有贡献，还是获得了诺贝尔文学奖，抑或是他的精神涉及面甚广

在那
近代山水画林立的山峰中
你是高高耸立的一座
比较
古往今来笔墨丹青的深浅
你是最浓最黑的一个

黑,是视觉的阻隔
但也是透明的执着
让我们来看看"黑宾虹"

它才是自然宇宙本来的面目
白亮只是瞬时而微小的学说

众人疑惑不解"乱宾虹"
于是,在《观画答客问》中
傅雷先生如此说
"形若草草,实则规矩森严;
物形或未尽肖,物理始终在握"
格物致知方能洞悉乱而有序
黑暗中终于见到混沌潜在的斑驳

黄宾虹——山水蕴物理

有关黄宾虹，他的形象若以中国近代山水画来比拟，就是一座又大又高的山峰。而本人则认为，晚年"黑宾虹"的山水艺术隐含着当代宇宙学家认识到的由暗物质、暗能量所代表的暗宇宙理念。对于具有科学思想的学者来讲，其中还展现了"乱而化序、乱中有序"的混沌学科学图景。例如，在解读黄宾虹书画作品的《观画答客问》中，我国著名学者傅雷先生有这样一段话："不读万卷书，不行万里路，难以言境界。襟怀鄙陋，境界逼仄，难以言画。作画然，观画亦然。子以草率为言，是仍囿于形迹，未具慧眼所致。若能悉心揣摩，细加体会，必能见形若草草，实则规矩森严；物形或未尽肖，物理始终在握；是草率即工也。"其中，"……形若草草，实则规矩森严；物形或未尽肖，物理始终在握"其实说的就是现在的非线性的混沌学。

按《科学与艺术中的结构》一书的编者、美国学者温迪·普兰的说法，现代科学意义上的混沌可理解为潜秩序或潜结构。而混沌学现象的发现者、美国气象学家洛伦兹用"混沌"这个术语来泛指这样的过程：它们看起来是随机发生的，而实际上其行为却由精确的法则决定。两者比较，黄宾虹的笔墨艺术更可能从视觉角度描绘了混沌，因为它最终将笔墨山水"乱而化序"了。下面用一个科学的例子来说明问题——诺贝尔化学奖得主、比利时物理化学家普里高津及其同事斯坦格在其所撰写的作品《从存在到演化》中，研究了许多无序系统自发地获得有序结构的方式，如无定形的液体怎样在冷却时固化形成精致的晶体等——在笔者看来，黄宾虹的不少山水画近看似局部形散无序的笔触，在他大脑的"秩序"安排下，转化为了远看"宏观有序"的艺术作品。

"乱而化序"显混沌

黄宾虹（1865—1955），原籍安徽省徽州歙县，出生于现在的浙江金华。最早父母给他起名叫懋质，因为是农历元旦时所生所以又叫他元吉，之后改名为质，字朴存，号宾虹，在北平期间曾署名予向。从6岁时起黄宾虹开始学习诗文书画，直至生命的最后都没有停止过。

不同画家和摄影家描绘的黄宾虹面相——老年黄宾虹面部纵横交错的皱褶和白丝乱卷的胡须显示了他的沧桑感，可是我们从中得到的他的人生信息是随着年事渐高，他的思想和艺术也愈加登峰造极

从小就受到良好教育的黄宾虹，学习传统的儒家经典，并受到儒家入世思想的影响，建立起了"修身齐家，治国平天下"的远大志向，后转变为信奉道教而迈入出世的境界（现在看来中国道家哲学的"硬件"和"软件"都与宇宙科学的深入图景相接近）。他出生在第二次鸦片战争之后不久，这时的中国开始进入了近代史阶段，清政府已经是摇摇欲坠，中国的老百姓生活在水深火热之中，矛盾日益深化。有志之士的救亡图存之心越来越强烈，并且正在酝酿一场惊天动地的新革命；而这时，黄宾虹也正孕育着一场中国山水画的革新。

一些数学家在看了美国抽象表现主义画家波洛克的作品后认为，它们就是混沌艺术表现形式的典型例子（参见本书"波洛克篇"）。比如下页左边的这幅画——在研究数学的人眼里，它就是一个活脱脱的混沌图解。画布表面飞溅的线条组成了流动而有韵律感的网络，揭示了波洛克大幅度的绘画动作与潜意识状态下动作的轨迹。这幅画并没有创造出一个可识别或计划好的图像，也没有人们熟悉的结构，而是波洛克对绘画行为的记录，看起来带有很大的随机性，而即使是混沌图景，它也应该正处于混沌的初始阶段。实际上笔者认为，它还没有真正做到图解混沌，反倒傅雷评说的黄宾虹"……形若草草，实则规矩森严；物形或未尽肖，物理始终在握"的山水更加接近混沌理论——符合混沌学最主要的开创者洛伦兹

左：在我们看来，波洛克的画作似乎还处于混沌的初始阶段——"物形或未尽肖"。右：黄宾虹的作品（局部）虽看起来"物形或未尽肖"，却已隐约显现出幽暗密林与山石溪水的有序图景

对"混沌"概念的形容："……并非随机却貌似随机。"应该讲，混沌不是一幅静态的图画，而是一个"乱中有序、乱而化序"的动态过程。如果我们能将上面这两幅画要表达的意思贯连起来，可能就组成了混沌较完整的图景了。

洛伦兹在其专著《混沌的本质》的开头"混沌一瞥"中说道："'混沌'……这个古老的词最初表示完全缺乏具体形态或系统排列，而如今则常用来表示某种应该有的秩序却没有出现。尽管这个词十分古老，但这个大家熟悉的词并没有濒临死亡；相反，由于它近年来获得了若干既相关联又相区别的专门的含义，它的重要性已凌驾于许多其他普通词汇之上。"因此，很多年以来，光是含有主题词"从混沌到有序"的相关专业或科普书籍就有很多，例如，美国密歇根大学心理学和电子工程、计算机科学教授约翰·霍兰所著的《涌现——从混沌到有序》的副标题，它就是自然世界图景从混沌中涌现出有序结构的写照，而黄宾虹的山水画创作过程就有点这种宇宙图景"乱中显序"的艺术呈现的味道。

说到黄宾虹山水画所达到的境界，傅雷还有一段话："然师法造化之真义，尤须更进一步：览宇宙之宝藏，穷天地之常理，窥自然之和谐，悟万物之生机……"这与我国南朝宋时期画家兼理论家王微在其画论《叙画》里的表述观点一致：如

果足够艺术，好的绘画将可达到自然宇宙之万物至理的境界。实际上，绘画艺术家想要达到的境界，科学家也一样想达到。爱因斯坦在《探索的动机》一文中就曾说过："人们总想以最适当的方式来画出一幅简化的和易领悟的世界图像；于是他就试图用他的世界体系来代替经验的世界，并来征服它。这就是画家、诗人、思辨哲学家和自然科学家所做的，他们都按自己的方式去做。"黄宾虹，这位"玩转艺术的'科学家'"就是他们中的一位。

"太极笔法"一点论

有许多学者都在研究黄宾虹，因为黄宾虹自己就是一位值得研究的高深的研究者（一般人只看重其作品本身，而会忽略他为此所进行的艺术，甚至涉及科学的研究过程），并在艺术的科学化研究上（从理论到作品）取得了突破性的成就。所以说，研究高深研究者的思想脉络才是正经的学术。比如，赵志钧主编的《黄宾虹论画录》一书，作为插画收录了名为"画法简言"的课徒稿照片。在此课徒稿的上部中心，黄宾虹写下"笔法图"三字，接着画了一幅太极图。因此，作者把这份课徒稿称为"太极笔法图"。这幅图不仅包含了黄宾虹的书画秘诀，而且包含了中国书画中内藏的中国文化的秘诀。无疑，要理解黄宾虹的画学精髓，就有必要解读它，因为其中蕴含的科学内核是一般的中国画家不可能具备的。

在这幅"太极笔法图"的里里外外黄宾虹写下了些许文字，它们之间的内在逻辑和前后顺序十分严密。由于这种科学精神和方法的具备，它也是本书将黄宾虹"请进来"的重要原因之一。依照赵志钧的理解，应当从太极图的内部读起；劈头第一句应当是书于这幅图右半部分的"**太极图是书画秘诀**"一语（见下页图右上），这是总论，提纲挈领。接下来应该是太极图左半部分的"**一小点，有锋，有腰，有笔根**"一语（见下页图右上），这是从阴阳鱼的小点立论。于是，通过对"太极笔法"的研究，赵志钧得出了太极起于"一点"的论断。

中国书画自石涛起便遵循起于"一画"之说，而黄宾虹却认为实际上是起于"一点"。"一画"可以由多样性的任意笔画起笔，一横、一竖、一撇、一捺、一勾、一提等均可，但按黄宾虹的分析，这些是"积点成线"——"**笔法西人言积点成线，即古书法中秘传之屋漏痕。**"欧几里得几何认为，任何一段线都是由无数多个点接续而成的，黄宾虹由此悟到古代书法所说的"屋漏痕"：一粒水滴就是一个小点，它从屋顶漏至墙壁，在墙壁上所做的运动正好是一个点的运动，它留下的痕迹就是"积点成线"。由此，黄宾虹把书画的最小单位从线归结到点，这不仅从太极发生学的角度看更接近本真，而且为他的笔法论找到了哲学或科学的依据。他对"一点"的看法似乎很有一些超前的现代全息论的蕴含，即现代科学的全息图景与"点"的结构分布直

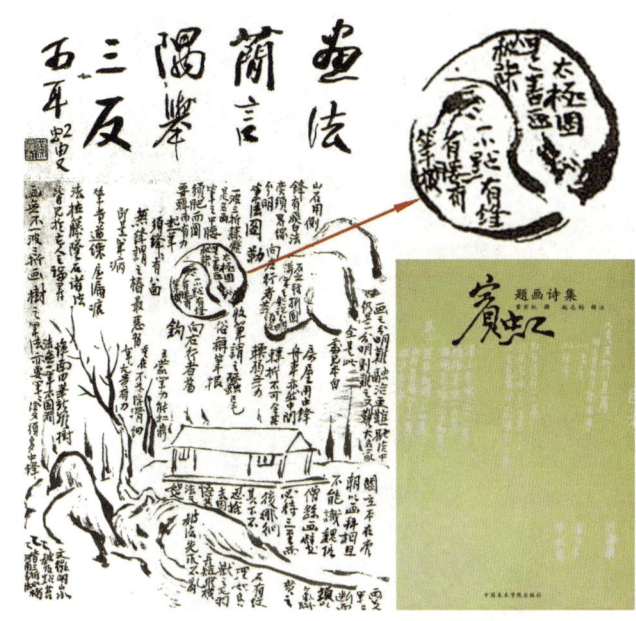

左：《画法简言偶举三反》——黄宾虹的山水举一反三之演绎画法。右下：《宾虹题画诗集》从一个侧面告诉我们，他还是一位诗人，进而也是一位中华文化的集大成者，关键是他在传统的中国画中引入了科学思想

接关联。他的"一点"其实就是一个太极。他的"一小点，有锋，有腰，有笔根"完全是原先人们对一根线的要求。

可能黄宾虹有所不知，在欧亚大陆的西端，当时有一个比他大6岁的法国画家修拉也曾用"点"绘的方法，创制出一种被称为"点彩画"的新印象派绘画形式——但那里的"点"简直就像是从一个模子里倒出来的"圆点"，它们被均匀地堆积在画布上，只是需要用色彩来协助区分；当然，它们透露出了"画中调色"的方法着实具有光彩照人的艺术魅力（参见本书"修拉篇"）。在物理学家杨振宁看来属于中国印象派的写意画，按表象区分，它们的笔触都应是线状的"一画"，但黄宾虹与修拉这两个同时代的东西方画家竟都得出了集"点"为艺术信息"面"的相同观点，并且黄宾虹将这样的思想融入了他的山水画中，使人们近看他的画如近看修拉的画——只是乱线和乱点之分，而从远处整体上看这些画，则尽显"殊途同归，乱而有序"之势。

黄宾虹的画学同石涛的画学，其哲学基础都是"太极－道"论，都达到了中国画学的极高造诣，仿佛就是中国山水画历史上的两座大山。但二者在出发"点"上就已分道扬镳，即"点"与"画"的区别，因而也最终导致他们二人

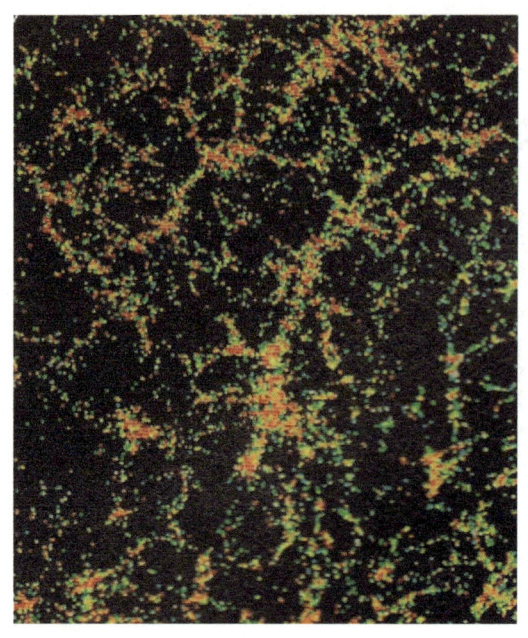

1989年，来自斯隆数字巡天仪器的线状的"星系长城"——图景可达上亿光年远，且每个小点都是一个星系，红点代表的星系包含了更古老的恒星。你说这一宇宙图景是来自修拉的"点"，还是黄宾虹的"点"，恐怕兼而有之

在审美趣味和审美判断上发生了分歧。石涛的出发点是"一画"，而黄宾虹的出发点是"一点"。在黄宾虹看来，不明"积点成线"的道理恰是石涛笔法的大病。一画应是"积点成线"的"一画"。从数学集合论的视角看，线就是点的集合，以此类推，面是线的集合，而体则是面的集合……从混沌中抉出"一画"，是石涛画学的伟大贡献；看太极起源于"一点"，是黄宾虹演绎至极的另类贡献。当然抽象主义的鼻祖康定斯基的"点、线、面"（参见本书"康定斯基篇"）与欧几里得几何的"点、线、面"大有如出一辙的科学之理——关键就是出发点在于"一点"，黄宾虹也在中国画中贯彻了它。但按照爱因斯坦的广义相对论，将宇宙反推到大爆炸之极的是一个"奇点"，在那里，一切科学规律无计可施，这不能不说是一件憾事。但黄宾虹的"**一小点，有锋，有腰，有笔根**"倒是另辟蹊径，提出了一种关于"点"的另类观念——它竟然"有内容"。

"黑宾虹"更加本质

李可染曾经是黄宾虹的笔墨学生，但黄宾虹创立的"黑宾虹"笔墨到李可染那里拐了一个弯，并由于艺术理念的指导，衍生出了另一种"暗有"的山水画：暗有相对于人类而言，负像世界才是真实的世界。中国画到了黄宾虹之"黑宾虹"至李可染的时代才有了真实宇宙图景的模样，但暗有的祖师爷是黄宾虹，因为正是他开辟了符合自然宇宙精神的"黑宾虹"图景，这才有了后来的李可染式的全景式的世界图景（参见本书"李可染篇"）。

在中国近现代画坛上，黄宾虹是一位非常重要的画家。他黑、密、厚、重的画风，浑厚华滋的笔墨中，蕴含着深刻的民族文化精神与自然内在美的美学取向，也隐藏着中国道家的哲学观。黄宾虹在完成这一创造后又进行了"水墨丹青合体"的试验。用点染法将石色的朱砂、石青、石绿厚厚地点染到黑密的水墨之中，"丹青隐墨，墨隐丹青"，这是受西方印象派的启发，将中国山水画的两大体系（水墨与青绿）进行融合的一大创举。多年来，黄宾虹的绘画一直受到艺术界的广泛关注，并逐渐显示出科学指导的能量，影响着当今的中国绘画艺术；他的绘画的价值随着时间的推移已显现出来，而其艺术价值的显现又是全方位的，这与他自觉的科学思考是分不开的。除山水画外，他的书法成就也不能等闲视之。黄宾虹是一位"不能仅以画史目之"的学者型艺术家。他还有着自己的画学理论建构，在金石学（篆刻）、文字学、考古学方面也颇有建树——这些成就再加上前面介绍的他对"混沌"与"点"这两个方面的科学图解，是大多数现代中国画家无法比拟的。因此，他是中国画史上的重要人物。笔墨是黄宾虹绘画的外在形态和内在价值的集中体现，正如他所言的"画中三昧，笔昧、墨昧、书昧"。笔墨观念与笔墨实践是贯穿黄宾虹平生绘画艺术始终的内容，体现了他思与行的统一和执着。

黄宾虹精研传统与关注写生齐头并进，这是他善于中西结合、艺术与科学统一的具体实践。他早年受新安画派的影响，以干笔淡墨、疏淡清逸为特色，为"白宾虹"；60岁后以黑密厚重、黑里透亮为特色，为"黑宾虹"。他的技法得力于李流芳、程邃，画作重视章法上的虚实、繁简、疏密的统一；用笔如作篆籀，洗练凝重，遒劲有力，在行笔谨严处，有纵横奇峭之趣。所谓黑、密、厚、重的画风，正是他画作的显著艺术特色。但这一特色是怎样由思想转化而来的，就是一个要牵涉到对自然本质进行科学思考的问题了。

黄宾虹由"白宾虹"转而学习吴镇的"黑、密、厚、重"的积墨风格，并以此为契机开始逐渐向"黑宾虹"过渡。实际上，人类从对日月星辰、银河系等的"亮宇宙"的认识转向对由暗物质、暗能量构成的"暗宇宙"的认识，前后已有将近百年的历史，这段时间许多科学家进行了观察判断与分析计算，而这一科学图景的转换与黄宾虹-李可染艺术图景的转换悄悄地同步着。也就是在这一时段，身处西方的才华横溢、创意无限而又脾气暴躁的德国天文学家弗里茨·兹威基于20世纪30年代首先引入了"暗物质"这一概念——这个时期差不多就是黄宾虹

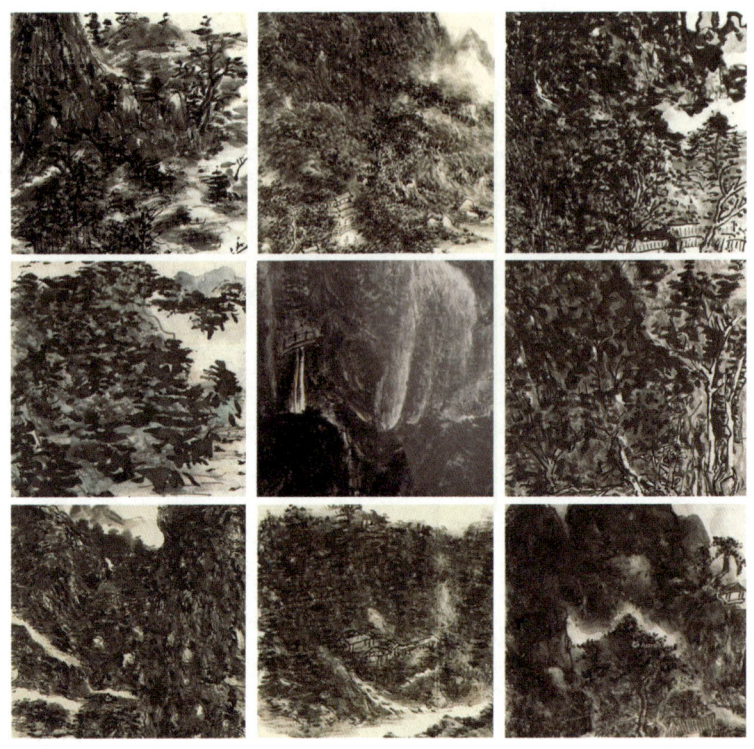

黄宾虹的山水画作品的中段似乎总有一大块特别黑而密的描绘，从而凸显了白亮处——黄宾虹先从笔墨试验中找到"雨淋墙头"的感觉，再逐渐形成"黑、密、厚、重"的画风；而李可染更依赖于负像来得到满幅图景

巴蜀之游之时。兹威基记录下与我们邻近的后发星系团中星系的运动，以期能测定它们的质量。结果表明，这些星系的质量比我们预期的或者看见的要致密400倍。他在1933年写的一篇论文中发表了这些研究成果，并宣称后发星系团乃至整个宇宙中必定存在一种看不见的成分，即黑暗物质，或者称为暗物质。

人们总说"无独有偶"这一经验性的中国成语为无数事实所证实，确实如此，自然世界的"暗有"被中西方文化、艺术与科学同时发现。其中，艺术上的发现者是中国画家黄宾虹，而科学上的发现者为德国天文学家兹威基。这也意味着，如果说人类文化应对宇宙有一个全面而深刻的理想性认识的话，那一定是兼顾到中西方文化思想和艺术与科学两种视角的。但即使我们认识到这一点，仍需要大量的实验证据给予证明——很巧的是，"黑宾虹"图景与暗物质图景都经历了认识时间的考验。黄宾虹自己就曾经说过："50年后方有人懂我的画。"类似的话，我们也曾在哥白尼和孟德尔那里听到过——这些艺术与科学结合思考的大师们的自信来自于他们对世界的深度理解[参见《玩转科学的"艺术家"(上册)》"哥白尼篇""孟德尔篇"]。

关于暗物质,确实有确凿的观测证据,而且暗物质这一概念也是完全由数据确定的,但科学界并没有在当时立即或普遍接受这一概念——天文学家们抗拒存在着一种不可见的宇宙实体的观点。这并不奇怪,因为以前曾假定的那些不可见的力以及无所不在的流体(例如以太、燃素等)最终都被证明是不存在的。借助于另一种不可见的动因去解释观测现象很难令人信服。到了20至21世纪之交,暗物质才得到了最终的确认。暗物质的故事是20世纪最具创新精神的一些天文学家和智者的故事。爱因斯坦和哈勃也在这个故事中扮演了角色,而兹威基、鲁宾和福特则是其中的主要人物。

就像"白宾虹"向"黑宾虹"的转化,当时的世界宇宙学领域从少量白亮普通物质图景转向大量黑暗暗物质图景,使人们对宇宙图景的认识从直接可观测的境地发展到间接认识的视角——这是一种世界观、宇宙观的飞跃,它由艺术与科学两方面同步开创,由静静看待自然世界并另辟蹊径的人物完成,让我们不得不回想到欧洲文艺复兴时期具有艺术气质的哥白尼从站在地球视角转换到站在太阳视角看天象的情景,这种观念上的转变势必会释放出巨大的能量(犹如宇宙学中的暗能量),从艺术和科学两方面影响当今人类文明的发展进程。

纵观黄宾虹的一生,他早年以学习明清的舒朗简易画风为主,但在中年以后,由于对宋元绘画的学习和丰富的人生经历以及对自然造化的深切体悟,他在绘画风格上有了很大的变化。他一生对"五笔七墨"倾以心血,孜孜不倦地进行研究和论述,然后总结理论并反复加以实践,使自己的艺术逐渐丰满成熟,从一棵没长叶子的小树逐渐长得枝繁叶茂,并结出丰硕的果实。他笔墨语言成熟的标志就是他的"五笔七墨论",其笔墨语言的成熟才是他"黑宾虹"风格真正的成熟。潘天寿评他"三百年来第一人",指的就是他在晚年用墨的成就,还有他阴阳太极图的勾勒笔法与三角不齐的构图布局。童中焘先生在《浑厚以综合 内美形华滋》中说道:"宾翁的笔墨天地是堂堂之阵,正正之旗。"而笔者认为,"黑宾虹"从艺术的视角验证了当今人类对自然宇宙认识的真谛,不得不说黄宾虹是一个玩转了笔墨山水的现代"宇宙学家"。

圆点、线段、平面、立体
欧氏几何的构成元素
如果注入了情感的色彩
就成为抽象艺术的开端
此时
视觉与心理的联系发生了质变

解剖、比例、透视、光影
经典艺术的构造已烟消云散
抽象化的笔触取代了物象

让绘画化为纯粹几何的表达
这里
渗透着趋于溯源和理性的移情

自然既是艺术的无尽源泉
也是画作构建的有形罩衫
是他赋予了作品双重意义
化为艺术与科学的交融
由此
他被视为抽象艺术的开山鼻祖

康定斯基——"彩色"点线面

点、线、面、体等概念本是欧几里得几何最基本的构成要素，但在康定斯基的画中竟也成了最基本构成，那么是不是可以将几何看作数学与抽象主义绘画的交集呢？想想看，一个形同艺术，另一个貌似科学，怎么它们赖以生成的基础同是数学呢？难怪有人称，追根溯源，从最基本的层面看，整个自然宇宙都是数学的，而数学既是科学，也是艺术。因为数学这门学问（特别是几何），它既有数字的抽象表达，又有图形的直观表现——它就是科学与艺术两大领域的发源地。曾有位名人说过，数学与艺术之间有着千丝万缕的联系，艺术家们不断地在数学中发掘通向精神世界最深处的奥秘，而数学家们则倾其一生要将数学转变为一门艺术。康定斯基自己在论述艺术与数学的关系时曾说道："*数是各类艺术最终的抽象表现。*"这个终极性"定律"早在于俄国求学时他就想到了，后来的实践不过是像几何证明题一样按他自己的特殊方法证明下去而已。

数学家波莱尔曾说过："数学只是一门艺术，或者只是一门科学、科学的皇后、科学的仆人，或者甚至是艺术与科学的结合。"康定斯基以自己的突破性工作图解了这句话的精神内涵——抽象绘画消解了艺术与科学的边界，成为简化它们的一致纲领。

抽象主义绘画的科学精神

瓦西里·康定斯基（1866—1944）是出生于莫斯科的俄裔法国现代画家、艺术理论家，抽象绘画的先驱和奠基人。他最早在莫斯科大学就读法律学和经济学——请注意，法律学和经济学对秩序的强调与精简意识是否是促使他最终成为抽象主义绘画先驱的诱因呢？我们无法得到直接的考证，但确实有不少人因为早年法律等专业的学习，后来成为建立自然秩序欲望极强的大科学家，例如哈勃就将自己所学的法律知识和意识运用到宇宙深空，并使其有了某种秩序感［参见《玩转科学的"艺术家"（上册）》"哈勃篇"］。由此可见，康定斯基成为"**第一位在绘画中抛弃了物象，让绘画建立在图像意义的纯粹表达之上的画家**"，这可能确实有其法律学的背景的原因。由此，康定斯基也被人称作"抽象主义绘画之父"。

科学精神贯穿于整个西方现代文化，也是西方绘画的重要特征，更是其发展的原动力。不但经典写实主义如此，在缤纷多样的现代绘画中，不管这个主义、那个主义，这个派别、那个派别，几乎所有立得住的画派都有其独创的或自然科学或社会科学的概念支撑。这在康定斯基的抽象绘画中表现得尤为突出。因此，科学精神非但没有消失，而且像血脉一样深入一些人的骨髓。有些观点认为，现代艺术在背离了古典艺术的同时，也抛弃了科学和科学精神。这些观点显然是片面的、不深入的，我们可以通过康定斯基的事例来进行剖析，看出简化了的艺术在本质上更加逼近真理。

在人生的后期康定斯基的画风发生了转变，从几何学的构成转变为对内在的精神实质的追寻（记号与象征世界的图景），对绘画的本质进行了终极思考。经过长期不懈的探索，他逐渐抛弃了物体的形象，创造出一套新的绘画语言，拓展出一种新的绘画空间。所以这一偶然只是一个契机，它蕴藏在康定斯基对绘画终极探索的理性精神的必然之中。由此笔者又联想到东方（或者讲中国）的绘画为何没有自觉地走到纯粹抽象的地步。中国明朝徐渭的大写意绘画在当时已是大刀阔斧的简化之举了，但还是没有完全脱离象形的制约，说明了东西方文化、审美理念的差异，最主要还在于东西方人的文化基因中有着对现代科学及精神理解方式的不同——西方的文化可以抽象到连事物形态都不要的地步。

抽象反映自然的本原，科学领域已寻着数学的抽象逐渐逼近世界的本质，那艺术为何不能以数学为原点，利用抽象并移情的方式深入人心呢？在康定斯基看来，物象损坏了画面，但什么东西可以取代物体的形象呢？通过不断地思考和探索，他写出了抽象绘画的经典著作《论艺术的精神》。康定斯基认为，我们应该思考和探索的是"艺术是什么"，而不是"艺术应该怎样表现"。在探索的过程中，康定斯基发现了艺术家应该用他们的情感力量来冲破"怎样表现"。可见，他对艺术的探究是奔着终极性去的，取代客观物象的正是精神或精神需要（他有时也称其为"内在需要"），用画面语言说是与客观物象无关的形式和色彩。在

左上：年轻的康定斯基的画中有着具体的形象。左下：留起胡须、抽着烟斗的他在画作里呈现出抽象主义风格。右：牛顿自然哲学的几何证明图形——从欧几里得的《几何原本》到哥白尼的《天体运行论》，再到牛顿的《自然哲学的数学原理》都呈现出了科学的抽象意义，康定斯基后来将其引入了绘画艺术

此他又展开了长期不懈的技巧方面的探索并发表了他的另一著作《关于形式问题》，这充分体现了他的实验验证的求实精神。他的著作《关于形式问题》和《点、线、面》对点、线、面及其各种结构形式进行了数学公式般的研究——这就是我们会将他列入"玩转艺术的'科学家'"的原因。

有人说康定斯基是一个思考多于创作的画家，这使我们联想到了修拉，甚至是达·芬奇（参见本书"达·芬奇篇"和"修拉篇"），他们都是理论和实践并行的大家，并不能说他们成品少就是行动力弱。康定斯基对每一条理论都进行了大量的实验验证——在这一点上，他的做法倒是与毕加索类似，只不过毕加索在实验的多样性及数量上确实独占鳌头（参见本书"毕加索篇"）。可以说，几乎所有的抽象形式都被他尝试过。他利用当时的实验心理学的成果，对色彩和形式进行了大量卓有成效的尝试，甚至像进行科学研究一样钻研求证。他非常强调色彩的巨大表现力，觉得"不管怎样，人们都必须承认，这一门学问目前尚有待深入探究……很明显，色彩和谐统一的关键最终在于对人类心灵有目的的启示激发；这是内在需要的指导原则之一"。他对每一种色彩及其运动的特性进行分析，试图找出色彩在表现精神上的定理。对形式独立存在的价值的发现是康定斯基的伟大贡献。

《康定斯基论点线面》系统地阐释了作者对绘画的基本认识，且对每一种几

左：中文版《康定斯基论点线面》。右：用不着翻译书名，一看装饰设计图案就知道这些是有关康定斯基的书

何元素都进行了外在的和内在的两方面分析。本书是康定斯基的重要理论著作《论艺术的精神》的续篇，他自称这本书的分析是"显微镜式的"。后来康定斯基移居到德国慕尼黑，致力于艺术研究，曾组织成立思想前卫的"青骑士"社团，出版《青骑士年鉴》，宣扬其抽象艺术思想理论。

康定斯基不论是在创作现代绘画史上第一幅抽象水彩画时期，还是写作《论艺术的精神》一书时期；不论是在逐渐成熟的抽象绘画风格时段，还是教科书《点、线、面》的出版时段，都以自身实践为基础，执着地进行抽象美术的研究与创作。这正是科学精神之所在，它是西方文明的重要特征之一，曾经推动西方传统绘画的发展。古典绘画精确的比例、科学的构图、严谨的光影和苛刻的绘画媒介要求等特征在历史上辉煌了数百年。而这种科学精神也贯穿于康定斯基创造抽象绘画的一生。它既是推动其科学活动的精神源泉，又是推动其抽象绘画研究的内驱力和精神支撑。他融合了众多科学严谨的学术观点和理论思想，又通过不断实验去验证、修正。同样，他的绘画中也渗透着冷静、睿智、理性的科学精神。

抽象主义画作的科学蕴含

康定斯基不但秉承了西方科学绘画的精神传统，而且利用其科学方法创作出不少具有科学思想的画作。美国哲学家、美学家苏珊·朗格甚至提出了"一切艺术都是抽象的"观点，认为艺术是通过抽象的形式震撼人的灵魂的，它不需要表现任何客观事物。俄国革命领袖列宁也说过："物质的抽象，一句话，那一切科学的（正确的，郑重的，不是荒唐的）抽象，都更深刻，更正确，更完全地反映着自然。"

《现代汉语词典》对"抽象"一词的解释是："从许多事物中，舍弃个别的、非本质的属性，抽出共同的、本质的属性，叫抽象，是形成概念的必要手段。"所以抽象造型是指在分析、综合、比较的基础上，从自然物象中提炼出具有本质特征的脱离具体形象的图形，是理性的视觉语言。抽象造型也是以逻辑思维为主的创造性活动，会使艺术表现的内涵更为宽泛，造型也更耐人寻味。

有时，抽象与简化到极致是可以画等号的。例如，现代科学研究的方法多种多样，有一种方法叫还原主义，它将高层次的复杂事物还原为低层次的简单元素、将整体还原为各组分加以研究。当科研被注入了简化元素后就可能表现出其精简的威力，尤其在物理学等基础学科中这一点表现得最为突出；如果更进一步，连物理概念也去掉的话，剩下的就只能是抽象至极的数学形式了。与此同时，现代主义发展到抽象主义，绘画作品在风格极为丰富的基础上，于构图的设计、形式的表达以及色彩的处理等各方面都具有了明显的简化性质变，直至抽象主义的出现，后又经演绎，诞生出抽象表现主义等。可以说，绘画与科学的简化或还原有类似之处，都是人类思维发展的需要，它们均为一种革新，一种进步。比如，到最后的最后，在黑洞和其他所有由核子构成的天体消失后，宇宙的温度将接近绝对零度，变成一片虚无，只剩下逐渐失去活力的光子，那时连时间也将失去意义。可面对这样的宇宙，笔者联想起一幅由康定斯基创作的画作《运动1号》。让我们跟着科学家的眼睛，来尝试理解一下这古今一体的创作吧——未来，宇宙中可能只剩下光子，这些光子太过沉寂而无法进行反应。这幅画创作于1907年，在莫斯科的一家画廊里展出了多年。

抽象造型常常借助视觉符号来表现，是形象的符号化；符号能够表现感性的经验，是具有某种象征意义的形式；艺术是人类情感的符号形式的创造，符号形式常具有独特的寓意内容。现代主义绘画的艺术表现总体上趋向于抽象，抽象造型本身具有丰富的视觉语言和独特的表现力，抽象作品不再需要借助某种具体的客观物象去表达作者的情感。

这些具有科学内涵的抽象主义画作是康定斯基把点、线、面、色、形等造型元素与情感相关联的结果，同时也与视觉及心理效应相联系，赋予各种形式元素

左:康定斯基《三十图》,其中的点、线、面是抽象绘画"语汇中的文法规范",它使我们想起欧几里得几何及哥白尼、牛顿运用欧几里得几何创作出的科学巨著中的许多点、线、面等纵横交错的图形。右:康定斯基的画作《运动1号》(1907)就是用《三十图》中的"点、线、面、体"等各种抽象语汇组合创作出的——根据这幅图景,在未来,宇宙中可能只剩下光子。这些光子太过沉寂而无法进行反应

以相应的象征含义,强调抽象形式的移情作用,注重视觉符号的象征作用,被称为热抽象或表现性抽象。而蒙德里安的抽象画作带有纯粹的数学研究性质,他运用构成主义的原理,创造了由非常精确的水平线、垂直线、三原色(红、黄、蓝)和黑、白、灰等基本元素组成的绘画形式;通过冷静、规则的几何构成和色彩搭配,追求纯粹的形式和新的抽象表现,被称为冷抽象或几何抽象。

左:康定斯基的《几圈》(1926年,美国所罗门古根海姆博物馆收藏)就是用"点"的抽象语汇创作出来的,它是否意味着宇宙学中的暗宇宙背景下的宏观世界也是断续量子化的,包括星体各阶段的状态直至黑洞。右:点线面+彩色+情感=抽象主义绘画,其中右上画为康定斯基最著名的作品之一《红、黄、蓝》(1925)

左：许多灵长类哺乳动物只有"二色觉"（只能看到诸如"黄蛙"之类的单色物象），所以康定斯基的色彩只为更高级（有"三色觉"——可见光全色）的人类等而作。右：《梦幻点线面——阴阳鱼月波》（刘夕庆 作）。此画中，黑白点成了阴阳鱼眼，线成了荡漾的水波，面成了鱼身的弯月——点、线、面既可成为几何的构成要素，也可成为艺术的构成要素，所以数学与艺术有相融性

总之，抽象造型形态就是把纯粹的形式因素抽象出来，具有结构简单、形态明确、内容突出等特点，比具象形态更为简约、更能突显形态的本质特征，因而也更具科学性。抽象造型的形态一般有两类：一是艺术家根据自身对客观物象偶然、感性的心理感受而形成的抽象图形；二是艺术家根据造型规律，运用点、线、面、色等数学、色彩学元素。抽象的美可以给观众更多的思维空间，使观众自由发挥个人的艺术想象力，给人留下的印象也更为深刻。

抽象主义绘画的衍生品

自从抽象主义绘画诞生以后，围绕它的诸多画派也出现了，如抽象表现主义等，就像量子力学诞生以后，出现了诸多围绕其根本观点的衍生学科与理论，如量子电动力学、量子引力论一样。而抽象表现主义又衍生出花样繁多的艺术表现形式，像波洛克的行动画派等。第二次世界大战以后，由抽象观念滋生了各种艺术形式，抽象派绘画成为 20 世纪最流行、最具特色的艺术风格，而抽象派绘画又大致可分为几何抽象与抒情抽象两大流派。其中，几何抽象流派以蒙德里安为代表。有人喜欢蒙德里安作品中冷峻的几何美学，但有人说，他的画在别人眼中

总是挺有距离感的,甚至有些缺乏人情味。但今天我们要说的主人公,不单是蒙德里安,还有巴尼特·纽曼。

纽曼是抽象表现主义艺术家中最为理智的艺术家之一,也是抽象表现主义画派中色域绘画的代表人物之一。他的作品充满着神秘感和不可知的东西。在一篇未发表的论文,或者说是"自白"中,纽曼阐述了他的观点,明确指出他艺术作品的题材,从最广泛的意义上讲,表现的是神秘事物与人类存在的含义。

在其他许多文章中,纽曼写道:"……(艺术家)以他的欲望、他的意志来建立有序的真理,那便是他对生命与死亡的神秘性的态度的表达。可以说,艺术家像一个真正的创造者那样探究宇宙。恰恰是这一点使得其成为艺术家。"当然,同样的话也适合于科学家,因为在对自然宇宙的探寻上,艺术与科学既同宗同源,也目标一致。

之前是塞尚把油画本身变成了一个个性十足的简化了的"现实",而后来康定斯基明确提出了"抽象主义"。至于蒙德里安,他甚至将由一套看似严谨的东西构成的物象,转变为最简化的符号规律。渐渐地,他处于变化之中的弯曲的线条、钝角和锐角等都在构图里消失了,留下的只有水平与垂直线。实际上,绘画创作与科学研究的过程从某种意义上说都是做减法的过程,谁的减法做得好谁的

抽象绘画又大致可分为几何抽象与抒情抽象两大流派,代表人物为蒙德里安(左)和纽曼(右)。蒙德里安的这幅简化肖像以及极致的线条、色块背景从构图、色彩、造型三方面都反映出蒙德里安作品的艺术特色,还用简单的方式表达出蒙德里安绘画创作的复杂整体性

画面（或图景）整体感就强。无论是科学、还是艺术，简化或抽象都是一种进步甚至革命性的标志。比如在绘画艺术中（以蒙德里安的画作为例），蒙德里安可能是继塞尚之后西方现代主义绘画各流派的画家中，其艺术道路能更好地说明现代主义绘画从具象的描绘逐步向简化直至抽象演变的最好例子。受毕加索等的影响，蒙德里安的画风逐渐趋向于立体主义的简化形式，并且作品的整体简化结构主导了画面。我们甚至可将他简化到极致的笔直线条和色块与科学家们极度简洁的方程式相类比，如爱因斯坦的质能方程（$E=mc^2$）和海森堡的不确定性原理表达式（$\Delta x \Delta p \geq h/2$）等——它们当中都有对现代物理学（相对论和量子力学）的基本限制。

《抽象的魅力》这幅漫画表现了正在欣赏纽曼画作的人受到众人指责、谩骂和打击的场面，但他不顾这一切，继续心无旁骛地欣赏、沉思。笔者也对很多年前禹天成为自己创作的漫画肖像中的"I字鼻"持肯定态度——我后来甚至还将其视为"纽曼鼻"。今天，我们要对康定斯基深怀感激之情，因为他给我们带来了抽象主义绘画大家庭繁花似锦的第一缕春色；同时，我们还要感谢那些在科学与艺术中最先引入抽象理念的人们（其中就包括康定斯基），毕竟抽象是统一科学与艺术的一种基本形式。

左：《抽象的魅力》，抽象表现主义画家纽曼画了一幅只有一根竖线条的作品，这恐怕是这一画派中关于线条画的极致了吧？他因此受到了声讨。右：人物写意肖像画家禹天成将笔者（刘夕庆）的鼻子用一条竖线"表意"

他最初的某种想法
总会临时变成别的东西
大脑混沌化为了多变的秩序
一种高尚的精神游戏
玩转于绘画的"实验室"
让平坦凸显出多面的立体
由此艺术改变了人的时空观

谁说艺术就是艺术
在他看来
绘画也有内在逻辑
同样是一种证明和实验

艺术和科学可以结合在一起
如果没有科学情愫的渲染
哪来激情中的理性至高无上

艺术史的伟大概括者啊
全凭他本性随性激荡
神圣而坚韧的内心驱动
促成了永恒艺术的变化原创
对于一个艺术家
伟大意味着什么？
就在于创造！创造！再创造！
直到精神延伸到无限的远方

毕加索——"画变"时空观

从20世纪一开始,毕加索便引领了现代艺术。他参与主创了立体主义,同时他又是雕塑革新的先驱。他以极强的个性与旺盛不衰的精力激发了全世界人们的想象力。这位多产的西班牙艺术家的作品主题极为广泛——从与他共同生活的人一直到战争产生的严重破坏,从"蓝色时期"到"田园时期"。毕加索的艺术生涯长达70年,而他的影响则跨越了好几代人和不同文化。英国《泰晤士报》公布的20世纪最伟大的200名艺术家的调查结果显示,毕加索名列第一,塞尚第二;不光如此,在《人类1000年》(1001—2000)中,美国时代生活出版公司把毕加索列入"造就了人类一千年文明的100位风云人物";在《影响人类历史进程的100名人排行榜》第一版里,美国喜爱历史并在这方面有较深入研究的物理学家麦克·哈特将毕加索收入榜单……可见,在各种级别或范围的人物评选中,都能见到毕加索的名字——从某种意义上讲原因很简单,他与同时代的爱因斯坦一样,在自己的工作领域改变了人类的时空观,只不过爱因斯坦用的是数理语言,而毕加索用的是艺术语言。

《爱因斯坦·毕加索——空间、时间和动人心魄之美》一书的作者阿瑟·I.米勒在著作中写道:"阿尔伯特·爱因斯坦的'狭义相对论'和巴勃罗·毕加索的《亚威农少女》……这两大杰作还有着更深层的联系。"这个更深层的联系便是从不同领域或视角观察所得到的时空观。表面看"立体主义"只是一个空间概念,似乎没有注入像未来主义画面那样的时间因素,但实际不然。立体主义的艺术家追求碎裂、解构、重新组合的动态形式中就含有时间的概念,例如毕加索的《格尔尼卡》中战争的立体场面与分崩离析的过程形象甚至是丑陋的,但它们毕竟是过程中的真实一面,而平面静态的绘画远不是艺术的唯一表达方式——这就是毕加索的艺术哲学。

追求于心　科学随行

巴勃罗·毕加索（1881—1973）出生于西班牙马拉加市一位图画教师的家庭。可能基于遗传基因，他很小的时候就喜欢在纸上画一些纠缠不清的螺旋形，如同达·芬奇从小就喜欢画鸡蛋（参见本书"达·芬奇篇"）。父亲看到儿子对绘画很有兴趣，就对其进行正规训练，先教他基本功，然后再提高他的观察和思考能力。毕加索常常待在父亲的画室。在正规的指导下，天赋异禀的他进步非常大。到了6岁需要上学了，毕加索被父亲送进当地最好的公立学校，但他对普通教育十分反感，而且对学校安排的课程总也打不起精神。对此，父亲忧心忡忡，生怕儿子的前途毁于一旦，于是又想方设法将他转学到一所管理较严的私立学校，可毕加索依旧我行我素。后来，他终于考进了一所工艺学校，就读于人物绘画班。在那儿学习的4年，他开始接触正规的绘画教育并尝试了一些严肃的创作。

似乎非凡之人总具有天生的反叛精神[在毕加索出生第二年离世的英国生物学家达尔文也是这样的——参见《玩转科学的"艺术家"（上册）》"达尔文篇"]。1895年之后，毕加索随父母迁居到巴塞罗那并考进了那里的美术学院，在那里他轻松地从初级班跳到高级班。1897年，他的《科学与慈善》在全国美展上获得好评，并在家乡美展上捧得金奖。那是在巴塞罗那全市美展上展出的《第一次圣餐》获得一定好评后，他做足了思想准备，把情绪、心理调整到最佳状态后才动笔画的名作。

这幅画体现了一个当时只有16岁的少年对人生的思考：生命需要两种关爱——精神与实在，而医学则是人类获得更好生活的实在且首要的保障，不过它并不是全部；在画技上，毕加索充分借鉴流行的印象派意味，在以赭色、棕色表现悲悯和忧郁的同时，用紫红、黄绿诸色来映衬，从而一扫伤感颓靡之风，画面成熟稳重，泰然自若，虽然尚没有摆脱学院派

左：毕加索的"立方人生——照片"（刘夕庆 创意）。右：毕加索的"立方人生——自画像"（刘夕庆 创意）。多变的毕加索，其一生的艺术创作经历了初创、蓝色、玫瑰色、立体主义、超现实主义和田园等时期

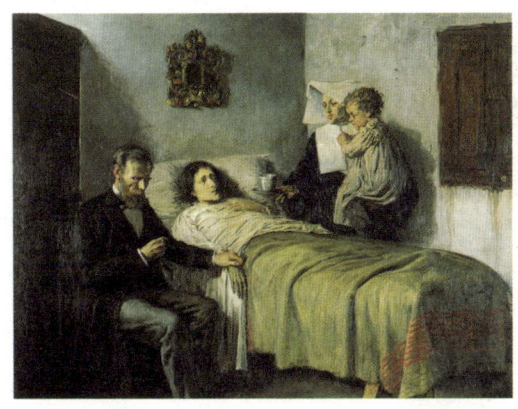 

毕加索的两幅画作——左为《科学与慈善》，右为《约里奥·居里画像》（诺贝尔物理学奖得主，居里夫妇的女婿，1959年作）。可以说，在毕加索一生的艺术创作中科学都如影随形，他将科学当作了自己一辈子的朋友

的影子，却对未来的画风有所预示。这幅画的成功，使毕加索的一生都烙下了"追求于心、科学随行"的印记，而且促使他一生都将绘画创作作为科学研究来进行。

天生不会满足的毕加索，后来还是由于受不了学校空洞、教条和死气沉沉的氛围，又卷起行李回到了父母身边。但思想传统的父亲由于看不惯他的行为，开始冷落他，而母亲的鼓励和支持使他重新燃起了追求艺术的信心。为了感激母亲，随后他把自己创作作品的署名改为了母亲的姓——毕加索。后来青春期大爆发的毕加索十分向往世界艺术的中心——巴黎，再加上他与家庭之间出现的裂痕，使他在感到心灰意冷的同时，决定到巴黎去闯一闯，那时他才19岁。后来的事实证明，他竟成了世界艺术中心的中心。

空间变形 时间同显

思维活动一般具有一些典型特征，其中之一是经常会出现一些模棱两可甚至"丑陋"的过渡形式。这种形式往往出现于一个人抛弃了一种结构简单而又明确的概念，以便发展出一个更加高级、更加复杂或更加全面的概念之场合。这有点像爬山者对自己离开一个稳定而又安全的位置，向一个更高的位置攀登时所面临的那种危险的情境。下页的这幅图大体展示了3种再现房屋的绘画方式，这些方式都是儿童画中特有的。就a来说，它本身极为确定、无懈可击，但由于没有再现出房屋的立体特征，所以不能满足一种在准确性方面的更高要求。c则是一

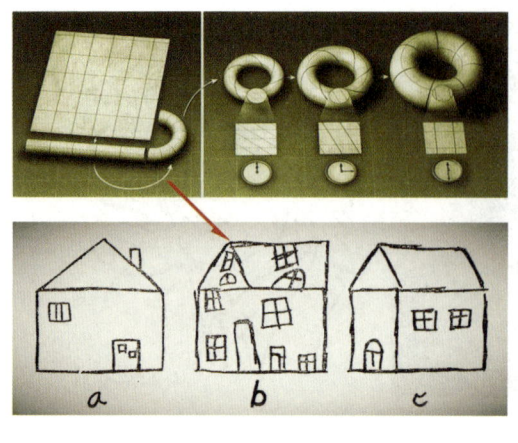

上：二维事物转换为三维事物过程的一个实例。下：科学思想与艺术作品之维度转换过程中表现出的模棱两可的"丑陋"

种更新的和更明确的再现形式，就它自身来说，同 a 一样完美，但较之第一幅已发生了立体性的某些变化，它让我们看到了房屋的侧面。b 是从第一种向第三种过渡时所画的许许多多模糊的再现形式之一，它动态而不确定、"丑陋"且模棱两可，但正是这种状态可以照顾前后并可发展出一个更高级、更复杂和更全面的过程概念——它是时空的融合体，体现了"空间变形与时间同显"的特性。

说到这里，我们想到了《老子》中提到的"大成若缺"的"不全"之美。清代艺术家郑板桥以比喻的手法解释道："处世总无穷竭处，看花全在未开时。"他的"不全"之美就是一种残缺之美，也是一种动态"丑"之美。因此他在画作中钟情于丑石，这也为庄子美学所论述过。在郑板桥的绘画美学思想中，石不是无生命的自然物，而是一个生命体，因为它是由元气凝结而成的，即"**一块元气结而石成矣**"。所以郑板桥画丑石，不是要表现形态上的美丑，而是要超越形态之美丑，展现石头的生命本源、天然真性，也就是石头的元气。一言以蔽之，丑石之美不在丑，也不在美，而在于生命本源、天然真性。学者朱良志道之："**它们不是对美的否定，也不意味中国美学有喜欢丑的倾向性，而是在质疑作为知识形态的美丑观念的基础上，返归自然本真，以自然为最高的秩序，以天趣为最高的审美原则。**"——这一最高秩序的天趣就是时空观的动态性，它符合后现代哲学解构的科学观（见本页图右上）。

看看本页图中上、下部分的对照，毕加索立体主义画作就体现了这个过程未定型的事物，所以必然存在着丑陋。而我们现在的科学与艺术基本上是在表现定型的成品，所谈的都是科学之美或艺术之美（艺术门类中的静态空间艺术，例如绘画、雕塑等甚至称为"美术"），殊不知，这个重要的过程可能是未定型的、丑陋的。例如现在我们所知的 DNA 双螺旋结构图景简洁而优美，但有谁知道形成它的过程是怎样的呢？可想而知——就像一些影片在一开始时由许多杂乱无章、支离破碎的"组件"逐步并应用特技组建成了一种有秩序的结构一样——毕加索的立体主义画作反映的就是这些过程以不同视角同时呈现时的组合艺术。

传统的绘画技法是通过透视、光差和阴影在二维画面上表现出三维事物，目标是再现人眼的视觉效果。当然，这种技法的局限性是显然的，它只能在画面上表现对象物体一个方向的表象。这令20世纪的艺术家们十分不满，他们通过各种途径进行了探索：有的利用错觉增加对象的层次，有的通过暗示增加表现的深度，有的借助想象延拓视觉的限制。尽管在前人的基础上，毕加索仍然在画具体的物象，但他彻底摧毁了传统的理念。爱因斯坦超凡的时空观也影响到了他。在他被称为立体主义的抽象画里，主观表现出的光线不是如自然光般直射的，而是迂回照射的；描绘的对象也是以碎裂解析后重新组合的形式展现于同一个画面上，形成对象各部交错叠放、背景物体互相穿插的效果；他还多角度多层次地刻画对象，以表现出对象更丰富的立体主义形象。采用这样的处理方式，各种方向的线条和散乱的阴影使得画面突破了传统的三维空间，形成一个全新的高维形态，所以他的画已脱离原始形貌而具备了更强更厚重的表现力。

虽然我们单只眼睛看到的是二维画面，但当我们的两只眼睛协同工作时，在大脑中将形成三维的立体结构。这要求画家把看到的立体的东西转变为平面的。通过绘画，人类意识到了三维空间和二维平面的区别，他们以合理的方式把三维事物投影到二维平面上。庞加莱是这样引导我们想象四维世界的："物体的外在形象被描绘在视网膜上，视网膜上的是一幅二维图，而物体的形象是一幅透视图……"按照他的解释，既然二维平面上的形象来自三维空间的投影，那么三维

立体化和简化：毕加索的《亚维农少女》（左）与爱因斯坦及其"广义相对论"的象形示意（右，刘夕庆 作）

空间里的形象可以看作从四维空间而来的投影。庞加莱建议,可以将第四维度描述成画布上接连出现的不同透视图[参见《玩转科学的"艺术家"(上册)》"庞加莱篇"]。依照毕加索的视觉天赋,他认为不同的透视图应该在时间的同时性里展示出来,于是就有了《亚维农少女》(1907)这一立体主义的开山之作;与此同时,爱因斯坦也正在瑞士伯尔尼专利局的办公桌旁利用黎曼几何构思广义相对论呢。

科学简化　艺术立体

无论艺术史还是科学史,都存在一个从形象(唯象)到抽象(简化)的发展过程。所以科学与艺术相互借鉴、互补共生应该成为一种必然。特别是数学(几何),俨然成了科学和艺术共同发展的策源地。毕加索的好友、立体主义的阐释者阿波利奈尔说得更极端:"第四维不是一个数学概念,而是一个隐喻,它包含着新美术的种子。"在他看来,"立体主义用一个无限的宇宙取代了一个以人为中心的有限宇宙"。他还指出,"几何图形是绘画必不可少的,几何学对于造型艺术就如同语法对于写作那样重要"。或许我们可以这样认为,立体主义是文艺复兴以来,绘画和几何的又一次美妙邂逅。科学的简化有赖于几何,而艺术的立体化也依托于几何。

立体主义的多种几何视角看事物的主张从某种意义上讲等效于中国古代画家发明的散点透视法,谈到它的起始就不得不提法国画家塞尚,因为毕加索称塞尚为"我们所有现代画家的父亲"。塞尚开创的绘画风格为现代西方艺术奠定了基础,直接影响了马蒂斯、毕加索等绘画大师。他不用单一、固定的视点描绘世界,曾试图捕捉转动双眼的视觉和几何的体验,将不同视角融合在同一幅画中。他会为一幅静物反复百次,画了涂,涂了画,直到像苹果等物体的轮廓变得模糊,但一切都像拼图一样完美拼接在一起。不少后来的艺术家都认为,塞尚是改变艺术发展轨迹的大师中最伟大的一位,他的作品充分证明,绘画并非只用线条和颜色模拟物象的艺术,而是赋予人类天性以形态的艺术。塞尚说过要"用一个苹果震惊巴黎",他凭借色彩鲜艳的静物画实现了这个目标。

人们将塞尚开辟的视觉体验继续向纵深方向演绎和发展,结果由毕加索和乔治·布拉克等将不同维度的景物融合在同一幅画中,形成了立体主义的视觉效果。这是西方现代艺术史上的一个运动和流派,称为立方主义——20世纪初始

"3个苹果"改变了人类看待世界的方式——实际上,在人们谈论科技史上的两个著名的"苹果"(左为牛顿的苹果,右为乔布斯的苹果——二者均为刘夕庆创意)时,中间还应有一个可以改变世界观的苹果,那就是"塞尚的苹果"。由于塞尚创作实验的努力,从19世纪末开始,他采用了全新的视觉看待周围的一切,结果他的苹果不但震惊了巴黎,而且震惊了世界

于法国。立体主义的艺术家追求碎裂、解析、重新组合的形式,形成分离的画面——许多碎片组合成的形态为艺术家们所要展现的目标。艺术家从多个角度描绘对象物,将其置于同一个画面之中,以此来表达对象物最为完整的形象。立体主义是富有理念的艺术流派。它主要追求一种几何形体的美,追求形式的排列组合所产生的美感。它否定了从一个视点观察事物和表现事物的传统方法,把三维空间的画面归结成平面的、二维空间的画面,明暗、光线、空气、氛围表现的趣味让位于由直线、曲线所构成的轮廓、块面的堆积与交错所产生的趣味和情调。

如果说后印象派绘画接受了外来的日本浮世绘的特色,那立体主义画派也吸纳了非洲部落艺术等的一些表现手法——这给了我们一些重要启示:不论是科学还是艺术,有目标的融合都具有明显的生存和发展优势,因而也更加迫近图景的"完形"。伟大的毕加索用图画揭示了全面看待事物的方法:从时间上讲,他描述了残缺不全的场面,例如《格尔尼卡》;从空间上讲,他描述了二维平面本不该看到的三维立体图景,例如《亚维农少女》。

写实主义与立体主义的比较:同样重视绘画科学研究的达·芬奇和毕加索竟在各自所处的不同时代画出了截然不同的美女——她们都面带微笑,但采用了使人看起来立体的不同方法,一个是采用模拟现实的线性透视法,另一个则是采用多角度多层次的刻画方法——短暂的静止和谐美与长期变化的解构"丑"的比较

变化的分形、拓扑
密铺画面又对称变换
还有那双曲几何和多面体
数学形象多样而巧妙的表达
让众人落入视觉陷阱
造成了不可能景象的悖论
于是，人们的大脑啊
陷入了不厌其烦的思索和寻求

是因为这些图画过于奇特
还是由于观者力不从心？

唯有那些理论科学家们
欢天喜地、乐此不疲
而他，只想通过图形的转换
将自己理解的物象奉献给世界

真的，在他的独特思考中
人们发现了图形的善变
这样才可解自然的来龙去脉
在这里，别的都可以不要
只需像他那样独具慧眼……

埃舍尔——图形解万象

在本书的目录中你要是没有见到"埃舍尔"这个名字,那就可以说这本书不配取名为"玩转艺术的'科学家'",因为埃舍尔的作品中所蕴含的科学思想和哲理实在是太丰富、太深刻了。撇开他的图形艺术暂且不说,实际上,图画本身较其他艺术形式更易于进行科学传播和交流。几乎所有科学性的图书、论文与讲座都少不了各式各样的插图或配画,科普书籍甚至借助艺术图景来达到引人入胜的目的。这样做是因为形象的图画更易于被人们的视觉接受(视觉在人体感觉系统中本身就承担着70%~80%之多的信息接收量),加上绘画艺术这种更易于打动人心的形式的介入,就能够更有效地达到吸引读者眼球之目的。

埃舍尔的图形艺术似乎并没有给更多的人带来通俗易懂之感,反倒让包括善于用绘画抒发纯粹情感的艺术家在内的大多数人迷惑不解——包括他的创作意图是什么,说明了什么,抒发了哪些情感,等等。但有一群人看到他的画后兴高采烈,并在自己所著的书籍、开设的讲座中乐此不疲地引用这些作品。中国读者最为熟知的莫过于物理学家杨振宁的那本小书《基本粒子发现简史》封面上的用图《骑士》,深浅两色对比并反向而行的古代骑兵形象被聪明的埃舍尔巧妙密铺而又对称地镶嵌于同一画面,给人以想象力巧妙实现的艺术之感;而崇尚艺术的杨振宁从中又看出了对称及其破缺对他基本粒子研究工作的启发,况且埃舍尔的画还那么具有装饰性。因此,当时还年轻的杨振宁征得年事已高的埃舍尔的同意,之后就有了我们看到的

《骑士》——杨振宁《基本粒子发现简史》的封面用画

以此画作为封面的书，这不能不说是杨振宁的一种"理性移情"。

丰富科学内涵的显性表达

莫里茨·科内利斯·埃舍尔（1898—1972）出生于荷兰弗里斯兰省的首府吕伐登，他是一位土木工程师和第二任妻子所生的小儿子。1903年，埃舍尔举家迁到阿纳姆，在那里，他上了小学和中学。幼年的埃舍尔身体非常虚弱，曾在"特殊学校"就读过。人们常说，上天安排人的一生时都考虑了得失的平衡，就像盲人的听觉异常好那样，于是，运动不足的少年拥有了静心绘画的天分。因为其他学业成绩很差，中学二年级时的埃舍尔甚至需要重读。然而，这似乎并没有影响他后来的高超图形艺术中所蕴含的丰富科学性和哲理性，因为这类特殊天才往往会另辟蹊径，他们具有一条获取所需知识的另类途径，就是向观察和自身思维索取知识。

13岁前的埃舍尔学习过木工和钢琴。1919年，他进入哈勒姆建筑及装饰艺术学校专攻建筑，但是在数门科目挂科后就转学装饰艺术了。该校美术教授、版画家萨缪尔·吉西农·德·马斯奎塔发现埃舍尔的特殊才能后，就教授他如何制作版画。1922年，埃舍尔离开该校。在这一时期，埃舍尔创作了《八张脸》《圣巴佛大教堂》等作品，并已显露出其独特的创作视角，这种星星之火在他日后的成长过程中呈现出越来越强的燎原之势。

对于埃舍尔及其作品，可谓仁者见仁、智者见智，正统画界甚至无法为其归类。客观地说，埃舍尔的绘画技巧很高（特别是版画），问题出现在他所反映或表现的主题上。实际上，埃舍尔是通过另类表现日常所见的事物来接近哲学和科学思想的，因为那些看似不同寻常的思想才能真正点燃起他的激情。埃舍尔甚至说："身为艺术家，我所作的是不是艺术，相信除了自己之外没有人能替我决定。"这些思想和艺术评

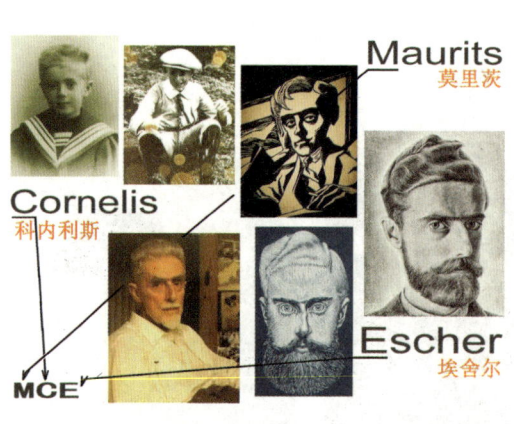

莫里茨·科内利斯·埃舍尔的一生（顺时针的照片与自画像）和后来用于画中的全名缩写字母来源

论家通常所认识到的激发人心的绘画格格不入，这有些像孟德尔在其生物遗传学中加入数学形式而不被当时的生物学家们所待见一样[参见《玩转科学的"艺术家"（上册）》"孟德尔篇"]。但有一点至少被高人或他的粉丝们所肯定，那就是他的画作具有艺术性和科学性融合互补的显著特点，但对大多数人来讲，他的作品实在有些曲高和寡并令人生分之感。

无论如何，哪怕是出于十分奇特，有关埃舍尔的艺术也被各类媒体介绍并解析得很多，它们（特别是其后期在荷兰的巅峰之作）与科学的关系不言而喻，尤其是数学、物理学等蕴含抽象理念的学科（包括错觉的思辨）。但人们很难为埃舍尔找出像达·芬奇的《最后的晚餐》《蒙娜丽莎》以及毕加索的《亚维农的少女》《格尔尼卡》等那样突出的代表作（参见本书"达·芬奇篇""毕加索篇"）。埃舍尔在不同时期创作有大量不同内容和形式的作品，而且分析起来，它们或多或少都能与科学挂上钩，还不光是表面看起来仅限于几何图形变换的那种。实际上，我个人认为，他不过是借变化的几何形式达到其传递思考世界方式的目的。看他不同时期的各类画作并加以思索，仿佛经历了一次百科全书式的，甚至是系统的科学思想、方法和知识的教育，不知他自己是否意识到这一点。在本篇中，我们具体问题具体对待，只能讲一些涉及面广的科学道理，而不是像本书介绍的其他很多人物那样，会针对某一件"杰作"或"代表作"进行解析。

埃舍尔不同时期的几幅作品，涉及几种显而易见的科学思想。你只需具备一定的科学知识，就可以从中获益：1. 通过描绘蜥蜴的环绕爬行，他向我们传达了维度之间是有可能转换的思想；2. 通过黑色夜幕、亮星和海面上泛起的白浪的对比他告诉人们，宇宙中可观测到的事物可能是某种机制作用的结果；3. 物种的进化是物竞天择、适者生存的结果；4. 大自然一些表象上的多样性是通过各种相变来实现的，其本质不变，如大气环流中水的气、液、固态的三态变化；5. 我们可见身体的一切都可以用女人手持的纱线来描述，这使我们联想到万物至理弦论的中心思想——参见本书"李可染篇"中的《超弦生万象》

不是艺术的艺术——图形

图形应该既属于艺术也属于科学，因为最起码在数学中是这样——几何中的图形与数字的结合是顺理成章的事，而且在历次数理科学革命中，几何学都扮演着关键角色。但对于艺术，比如埃舍尔作品中的图形，从不同视角看就可能得出不尽相同的意思。就我个人来讲，艺术分为广义和狭义两类尤为重要，因为它是本系列图书[《玩转科学的"艺术家"（上、下册）》和本书《玩转艺术的"科学家"》]书名的命名基础，前者中的"艺术"即为广义的艺术，而后者中的"艺术"就是狭义的艺术；同样本人也认为，埃舍尔之所以被人误解，是因为一些"专业"人士秉持的"狭义艺术"的概念。这种情境我自己也感同身受，因为我的画也常因为这个原因被人误解，喜欢我画作的人首先不是来自画界，而是来自科普界（插图、专题介绍、论文、书籍与展览上出现过的我的作品，不少都被著名科普杂志、书籍和科普专家刊载和引用，并多次在科普界获奖）。

但从《玩转科学的"艺术家"》出版后受欢迎的程度可以看出，广义的艺术虽不是"艺术"一词的原意，读者却因为逐步的宣传而接受了其"进化"的"寓意"，即"不是艺术的艺术"。为了说明艺术的广义和狭义之分，我们可以先来比较一下本书中介绍的两位玩转艺术的"科学家"的思想认识。一位是毕加索，他说过："绘画就是研究和实验。我从不把绘画当作艺术品来作。我的所有画作都是研究。我不停地探索，并且所有这些研究都是有逻辑顺序的。"另一位则是艾格顿，他说道："别把我当作艺术家看待，我是发明家和工程师，我追求的是事实。"同样，前者所说的艺术是广义的，创造者毕加索认为实现它们的路径和科学研究同道；而后者所说的艺术是狭义的，创造者艾格顿希望人们不要将他当成艺术家，如果人们将毕加索广义的艺术内涵赋予了艾格顿的创造发明，想必他也会欣然接受这种"艺术家"称呼的。

前面已提到过，埃舍尔说他的作品是不是艺术不能由外人替他作决定，这说明他首先将自己确定为艺术家，不过应当算作毕加索所说的那种广义的艺术家；而他自己的作品算不算艺术品，也并不由什么艺术评论家或那些所谓的著名画家说了算，而是由艺术观先进的他自己说了算。从某种意义上讲，他调和了上述毕加索与艾格顿的艺术观，而这二人的本职分别属于艺术与科学两个领域，这也就是我选择埃舍尔作为"玩转艺术的'科学家'"的真正原因。

埃舍尔的工作、生活与作品（左上：创作中。左下：为作品编号。右：1923年埃舍尔在意大利阿玛尔菲海岸旅行，遇见瑞典姑娘耶塔·乌米克，两人于次年结婚。埃舍尔将自己和夫人的形象也纳入了作品）

　　为什么毕加索、达利和马格利特等人的画再奇特都能入流，而埃舍尔的画则不行呢？这是一个问题。"不是艺术的艺术"和"不是科学的科学"可能是接下来最值得讨论的。广义的艺术观和科学观已在最强大脑的深处统一，而美国直接设立了一个艺术与科学学院。毕竟，尽可能好的主观表现方法和尽可能客观的事实发现之结合是人类打开理想世界奥秘之门的钥匙。埃舍尔可能就是鲁迅先生所说的那种"最先吃螃蟹"的人，只不过人们对他的创新之举还不甚理解罢了。

　　经过更深入的思考后，有一点我们可以肯定，那就是埃舍尔后期的画作可能过于图形演绎化了，但恰恰就是这种想象力丰富的图形演绎成就了艺术与科学的分叉。想一想古希腊，欧几里得就是由图形化的演绎获得了几何之道；而在现代的荷兰，埃舍尔也是由图形的形象演绎走向了艺术。也就是说，对于艺术界，甚至于大众，这种图形演绎性过强的方法可能导致科学化了，因此反倒不为向来激情优先的艺术家所赏识，而是被科学家（尤其是数学家、物理学家们）所青睐。

　　现在，埃舍尔的大量作品已在世界各地的美术馆内进行展出，有时还会获得极高的人气，但在所谓的画界他并不知名，也可能因为他在美术史中地位极其特殊吧。日本专家熊泽弘认为：埃舍尔生前曾设立基金会，这个机构现在仍然存在，但比起向世界解释他自身思考方式的多样性，埃舍尔可能更希望将自己看到的世界介绍给大众。美术馆很难去进行他作品多样性的解释工作，他的创作融合

"鲁宾花瓶幻觉"（左）的互补方式并不是图形中唯一的表现方式；比如右画《一鹰二鸟图》（刘夕庆作），它不靠黑白两色作为背景式的互补，而是依赖局域与公共的互补实现，应该说，这是一种更复杂的互补形式

左：黑白互补图形早在中国太极图中就有呈现，丹麦物理学家玻尔将其作为哥本哈根学派量子理论中的互补原理的依据并当作自家族徽的中心图案。右：埃舍尔的"黑白蜥蜴"更加具象地表现了艺术与科学的统一性

了众多领域，而且经常跨界、跨学科进行，因此在展览中将埃舍尔的多样性作品浓缩起来进行解释性展出非常有必要。

例如，解释埃舍尔惯用的黑白互补作画方式的最佳案例，一定要数著名的《鲁宾花瓶幻觉》了。在这幅图中，既展示了一个白色的鲁宾花瓶，又显示了两张面对面的黑色人脸。人脸的轮廓成为花瓶的外壳，或者说是花瓶的形状分割出了两张人的脸庞。即便我们早已发现这幅图上的两个不同的表达对象，也无法同时观察它们——当我们想要观察花瓶的时候，黑色就沦为了背景；而当我们企图观察人脸的时候，花瓶又消失不见了。这是因为当两个图形同时以同一个界线作为轮廓时，一个图形就会化为另一个图形的背景。这种界线越清晰，前景和背景的关系也就变得越明显，而感性的艺术却不需要这些。

少数具有科学思想或喜欢借鉴人类一切科学与艺术成果的大家们，如玻尔和凡·高等 [参见《玩转科学的"艺术家"（上册）》"玻尔篇"和本书"凡·高篇"]，都喜欢将中国古老的太极图或明或暗地隐含于自己的作品中；埃舍尔也不例外，在《三个球体Ⅱ》（1946）中，他将自己理解的3种世界绘于3个球中。我想，他将倒影为太极阴阳图的球放在第一个，可能是因为他头脑中的生命世界始于阴阳，中间一个则是现在，而最后一个是归宿——无，说明中国古老的《易经》中的图形早已具有了艺术与科学的共融性。

变形的艺术——动态世界的本质

我们前面讨论科学时的图形表达皆属于科学与艺术的图形，都是为了这最后的论点："变形的艺术——世界的本质"。实际上，图形的变化或变换都可以说是变形，它的本质就是数学。而现在的理论研究表明，数学既是科学也是艺术，因为它既是发现也是发明，既依靠逻辑演绎也需要直觉形象，它可以由各种形式来表现。先看看埃舍尔自己的变形，例如作品《画廊》，数学家分析了其中的所有数学元素。

著名诗人、剧作家邓海南先生在他的小说《森格里亚》里这样描绘埃舍尔的《画廊》："……森格里亚式的海滨房屋，画面的左下角是一个画廊的入口，在入口处，一个青年正在出神地看画，他在看着的这幅画，

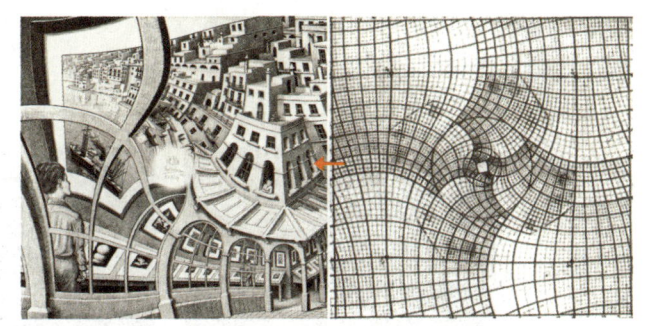

埃舍尔的《画廊》（317毫米 x 319毫米，平版，1956年），其基本构图来源于欧几里得几何的奇点网格化变形

是海滨小城的风景，画的最下部是一艘船，左上方是沿岸层层叠叠的房屋，目光沿着这些房屋右移，房屋绵延开来，到最右面时是一幢角楼，而角楼临街的屋檐下正是这个画廊，在画廊的入口处，那个青年人正在出神地看画……整个画面是一种奇特的幻觉。那幅画挂在画廊里，画廊又在那幅画里；青年人在画廊里看画，青年人又在画廊的画里。"

同时，邓海南评述道："生命就像血液，流出心脏又流入心脏。当我们活着时，我们是在世界肌体的血管里循环；在我们出生之前和当我们死后，我们又回到了宇宙那无形的心脏里。在这幅画里有一种回旋往复的东西……"同样的道理，美国宇宙学家哈里森在《宇宙学》中指出："我们可以将肉体和生物化学的大脑放进宇宙模型，但不能将我们的思想意识（且不论它到底意味着什么）放进我们意识构造和研究的宇宙模型。如果真想试试，那我们将陷入无限的循环：宇宙学家研究宇宙模型，而宇宙模型包括正在研究它的宇宙学家……同样的道理，画家画风景画时，自己是身处他画的风景之外的。否则，他就要画一幅包括他自己正在

画那风景的风景画……这个问题就是所谓的包容悖论：'研究宇宙模型的宇宙学家在那宇宙的什么地方？'回答这个疑问，需要区分真实的宇宙（我们是它的一部分）与我们为了满足经验而构想的宇宙模型（我们不完全是它的一部分）。"

其实，由变化形成的图景由来已久，读者可在近千年前的北宋时期道家学者的"变化之图"中看到在古老中国哲学影响下由曲线流动留下的痕迹形成的变化图形；也可以在离我们很近的科学与艺术双料人物、美国科学的摄影家艾格顿开创的高速摄影事业的艺术作品中看到液体的瞬时变化图景；还可以在其他很多花样繁多的艺术图景中找到"变形的艺术"，如巴拉的未来主义画作——一只被贵妇人牵着的宠物狗"长着"很多条前行的小腿，比利时超现实主义画家马格利特用火车闯出壁炉的画面来表现时空的变形等。

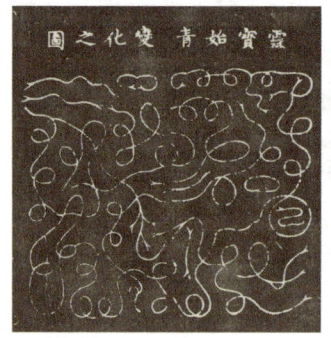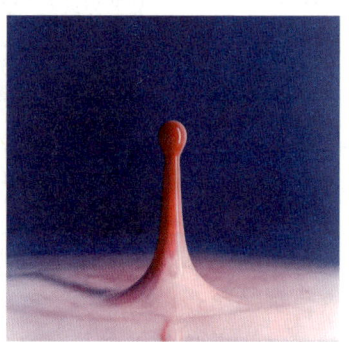

左：道教经典中的"变化之图"（中国，北宋）。右：运用艾格顿频闪高速摄影技术拍下的变形图景

美国学者 F. 卡普拉在《物理学之"道"》"动态的宇宙"一章的开头这样写道："东方神秘主义的主要目的，是要体验到世界上的所有现象都是同一终极实在的表现。这个实在被看作宇宙的本质，它构成我们所观察的大量事物的基础，并且使它们统一成一个整体……道家称之为'道'；他们都断言它超越我们的理性概念，并且都不对它做进一步的描述。然而，这个终极的本质是无法与它多种多样的表现分开的。它是以无数的形式存在和消亡、无穷无尽的相互转化为特征的，从现象上来看，宇宙本质上是动态的。"

这段话配以了中国北宋时期的"变化之图"作为视觉上的图景给予艺术的说明，试图证明科学与艺术殊途同归，而埃舍尔的画正好是这二者的有机融合。所以，我们的画家和艺术评论家不要因为不好为"孤零零"的埃舍尔的作品分类而小看了它们的存在价值，不能因为他画作的数学性蕴含而视其为高处不胜寒。

另外，变形艺术有时会导致悖论的出现（如篇头埃舍尔创意肖像背景中的"画画的双手"）。邓海南先生在他的小说《森格里亚》里这样描绘道："一只手握着铅笔在画着另一只手的素描，笔尖下只是衬衣袖口简单的线条，但是从袖口里伸出来的手却越来越细致真实，它伸出纸的平面，那就是一只真正的手；那只手也同样握着铅笔在画，画的是正在画它的这只手。两只手都是幻觉，谁也无法证实对方。"这样的悖论早在古希腊时期就有记载，但直到 20 世纪上半叶才有了图形上表述的集中爆发。这是埃舍尔献给人类的精神遗产。

纵观埃舍尔的一生，他十分喜爱意大利的风景和人文，因为那里是欧洲文艺复兴运动的发源地，在那里他也遇到了自己的爱——一个是他未来的夫人，另一个是他的图形艺术。1937 年，他和夫人搬去比利时的小镇于克勒。第二次世界大战爆发后，1941 年 1 月，他们又一次搬家，搬到了荷兰的巴伦。他们在这里住了 30 年。埃舍尔的大部分名作都是在这段时间创作的，荷兰多云、冷、潮湿的天气迫使他专注于工作。1970 年，埃舍尔搬到了拉伦，这里是他退休后的居所，在这里他有自己的工作室。他在到拉伦两年后去世，享年 73 岁。

我想，埃舍尔的图形艺术就像哥白尼的日心说和孟德尔的遗传学一样。当年哥白尼和孟德尔各自发出了自己的学说注定有一天会得到世人认可的预言，果不其然，如今这两种学说都被写在了教科书里[参见《玩转科学的"艺术家"（上册）》"哥白尼篇""孟德尔篇"]；而埃舍尔的画首先为数理科学家们所喜爱，随着人们鉴赏水平的提高或可逐渐懂得其中蕴含的科学道理。我想，它们有朝一日也会像春天的花儿一样，绽放于全世界各艺术院校的绘画教学中。正像邓海南在《森格里亚》里以埃舍尔的口吻写道的："也许我与同代画家们追求的根本就不是一个目标。他们着力表现的是欲望和情感，而我感兴趣的是理念。理念中并不是没有温馨的东西，在我的理念世界里有一个最温馨的地方……"

达利其人
曲直间接,庞杂难懂
达利其画
现实与否,真假不分
其人其画
科学思考,艺术超炫
搅乱视觉
藏匿真相,错觉凸显
双螺旋绕
时空相对、量子波结

对现代科学顶礼膜拜——
无意识导致《记忆的永恒》
联想触发《不可知论的象征》
还有对超验或四维时空的探索
诞生了《十字架上的圣约翰基督》
于是,有人要问达利的作品
是"梦中的画"还是"画中的梦"

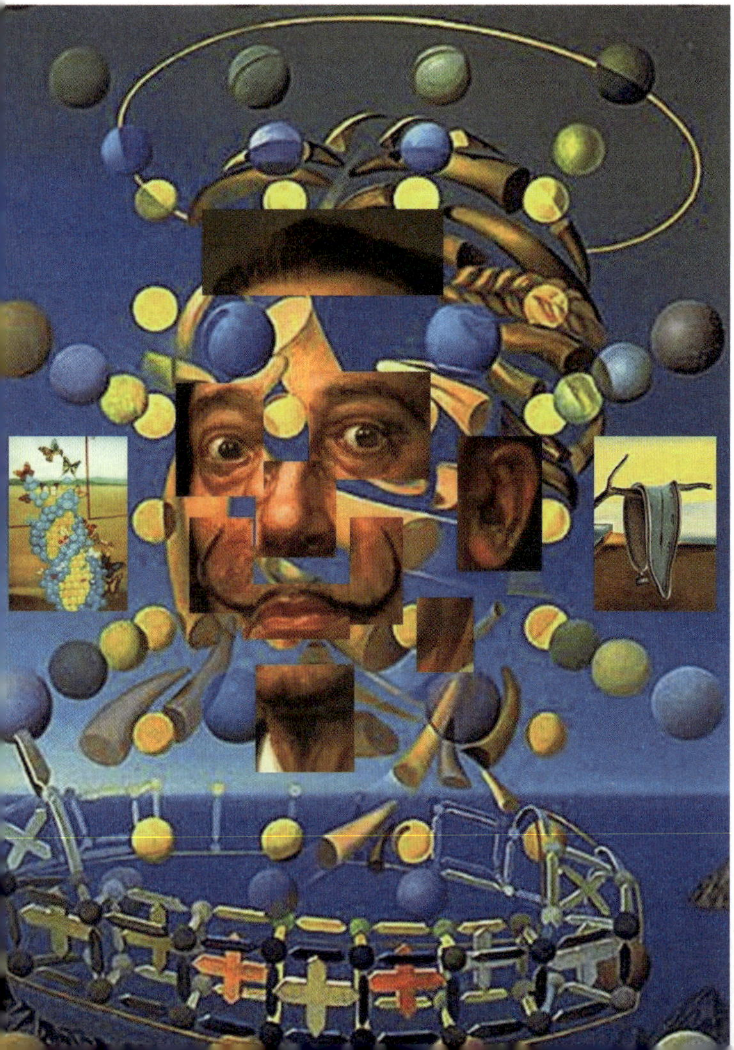

达利——超现实的存在

19世纪末，弗洛伊德推广了"无意识心灵表达隐藏的真相与欲望"这一见解。尽管古代的人们就将创造力与心灵幽深处联系了起来，但弗洛伊德是第一个以科学的手段加深大众对此理论的认知的人。弗洛伊德提出"梦是我们无意识欲望的真实体现"后，超现实主义艺术家便成为第一个通过解析梦境来进行艺术创作的团体。而这个团体中的代表人物之一便是西班牙画家达利。在弗洛伊德提出精神分析理论前，用无意识心灵创作出人意料或不可思议图像的艺术家被认为是受到了"神圣的启发"。而达利不是这样的，他不但运用了著名精神分析学家的科学理论，而且在其超现实主义的艺术作品中表现了当时的时髦科学——量子力学、相对论和稍后的DNA双螺旋的科学图景，出发点与落脚点都是科学。

在达利的作品中，我们看到了艺术与科学的另类融合图景，它存在于人们的潜意识或无意识活动（例如梦境）中。我们的意识好比冰山浮在水面上的那部分，只是整座冰山小小的一部分，而潜意识则是紧接着连在水面下的那一层，包含了记忆与我们存储的知识。最后，无意识心灵是冰山最靠下也是最大的一部分，在水下最深处。尽管无意识是无法被我们的意识感受到的心理活动，但它能影响我们的判断、情感与行为。包含了我们的本能与恐惧的无意识心灵是人类行为的主要来源。达利的艺术创作在这片心灵科学的领域展开。超现实主义艺术家的另一个杰出代表是他的西班牙同胞胡安·米罗（1893—1983），此人是自动主义的先驱，而自动主义也是一种创造性接触无意识心灵的方式，它由弗洛伊德用来探索病人无意识心灵的自由联想法发展而来，并深刻影响了后来的抽象表现主义绘画的发展（参见本书"波洛克篇"）。

让科学形象化

"达利（1904—1989）对科学极感兴趣。20 世纪 30 年代，他的兴趣主要集中在双重影像与幻觉；20 世纪 40 年代，他转向了普朗克的量子论，并于 1945 年后开始了他的核物理或原子物理时期和核神秘主义时期；在 1955 年至 1978 年这段时间，他的作品深深地受到遗传学，特别是 DNA 及其结构的影响。"达利的老乡、西班牙巴塞罗那的两位大学教授埃利纳·冈蒂奥拉和约瑟厄·贝诺斯如此指出，达利就跟他的另外一位西班牙同胞毕加索一样，有过不同的创造时期，只不过他与毕加索的区别在于，一个是创作直接与科学知识挂上了钩，另一个则是运用了不同的科学方法进行创作。当然，达利的超现实主义艺术直接表现科学知识面之广之现代是任何画家所不能及的。由于对现代科学的理解与顶礼膜拜，达利能做到让这些时髦的科学得以形象化展现。

1905 年，爱因斯坦在其"奇迹年"创立了狭义相对论，而达利就出生于相对论诞生的前一年，仿佛上天刻意安排达利与相对论有交集，并将艺术地表现相对论之重任交给他。因为在 1931 年，与爱因斯坦创建相对论时年龄相仿的达利也创作了他最著名的作品《记忆的永恒》（见下页上图）。可以说，作品中的软表就是相对论时空的一个艺术性象征。这种表现是达利对于我们曾经固守的时空观的塌陷所进行的超现实主义沉思，是对爱因斯坦狭义相对论时空的艺术表达。

在达利看来，机械的、生硬的、坚固的物体是他的天敌。时钟要么是软的，要么就根本不存在。达利在"神秘主义宣言"里讲道，"相对论用以太废黜了这个宇宙的基础，使时间回到了已由赫拉克利特说过的——'时间是一个儿童'——相对位置上"，并且达利在画他的著名"软表"时也描述了这个时间位置。这里的"时间是一个儿童"就意指时间的不确定性。

可以说，相对论时空元素是达利艺术创作的制胜法宝，它使其摆脱了任何形式和内容的限制与束缚，大胆地去表达、揭示时间的不确定性和空间的相对性，如

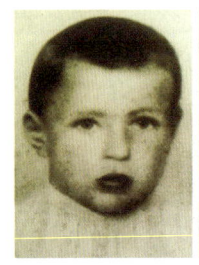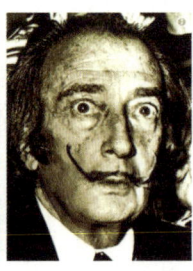

达利一生的 3 个片段，你能看出他不同时期的一些相似之处吗？超现实的创作已将他的面容"超变"

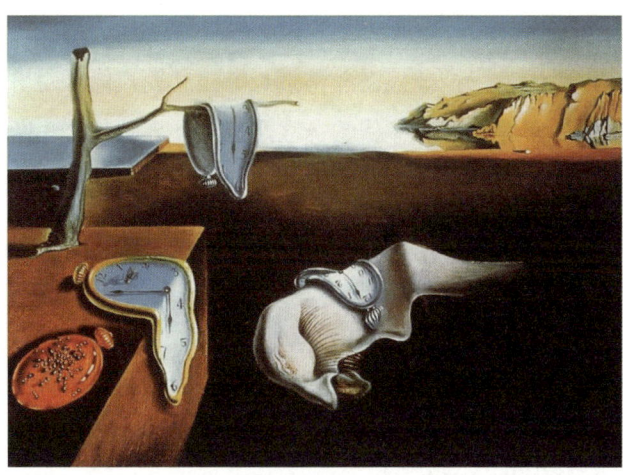 

左:达利的超现实主义画作《记忆的永恒》[变形的时钟(软表)——狭义相对论概念的体现]。右:《古老的爱情》(刘夕庆 作)——狭义相对论的漫画艺术诠释。爱因斯坦曾这样比喻过他的狭义相对论:假如你和一位漂亮姑娘在一起,会觉得两小时是两分钟;如果你坐在火炉上两分钟,会觉得是两小时

《不可知论的象征》就是引力物质使时空弯曲产生效应的了不起的艺术表达。在这幅超现实主义的作品中,达利形象地表达了爱因斯坦广义相对论的一个预言,那就是爱丁顿在 1919 年证明的轰动世界的"日全食情况下光线在太阳附近会产生定量偏折角度"的实验。在 1915 年年底广义相对论创立后的所有美术作品中,大概再也找不到一幅作品能比其更直观地描绘出质量对附近时空所产生的效应了。

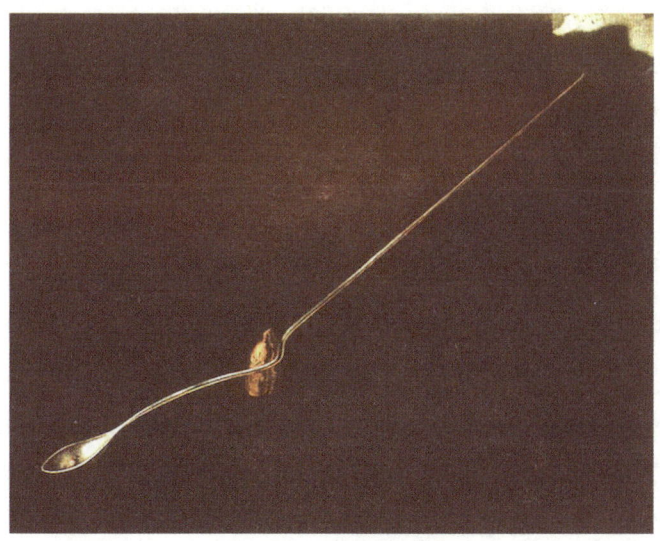

达利《不可知论的象征》(1932)——广义相对论的艺术诠释

在《不可知论的象征》中，达利极其准确地表现了光束在经过有质物体近旁时时空发生弯曲的情况。在作品中，一把被拉得非常细长的银匙简直就像是一束从右上角射入画中的光线。然后，这把代表光线的汤匙穿过与外界隔绝的黑暗空间，其中只有一个模糊不清的物体。银匙细长的手柄在那个物体旁拐了一个弯，然后再变为直形，而前端那个汤匙里放有一个异常小的发生了相对论性时间延长的钟表。

到了20世纪50至70年代，"达利比以前更留心追随科学研究动向，他对蕴藏生物遗传密码的脱氧核糖核酸（DNA）着了迷"。他认为DNA的发现为他提供了"上帝存在"的证据，而他的这个"上帝"就是被爱因斯坦提及的斯宾诺莎心中的"上帝"——自然。因此，可以说达利是一个严格意义上的具有现代科学意识的艺术家。

罗伯特·迪斯查勒斯在其文章《萨尔瓦多·达利》中写道："他绘画中的暗号有许多科学的进展，如比基尼和现代物理学的发现、控制论、宇宙探险、冬眠或者是遗传记忆密码——脱氧核糖核酸，只要他得到这些，总是比别人先画起来。"这一时期他具有科学蕴含的作品有《半乳糖苷核酸——向克里克和沃森致敬》《脱氧核糖核酸》《一条高彩鱼眼的染色体启动永恒记忆的和谐分解》《蝴蝶景观》等。在《半乳糖苷核酸——向克里克和沃森致敬》中，达利对DNA像对"上帝"一样地顶礼膜拜。同样，达利对DNA结构的发现者也是极为崇拜，他曾戏剧性地与沃森见过一面，这次见面被称为"世界上第一聪明的人"与"世界上第二聪明的人"的会见。

达利的作品对时空的表达，对微观世界的再现，对生命的感悟，让人们从物理学和生物学的现实走进了荒诞的超现实艺术图像中。他画作中的那些扭曲的空间、断裂的时间，甚至流动的宇宙，原本都是科学家们所探索的科学世界。在达利看来，科学的深处埋藏着丰富的艺术形象。达利曾经说过："众人现在观赏我的画，以后也将如此，因为他们凭着模糊粗浅的直觉，知道我的作品中隐藏着显然的、真实的宝藏。迄今还未被人看出。非艺术的宝藏将逐渐变成艺术的宝藏。"达利这里所说的"真实的宝藏""非艺术的宝藏"指的就是科学。因此，达利被称为20世纪西班牙"最典型的科学用户"，因为科学开启了达利特有的观看世界的方式。作为回报，他也让科学形象化了。

达利的两幅与沃森、克里克及其所发现的DNA双螺旋结构有联系的画作。左：《半乳糖苷核酸——向克里克和沃森致敬》（1963）。右：《脱氧核糖核酸》——由不同的DNA可演绎出彩蝶，也可演绎出不可预知的物种

心理刻画对比

达利长久以来从科学中寻找灵感。1958年，他在《反物质宣言》中写道："当我是一个超现实主义者时，我希望创造内心世界的肖像，奇妙世界的肖像，我的上帝弗洛伊德的肖像……现在，外部的物理世界超越了心理世界。我的上帝如今是海森堡博士（1901—1976，德国物理学家，量子力学的主要创始人）。"学者盖文·帕金森也认为："虽然爱因斯坦的相对论在20世纪20年代很快地就变成了安德烈·布勒东的枝节问题，但相对论还是于1929年被引入了达利的超现实主义的、相对论和心理学的杂合的壮观作品中。"请注意，这两段话中都提到了"心理"和"心理学"。

应该说，弗洛伊德的精神分析学说是现代心理学的基础之一，也是无意识、梦境等的统一，其中与美学关系最大的是无意识理论，几乎所有的现代主义流派在不同程度上都受到弗洛伊德精神分析学说的影响，超现实主义是受其影响最大的意识流派之一。超现实主义并不是超自然，而是超出直接现实，将现实观念与无意识、潜意识和梦的经验相糅合，将这些作为创作的源泉，无拘无束地展现个人的想象，越奇特则越个性，因而也不可复制。超现实主义者认为在现实世界之外还存在一个彼岸世界，人只有在梦境或幻想的展示中才能摆脱一切束缚，才能最真实地显现人的本来面目，实现真正的心理刻画。但是，并不是所有所谓的超

达·芬奇的《最后的晚餐》本身就是一幅宗教题材的心理学绘画;而达利的《最后的晚餐》(1955年,画布油画,167厘米×268厘米,美国华盛顿美术馆收藏)用现代艺术手法表现宗教和心理题材并加入了现代元素,使作品具有明显的现代感,使得一些画家望而却步,只能"沦落"到临摹的地步

现实作品都是无意识的,有时它们甚至是有意识的,请看下页美国著名涂鸦画家巴斯奎特的作品。

弗洛伊德精神分析的核心,就是揭示人类在正常的社会心理之外,还存在着潜意识、无意识或下意识,而梦则是人的潜意识表现最自由的环境,所有因社会和生活压力而受到限制的意识得到释放,而且这种释放往往借助变形、象征的方式表现出来。因此,梦境的艺术表现形式也是幻景、虚幻式的,不过总具有画家理性的情感因素。前面所提到的《记忆的永恒》就明显受到了弗洛伊德精神分析学的启示,表现了一个产生错觉、痛苦的梦境世界,画面上清晰的物体无条理地倒挂、变形,画家毫无选择地、尽可能准确地记录下自己的无意识活动。

我们已经看过许多版本的从猿到人的大脑演化图谱,而且自认为对人脑已相当了解。但最新的心理学研究颠覆了我们对大脑的一贯看法:当人们休息或发呆时,大脑并未停止运行,一些神秘的背景神经活动始终存在。原来大脑存在一种默认模式。脑神经科学家原先一直认为,当我们休息时,大脑中的神经回路应当处于关闭状态。然而,大脑成像实验表明,大脑中存在一些持续的背景活动,就像20世纪末科学家发现的宇宙背景中存在暗能量一样,这种类比似乎为人们认为大脑神经网络与宇宙之网相像并称其为"小宇宙"找到了根据。这种默认模式

美国著名涂鸦画家巴斯奎特脑中（右）和作品人脑中（左）的五线谱音符、星星、能量、钢琴键、各种字母的迸发与交融图画是其有意为之的，而不是完全无意识的体现，因为它们的表现没有什么变形

能为人们对未来事件做出反应做好准备。如果这个模式的相关大脑区域间的神经链接出错，可能就会导致从阿尔茨海默病（老年痴呆）到抑郁症的一系列疾病。

但是，超现实主义毕竟要在现实主义的基础上去实现，没有现实主义也就无所谓超现实主义。西方包含现实主义内核的画派有现实主义、魔幻现实主义和超现实主义等。达利是用超现实主义画作表现梦的意境，而什么是现实主义？达利"超"在哪里？需要我们对比一下。比如19和20世纪之交的俄罗斯画家列宾用批判现实主义的作品表现他对那时的俄国现实的批判和审视。在作画时，虽然辅助的动作形态和背景道具也很重要，但人物面部神态的把握更为重要。如果没有足够的生活体验和阅历，加上对人物的心理直觉，以及充足的生理学、心理学知识储备，是很难用绘画语言进行人物表情的拿捏的。然而俄国19世纪后期伟大的批判现实主义画家列宾却是一位驾驭心理富于表情描绘的高手，即杰出的心理刻画师。他的作品表现的即浮在水面上的那个意识的小小顶尖，部分地反映了真相，但是是打折扣的，我们更需要观察作品的整体刻画才可深入主人公的内心。

列宾在充分观察和深刻理解现实生活的基础上，以其丰富、鲜明的艺术语言创作了大量的历史画、肖像画，其中人物及其心理活动与表情的描绘及形式之多、展示当时俄国社会生活之广阔和全面，是当时很少有画家能与之相比的。笔者认为，他洞察人物心理和让其内心与外表一致、再转化为绘画艺术品的能力无与伦

左:《列宾创意肖像》(刘夕庆 作)。右:《伊凡雷帝杀子》创作过程——惊恐万状的面部表情更加接近事实

比;无论是一些具有历史意义的戏剧性画面,还是那些与他同时代的历史名人(科学家、哲学家、文学家、音乐家、诗人等)的性格与肖像刻画他都能描绘得精准恰当和栩栩如生。

反转的数学家

超现实主义画派中的关键艺术家有勒内·马格利特、萨尔瓦多·达利、胡安·米罗、马克斯·恩斯特(1891—1976)和安德烈·马松等。超现实主义脱胎于达达主义,在20世纪20年代早期同时作为文学与艺术运动出现,试图表达无意识的想法与情绪。安德烈·布勒东(1896—1966)于1924年发表的《超现实主义宣言》在巴黎正式开启了超现实主义,随后它成为一场国际政治与知识界的运动。布勒东受到的影响来自达达主义、精神分析学家弗洛伊德(1856—1939)对梦的研究以及卡尔·马克思(1818—1883)的政治观点。超现实主义诗人起初并不愿意与视觉艺术家联系在一起,他们认为艺术创作这样一种刻意的行为与他们的自发性和不受拘束的表达形式是矛盾的。但他们对一部分超现实主义艺术家很尊敬,并很快意识到这两种表达形式其实可以相辅相成,且这些视觉图景中不光有艺术,而且隐含着数学。

马克斯·恩斯特是最早尝试将超现实主义变成艺术运动的人之一。数位超现实主义艺术家通过弗洛伊德的自由联想法、恍惚状态或梦境,来集中关注无意识

达利——超现实的存在

视点不同,将分别出现不同意义的画面,即双重意象,达利的作品让主体与背景共存且互相转化

的心灵。他们进行了心灵的自动主义练习,即自动书写或自动绘画,将有意识的心灵关闭并直接从无意识中创造出一连串的文字或图画。由于是通过这样的方式来显露出无意识,任意两个艺术家都不会以同样的方式创作,因此超现实主义作品都是非常个人化的表达。而作为超现实主义画家的达利,在他的作品中还大量采用了图与底共存的方式,图与底的双重性成了达利作品的重要标志。

图、底关系的转换也称为正负形反转现象,它在达利的作品中更多地趋向于双重意象。凡是被封闭的曲面都容易被看成图,而封闭这个面的另一个面总是被看成底;而且面积较小的面总是被看成图,面积较大的面总是被看成底。艺术家通过对画面上图形的形状、大小和布置关系的调节来达到图形和背景关系的模棱两可,画面表现出图底关系的转换。在有关图形与背景的图底关系转换的作品中,以"鲁宾花瓶"最为有名(参见本书"埃舍尔篇")。观者在画面中看到的是人还是杯子,完全取决于他注视的是图形还是背景,关注的是整体还是局部。由于观点的不同,将分别出现不同意义的画面,即双重意象。

在传统绘画中,表现对象是画面的主体,我们称之为图形或形象,背景则是与图形相辅相成的参照物,是图形的衬托,人们习惯于接受图形而忽略背景。但现代绘画改变了底对图的单纯的依存关系,二者成为对立统一的一对矛盾,互相转变、互相依存;图与底存在一种对比、衬托之中产生出来的关系。图形与背景的关系会随着观者注意力的转移而相互转换,也就是说,当人们注意到一个形状时,与形状相连的部分就成了背景;而当注意力转向背景时,如果背景是有意义的,原来的背景就成了图形。要形成图与底的置换关系,一般要注意两个方面:

不懂反转的人快来看啊，时空被形象化啦：不想被视为艺术家的、超级时空思想家马格利特更愿意借助图画实现时空之交流，这如同物理学家所称的背景依赖或独立，看来独立不是上好的选择

一是注意图和底在面积上的基本均等，形的特征不宜太明显；二是注意图和底都为半封闭状态，利用图形未封闭的部分相互连接。

反转的数学如同在舞台上表演时演员与背景的关系——互相依衬而位置又可相互转化，成为有机的整体——这是爱因斯坦质能与时空关系理论告诉我们的：物质处于时空中时会让时空变形，而时空反过来又塑造了物质的性质与形态。就像数学上的一个动点在坐标系内移动产生了一串小点、它们一个也不能缺少一样。达利、马格利特等人的超现实主义作品让我们感受到了这种数学上的有机关系，只不过更加艺术或巧妙而已。

达利作品中的数学还表现出更高级的内容，他在 1949 年创作的《原子的丽达》，甚至受到了法国数学家勒内·托姆的微分拓扑学和突变论的启发。微积分学一般只考虑光滑的连续变化的过程，而勒内·托姆的微分拓扑学和突变论则研究跳跃式转变、不连续过程和突发的质变。随着时间的推移，达利对科学的兴趣日益浓厚。《科学美国人》是达利在 20 世纪 40 年代后最喜欢阅读的杂志之一，达利通过它来了解最新的科学进展。达利认为，人文思想对他的创作的激发已经不多，思想家也似乎不能给他任何东西，但是科学家可以，科学家甚至可以给他不朽的灵魂。阿兰就曾经问过达利："你用什么方法把所有这些科学发明和这些能吸引人或迷惑人眼睛的新方法综合在绘画里呢？"

总之，我们可以从达利对科学的兴趣中得到答案：从很早的时候开始，大约是1929年，达利就一直研究近百年来种种最重大的科学发现。虽然达利并不希望鞭辟入里，因为这种可怕的精确性是任何一门学科都具有的狭隘性和封闭性所决定的，然而，这些科学进步对于艺术创作的意义达利是非常清楚的。因为他认为，任何哲学、艺术、数学和自然科学的发现，如同当今的道德规范一样，并不与宗教相矛盾，而且科学殿堂的窗户总是对着艺术的天空敞开。于是乎，达利便在这科学的广阔天地里挥舞画笔，描绘出表面上看奇异怪诞而实则蕴含着科学道理的伟大作品。

达利在1989年去世的时候，床边小几上还放着几本科学书籍，作者中有物理学家霍金、薛定谔，还有数学家吉卡，可见大到宇宙、小到量子，达利都喜欢，并且还有数学将它们相连接……今天，当我们欣赏达利的作品时，不知有几人能够理解其中所隐藏着的"显然的、真实的宝藏""非艺术的宝藏"？

宇宙本黑暗　超弦生万象　清漓风光图　国画也闪亮
对应老子说　道生一二三　山林晨夕间　朦胧又苍茫
三即生万物　演绎不可挡　逆光显反差　艺术真实感

核子重如牛　高能必发光　大千世界广　质能多为暗
对撞生新态　创生易反掌　星辰虽可测　主体似负像
万物有结构　粒子如墙砖　笔墨定乾坤　唯有李可染

李可染——笔墨生万象

让一些外行不明白的是，有些艺术家为何竟做出了带有科技发现、发明的事，甚至还有哲学意味的创新？而他们此前并没有这些方面太多的学习背景。于是，我们有理由猜测，只有在长期创作实践的基础上有所坚持，并借助一定的西方式的演绎性思考才更有可能"悟出正道""修得正果"。李可染是中国20世纪最有影响力的国画家之一。他的创作将西画技法融入了中国传统的笔墨造型，同时把西方的明暗处理方法也引入中国画，被称为"山水画的革新家"和"跨越时代的画家"。其中，"跨越时代"和"革新家"都蕴含有一定的科学内涵，如"计黑当白"的负像图景原理与中国浓重笔墨山水画的完美契合，反映了李可染晚年的全景式或满幅式山水画中审美与科技的结合；还有与华裔物理学家李政道之"二李"的艺术与科学切磋、合作所诞生的科学美术名作等。

现在人们都知道，中西医结合的方法治好了历史上许多单纯采用中医或西医治不好的疾病，并且成为现代医学发展的一个明确方向。而可能更早的"中西艺结合"形式也解决了不少中国绘画与西方绘画的矛盾，采用这种画法的人首先是那些中西绘画技法及理念兼修的人，其中一位就是李可染。虽然他没像其他一些绘画大师那样到西方留过学，如徐悲鸿、刘海粟或吴冠中等（参见本书"吴冠中篇"），但早年也接受了法国人克罗多在素描、油画等坚实西画基础方面的培训和观念培养，树立起了西方特色的现代科学绘画观。尤其在素描方面，李可染认为素描是研究形象的科学，它唯一的目的就是准确地反映客观形象。形象描绘的准确性及体面、明暗、光线作用的科学道理，对中国画的发展只有好处，绝无坏处，这也对他后来跨时代的革新起到了重要作用。

世界图景的"负像呈现"

李可染（1907—1989），中国近代杰出的画家、诗人，江苏徐州人，自幼即喜绘画。1917年，小学图画老师王琴舫见他聪慧好学，赞曰："孺子可教，素质可染。"遂给他取学名"可染"。李可染擅长山水、人物，后又喜欢画牛。1929年入国立杭州艺术专科学校西画系期间，他又得到林风眠院长的教诲，并受益于外籍专家西画理念和画法的熏陶。1946年李可染任教于北平艺专，又先后拜齐白石、黄宾虹为师，尤注重理解齐师的艺术观与独创精神和黄师深厚的笔墨学养。20世纪40年代李可染提出了"以最大的功力打进去，最大的勇气打出来"的艺术创作观点。1954年，李可染与张仃、罗铭遍历江南，以传统笔墨技法旅行写生，并自然融入了西画写实技巧，树立了于现实中寻味诗情、以写生山水开画坛新风的思想。晚年李可染以"计黑当白"的反向性思维进行创造性发挥，用笔趋于老辣，日趋达到浑厚苍黑的意境，形成了宛如笔者认为的"负像呈现"的艺术感。

李可染的山水画学习早年取法于八大山人，笔致简率酣畅；后从齐白石习画，用笔趋于凝练；又从黄宾虹处学得积墨法，并在写生中参悟到林风眠风景画前亮后暗的阴影处理方式，画风趋于严谨。他的代表作有《漓江胜境图》《万山红遍》

回望绘画人生——特别是年近50岁开始为变革中国山水画而行程数万里旅行写生的历程

《井冈山》等。他一生转益多师,这为他日后进行山水画变革打下了丰富博大的视野基础。他既受学于改良派、主张融西入中的画家(如林风眠、徐悲鸿、刘海粟等),又拜当时坚持以碑书入画的传统绘画前辈为师(如黄宾虹、齐白石等);他出入于改良主义和传统主义之间,经过长期的艺术实践,终而形成了一个由其弟子与追随者组成的艺术流派——"李可染画派"。

进行了革新后的李可染的画作不像传统山水画那样采用"留天留地"式的上下留白构图方式,而较接近西方抽象主义的"满幅式"或"全景式"的特点。尤其愈到晚期,李可染这样满幅的构图形式愈发明显。画作中的线性结构逐步转为团块结构,整体感的构图形成了他作品的另一大特色。他画中的形象紧密连在一起,大面积的山峰、树林往往统一在较暗的调子中,较小的面积则统一在灰调子中,而最小的面积则统一在白调子中,这可能会给现代宇宙学家一种描绘标准宇宙学的图像之感,因为我们的宇宙就是一幅全景式的黑暗图景,按某种推测,其中暗调子的暗能量占比 73%,灰调子的暗物质占比 23%,白调子的普通物质占比 4% 左右。积墨与光源结合的运用:通过反复的积染制造出山水丰厚的层次,再辅之以皴点勾描,以加强筋骨。他的画作以留白及光源的运用,形成画面的动势。山水画将光引入画面,形成了山林晨夕间的逆光效果,使作品具有一种朦胧迷茫、流光徘徊的特色。从总体看,李可染的山水画比明清时期的山水画更接近对象的感性真实,而这种逆光形式的山水画就好像原先中国传统山水画的电子图景之负像一般。

可能自古以来,在中国画家的眼里,最大的自然有形之物(对象)莫过于高山大川了,而涉及上天的宇宙银河与日月星辰的图景也许只在诗人的字里行间才鲜有出现。恐怕他们无形中将反映中国特有的地理环境和地质构造(当然,今天看来全世界最伟岸的山川也多在中国的版图上)之山水风景当成了整个

左:李可染"计黑当白"反向思维所得的创造性图景。右:中国传统山水画的程式化图景(如李画负像)

"计白当黑"中的"暗有":它是比人类看到的世界更真实的世界——《波鸟山云月》(刘夕庆 作)

宇宙的图景来反映,所以对于宇宙图景他们也就从自然山水中开始认识了……

吴作人曾在《李可染中国画展》的序言中说道:"艺术天地至广,而于山水匠心独运。峰峦隐显,云烟吞吐,乃古人所未逮;岚影树光,以墨胜彩,创境界以推陈。"笔者以为其中的"峰峦隐显"与"以墨胜彩"更贴近当今的宇宙学图景。上面说过,中国古代画家将宏大的山水当成宇宙图景来反映,而"峰峦隐显"与"以墨胜彩"更符合当下物理学中关于质、能、时、空的描绘。

李可染晚年的这种以"计黑当白"的反向思维进行创造性发挥,逐渐进入日趋浑厚苍黑的深境的创作手法,在当时的中国是中国山水画艺术的一种图式创作的逆向创新,原理上却是科学中的图景负像的道理(犹如传统照片的底片一般)。如果拿到今天来看,它却反映了真实的宇宙图景。前面我们已经说过,宇宙中95%之多的东西是人类操控现在最先进的天文或射电望远镜都看不到的暗物质和暗能量,这在黑夜时表现得更加明显,在夜晚,肉眼看去天空一片黑暗,只有星星的点点光亮和银河的稍许泛白;殊不知,它们只是犹如黑夜大海表面泛起的丝丝白浪或点点闪光,而巨大体量的透明海水却不为人们的视觉所及。这种"夜黑之谜"的科学道理最早被本书另一位"玩转艺术的'科学家'"爱伦·坡所揭示(参见本书"爱伦·坡篇")。

现代物理的"概念凸现"

1979年,华裔诺贝尔物理学奖得主李政道与中国著名画家李可染一见如故,此时李政道对李可染已经慕名十余年。1986年,李可染有感于李政道相对论性重离子碰撞原理的讲解,采用多年来喜爱的牛之形象,挥毫创作了《核子重如牛对撞生新态》。画中两头壮牛角对角奋力相抵,用力之大由高高拱起的牛背即可看出。这幅艺术杰作以凝练的水墨技法表述了宇宙间一个永恒的科学真理——二物（亦可视为正负粒子）相撞，就会迸发出巨大的能量。对科学与艺术融合的共同期望使两位大师结下了深厚的友谊，几乎每次到中国时，李政道都要拜访李可染，关于科学与艺术，他们有着说不完的话题。

李可染先生一生所画的牛都是平和与温顺的，可在《核子重如牛 对撞生新态》这幅画中，他一反常态，第一次描绘了牛之间的斗争和矛盾情景。当然，从生物学的角度看，两头公牛之间争斗完全是为了巩固王者地位和征服异性，此画却借此说明高能物理领域的研究和实验，并表现人类征服自然的决心。李可染在他生命的最后一年中为科学所动、所感，两次改变了他作画的一贯风格。其中一次就是这幅为1989年6月举行的"相对论性重离子碰撞"国际学术研讨会所做的主题画。此画描绘了两牛抵角相峙的画面，似乎是静态的，然而其中蕴含的巨大能量却显而易见。20年后，李可染先生的夫人、著名雕塑家邹佩珠将这幅寓意无穷的画作转化为了栩栩如生的三维造型艺术，借二牛抵角相峙、一触即发的瞬间动态，展示了科学与艺术的相知相通、相辅相成、相生相长。

有一点需要特别指出，李可染有一种一般中国画家所不具备（就是有些留洋画家都不一定具有的）的东西方文化、艺术与科学自觉交融之悟性，就是这种悟性让他成为一位在国画中进行科学呈现的了不起的人物，在当今的中国这更是难得——这种难得也使他在国画中能有现代物理的"概念凸现"。你能想象《核子重如牛 对撞生新态》的形象描绘竟如同与"高能粒子对撞模拟图"相对应的图景吗？它与我们日常生活中两件金属器物重撞出火花的道理类似。

上左：《核子重如牛 对撞生新态》（李可染 作）。上右：高能粒子对撞模拟图——犹如卵石相撞火星四溅。下：《核子重如牛 对撞生新态》雕塑（清华科技园雕塑——李可染夫人、著名雕塑家邹佩珠雕塑作品）

李可染与李政道的跨界交流不但诞生了《核子重如牛 对撞生新态》，而且还加强了人们艺术与科学都发端于人类原始创造力的观念，比如世界若干次艺术史上的革命背后都有科学进步的影子；反过来，艺术或者美学观念的变革也会给科学研究以启迪并从某种特殊方式促进科学革命，欧洲文艺复兴运动以后的科学实践就是有力的证明；有时甚至也有这样的情况发生，就是一种基础的元素或载体，在艺术与科学两方面具有双重价值，譬如线条（参见本书"吴冠中篇"和"高云篇"），李可染为当时国际性科学会议创作的一幅用中国写意艺术的线条组成的抽象画《超弦生万象》即是证明。这种用艺术的线条表现科学的线条的画作同时还在某种程度上反映了中国古老哲学与现代数理弦论统一的理念。

　　要论述线条在国画和书法中的表现形式，必须提到线条在国画和书法中的表现具有独特的艺术价值。国画在相当程度上是以富有骨气韵味的线条来取胜的。在本书的"高云篇"中，我们已谈及国画史上流传的曹仲达和"画圣"吴道子对衣纹和动态线条的表现，所谓的"曹衣出水"和"吴带当风"就是线条的作用。山水画中的披麻皴和斧劈皴等各种皴法，就是用各种线条形式表现自然的范例。书法是以线条作为自己的艺术语言的，人们可以不识读文字的内容，却可以从书法线条的力度、方向和疏密等感受作品的美和内涵。

　　国画从自然界中归纳总结出富有内涵的线条，并始终如一地把线条作为造型的基础和表现对象的主要手段。国画又有"书法入画"的说法，使中国书法的线条艺术在绘画中得到充分发展。在长期的演化过程中线条的运用愈来愈富有含蓄性、表现性、象征性与抽象性。用线的情趣不仅在于运用线条的曲直、粗细、浓淡、疏密等，而且体现在用笔的刚柔、轻重、徐疾等形成的节奏感，强调线条的屋漏痕、锥划沙、折钗股，表现力极强。线条不仅表现自然物象，而且表现画家的情感修养，体现艺术的意境，展现了国画线条的无限魅力。而李可染却通过国画中的这种表现力极强的线条组成了一幅生动的画面——《超弦生万象》，真是巧妙至极。

　　国画的线条表现与西方线条表现的表象和内涵都不尽相同。老子说："道生一，一生二，二生三，三生万物。"这是我国古代自然哲学的精华，很好地诠释了事物发展和演化的规律，线条的变化也符合此规律。至于石涛提出的"一画"说，与此也有相通的地方。而物理学家们"发明"的弦理论正是这种规律在自然物理世界里的图景展示——这个理论揭示了万物万象在最基本层面上都是由不同振动模式的弦形成的,而正是这些弦构成了各种基本粒子,基本粒子又是构成普通物质乃至大千世界万物万象的基石。

当今,理论物理学面临的最基本问题之一就是弦理论、量子引力和场论等概念的统一。超弦理论认为,我们四维世界中的所有现象只是十维空间中的一根弦的表现。对于这个深奥而玄妙的科学理论,李政道向李可染解释道:"想象用一根三维的线来绣一幅二维的图,可以绣出人、马、马车和许许多多其他东西。再想象这根线可以按照任何方式运动,一根三维空间的线的运动就产生了人、马等整个二维图像的运动。"李可染大师经过潜心思考,一反他传统的笔法,挥洒出这幅"超弦生万象"的抽象水墨彩色画,富有诗意地表达了他认为的万种粒子及其激发态如何由一根超弦的振动产生。画作中充满动感的点、线、面游于无穷,寓意无尽,生动地创造出与超弦理论相联系的独特艺术意境——众多科学家都为之感叹。

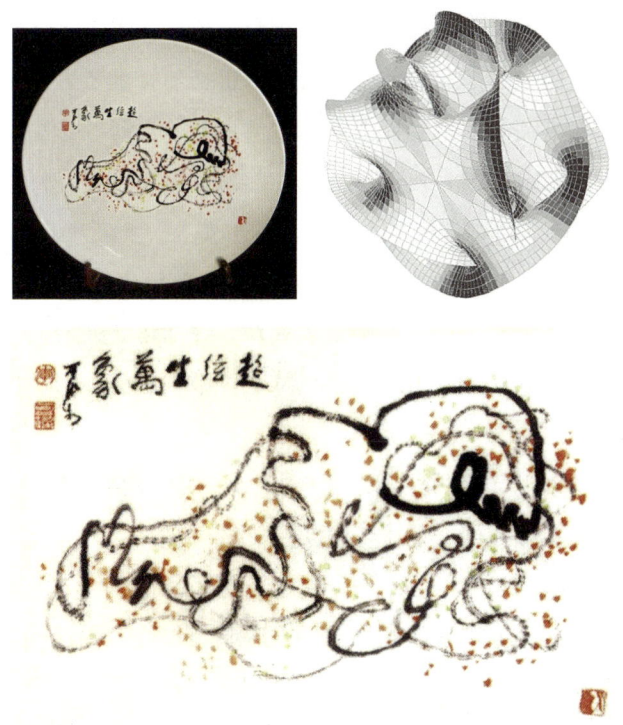

上左:《超弦生万象》(瓷盘)。上右:超弦图腾式的卡－丘流形示意图。
下:《超弦生万象》原作

自然观的"出世"与"入世"

李可染是中国20世纪最具影响力的艺术大师之一，是中国现代美术史上继往开来的里程碑式的人物。在探索山水画现代风格的潮流中，他以其独特的写生方式，重新发现了自然美，并将追求出世的传统山水画转换为入世厚生的现代山水画，把萧索荒寒转换为深秀壮丽，在对自然的描绘中融入了对人类创造力的颂扬，在这一点上也融入了改造与征服自然理念的积极因素。李可染以"可贵者胆，所要者魂"的追求，致力于创造深邃浑厚、充满生机、富于时代和人文气息的山水意象。他始终恪守着中国山水画的特质，以开放的心态兼收并蓄，赋予传统笔墨语言以新的品质和意蕴。

著名艺术评论家陈传席在《"入世之画"和"出世之画"》一文中谈道："我思考好久，这是两类作品……'入世之画'的作者会有很强的使命感，除了作品的社会责任感之外，还有艺术的发展之使命感，如李可染，他要发展中国的山水画，如何突破，如何发展，如何反映新时代的面貌。他本人也在发展中国画的过程中得到社会的承认……"他接着谈道："'出世'者本已卸掉了社会使命感，他不关心社会，也不关心艺术的发展。这方面他是不俗的、出尘的，他又不是一个愚昧无知或不学无术的人，他读书，他修养高、内涵丰富，他以画为案，心无旁骛，全心于诗书画，所以，他不求突破、不求发展，只淡淡几笔，但他修养高，笔墨的传统功力高，其画虽形不准，笔不全，但超逸出尘，品格之高，令人惊叹、佩服，而且他的画也绝不老套，绝不因袭前人，神韵仍然是新的，他的画只是寄托自己的胸次，既不展览，也不发表，也不希望进美术史，除了自娱之外，只给一二知己观赏。"

"出世"与"入世"这两种思想观念可以反映在人类的人生观、价值观、世界观等意识形态的方方面面，艺术与科学两领域都在其中，哲学观点则划出了出世与入世的界限。中国哲人以信奉道家哲学还是儒家哲学作为区分出世与入世的依据：儒家以入世的态度审视艺术，倡导美善相应、尽善尽美、中正平和的审美风格；而道家则以出世的态度审视艺术，注重通过审美和艺术活动冲破束缚、逍遥自在，从而恢复到人的无欲无求、自然而然的本然状态。它们都属于文化审美的范畴，而意识形态是人类文化的基础。实践证明，出世与入世必须结合，否则传统和创新、继承与发扬的文化生态的健全发展将无从谈起。李可染将追求出世的传统山水画转换为入世厚生的现代山水画就是一个大胆创新的尝试。实践证明，这种艺术实验还成就了人们对自然宇宙认识观念的转化，如前所述，即传统的宇宙观只是最先进的、整体性的和有机性的宇宙观的一小部分。

　　实际上，科学界也存在出世与入世的问题。现在，世界范围内的科学领域的竞争愈演愈烈，不入世基本休想获得同场竞技的机会，但要入世就要在一段时间内得到业内或社会的承认，这就使得一些"不入流"（或曰"出世"）的并可能具有革命性、冲破束缚的科学思想或发现受到抑制。李可染在艺术上的成功固然是基于他过人的天赋、扎实的素养和不懈的努力，但也和他的人格、阅历、观念分不开。而笔者认为更关键的是，他掌握了独特的统筹思维方法——将古今中外一切有利于自然社会图景描绘的艺术与科学因素都加以融合，无形中产生了一种科学与艺术结合的"文化治学"（现在称为"第三种文化"）的高级思想，因而也就有了属于他的艺术图景，其中也蕴含了科学上的大道理。那么反过来，想要在艺术上取得大成功，是不是也可如法炮制呢？

　　艺术生命与民族命运息息相关是李可染时代创作的特征，他翻开了中国艺术史新的篇章，其作品已成为20世纪的经典。李可染的艺术创造精神和探索精神，在艺术事业上的投入，谦虚自信、诲人不倦的品格，以及他对传统艺术的珍爱、弘扬，都是值得后人尊敬和借鉴的。从另一个角度看，艺术与科学相辅相成并必将殊途同归，科学革命也需要出世与入世的结合，这很可能是一种超前的创新观念——它是借鉴李可染的创作理念而得到的。

左：被列为江苏省文物保护单位的李可染旧居是纪念李可染大师"文化基因"萌发的最好"物件"。右：出生于民居平房的李可染用自己改造过的中国山水画形式描绘了一个理想世界——漓江风光

借助引力、臂力、腕力
无数颜料的色滴倾泻于画布
看似无意识的泼泼洒洒
让流动的油墨化为抽象的痕迹
虽受那大脑的暗能量驱动着
却形成了一种无限的外向张力
好似宇宙空间伸展着的网状布局

出于对印度灵性的青睐、理解
以及对荣格心理学的解析

他终生对先验图景充满兴趣

抽象表现主义的行动绘画
取决于画家动态的无意
但无意中又夹杂着"有意"
否则，画面为何显得各向同性
让人感受到符合自然的品行
正视这激情流露的艺术吧
它表达了法拉第首创"场"的形迹

波洛克——行动显场论

可能不少人都知道"波洛克"这个名字，其原因当然不都是对他的画作有什么深刻的理解，而是对他那不可思议的作画方式感到疑惑或有兴趣——这就引发了对艺术感兴趣的美学家、数学家、物理学家和精神分析学家们的注意，如同历史上的一些科学家对达·芬奇、毕加索和埃舍尔等人的关注一样（参见本书这3位人物的相关篇）。有些科学使者不但对波洛克的行动绘画过程，甚至对其创作的结果都感兴趣；他们对其画作的因果关系都有一定的见地。本来嘛，从宏观视角看，这个世界的一切都会受到因果律的支配，包括人类的行为，不管它有意还是无意，产生秩序与否，或结果是否为艺术品；而且顶着"抽象表现主义主要代表人物"之冠的波洛克是怎样成长起来的更令我们感兴趣。

现代科学的诞生与发展中心在第二次世界大战前一直位于欧洲大陆，但在战争中，由于受到纳粹德国的疯狂迫害，大批世界顶尖的科学家逃到美国，其中包括较多的犹太科学家及他们的亲朋好友，当然这也造成了世界科技中心发生转移。同样，战争也让世界的艺术中心发生了变化。大洋彼岸的美国在战争中迅速崛起，大批艺术家由于战争、政治和种族等原因，从欧洲涌入美国，包括当时著名的现代艺术家蒙德里安、恩斯特、达利和夏加尔等。他们在异国他乡继续努力地探索，使得美国有了大量现代主义画作的收藏或展览，并促使现代艺术有了惊人的发展。以波洛克等为主要代表的抽象表现主义画派在此大环境下应运而生，这也与美国当时高度发展的经济和所谓的民主自由的气氛十分契合。由此，纽约逐渐成为世界的现代艺术中心，这改变了世界艺术发展的格局，在后来又反过来影响了欧洲各国。

无意识影响的艺术

杰克逊·波洛克（1912—1956）生于美国怀俄明州，少年时代曾就读于洛杉矶的美术学校，在那里他熟悉了印度灵性导师克里希那穆提的理念，对热爱绘画的心理学家荣格的分析心理学也有所了解，这让他终生对先验的理念充满兴趣。17岁时他来到纽约，在艺术学生联盟跟随托马斯·哈特·本顿学画。20世纪30年代，他受到墨西哥壁画艺术的影响，这和凡·高受到日本浮世绘、毕加索受到非洲面具艺术影响的情况一样（参见本书"凡·高篇"和"毕加索篇"），最终他发展出属于自己的画派。波洛克的作品自由奔放，他尝试利用各种色彩的泼洒技巧及流滴方法，创作出一幅幅从作画工具到形式、从画作技巧到效果都突破了传统且震撼力十足的大型作品。

要说对波洛克艺术影响最大并且首要的，莫过于那些来自欧洲的超现实主义艺术家及其带来的理念。其中西班牙超现实主义艺术家胡安·米罗（1893—1983）是自动主义的先驱。后来的抽象表现主义艺术家也用这一方法来创作发自直觉的艺术。波洛克曾回忆道："给我印象最深的，是他们关于艺术源自无意识的观念。这种观念对我的影响胜过这些特殊画家的创作。"为躲避纳粹的压迫并逃离战火纷飞的欧洲，马克斯·恩斯特（1891—1976）于1941年迁往纽约。在纽约期间，他发明了一种名为"振荡"的作画过程：在液体颜料罐上戳几个洞，将其

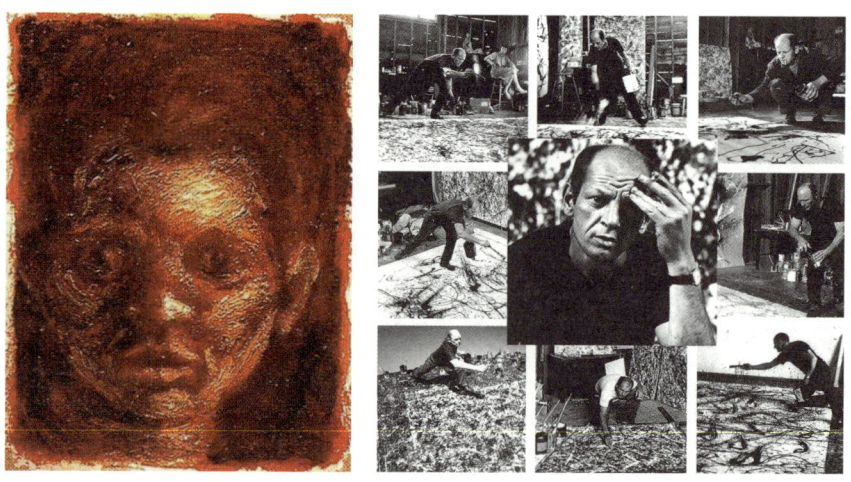

左：波洛克《自画像》（油画）。右：嗜好抽烟的波洛克在思考中形成了属于自身的理念（右中图），之后采用各种上下抖滴和挥臂泼洒动作创了大量的行动画作（右中图四周小图）

悬在帆布上方摇摆，然后将画布上的痕迹绘制成可识别的主题。波洛克见到恩斯特的创作过程后深受启发，开始用一种相似的技法进行创作，这种技法后来被称为"滴画"艺术，而操纵这种画法的观念却是他的无意识。

要理解无意识的观念，就必须了解精神分析学说的核心。它揭示了人类在正常的社会心理之外，还

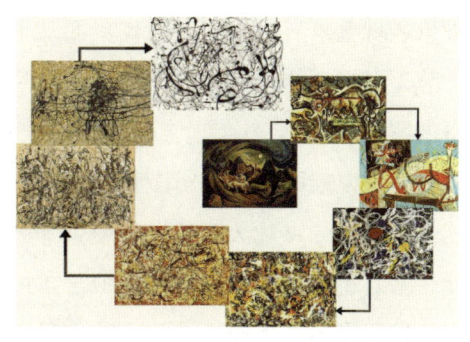

艺术与科学都有它们自身发展的规律，两者甚至还会发生共生和互动；从具象、唯象走向抽象恐怕是它们共同发展的路径；波洛克作品顺时针结构形式的发展让我们看到了类似于中国书法从象形走向抽象的影子

存在着潜意识、无意识或下意识，而梦境则是人潜意识表现最自由的环境，所有因社会和生活的压力而受到压制的意识在梦中都能得到释放，而且这种释放往往借助扭曲变形、解构象征的方式表达出来。因此，梦的艺术表现形式也是幻景式的，不过梦境的表现总具有画家理性或艺术家所理解的特殊表达的情感因素。前面说过，波洛克早年熟悉过心理学家荣格的精神分析学，强调绘画来源于弗洛伊德的无意识深层，必须依靠无意识的本能冲动作画，因此，他创造了"行动绘画"——抽象表现主义运动的旗帜性画派。

在这种观念的引导下，无意识的随机性占据了上风。自然宇宙中，随机性或不确定性似乎更多见于更大或更小的世界中，而人类无意识留下的随机性痕迹之所以能成为艺术品，仍然是因为它是在人脑秩序（理念）的控制之下完成的。波洛克以无拘无束的自由韵律、平衡的色彩，创造出无与伦比的想象空间，让观者仿佛回到了创造宇宙万象之时，惊见造物的神奇与疯狂。

理念创造的宇宙

说到底，按照抽象表现主义的理念，现在我们认识到的宇宙动态图景（大爆炸理论模型）应该就是上天无意识简化艺术之作突现或演绎后的复杂版，具象有形的事物并不是自然世界的根本。绘画艺术已经描绘了可识别物象千万年的历史，虽然2500多年前，老子已告诉人们"大象无形"，但真正从具象中走出来，由近几百年的中国写意画直到上两个世纪开始的西方现代绘画，人类真正创作的

抽象表现艺术只不到区区百年。而几乎就在波洛克创作艺术宇宙图景绘画作品的同时，科学上的宇宙大爆炸理论也诞生了——又一次艺术与科学两者间的"无独有偶"。

对于以绘画表现宇宙图景的艺术而言，波洛克和以螺旋模式为主要表现形式的凡·高不同，凡·高的《星空》等画作在懂点天文学的人眼里表现的尺度仿佛要小些。艺术发展和科学进步似乎永远并驾齐驱，在波洛克时代，天文学上的发现已扩张到整个宇宙。波洛克的作品几乎囊括了用绘画艺术表现宇宙的所有几何创造模式，如螺旋模式（星系）、蜂窝模式（星系团）、分叉模式（暗物质–结点）和迷宫模式（暗能量）。这些模式相互交融与演变，产生了一种宏伟而震撼人心的视觉美感。另外，波洛克的作品还隐含着自然界的分形艺术。

波洛克的画作被认为具有很大的随机性，但是自然的随机性和人脑的随机性毕竟不能等同而语，因为人在作画时大脑并不是完全处于无意识状态。随机运动中的一个典型事例是微观粒子的不规则运动，它是在1827年由英国植物学家布朗（1773—1858）用显微镜观察悬浮在水中的花粉的运动时首先发现的。爱因斯坦在其"奇迹年"（1905年）的一篇论文《热的分子运动论所要求的静止液体中悬浮粒子的运动》中研究确认了它是水的热分子无规则运动碰撞花粉小颗粒所致。当然，你可以类比地认为是波洛克的"脑细胞激情发热"成就了他的无规则行动绘画，但波洛克的行动毕竟是可控的，这说明他的创作不都是无意识的，还有潜意识的成分在里面，这才使得他的作品表现出了类似宇宙和场的象征性图景。

由于波洛克无意识本能的冲动作画形式带来的直接结果是科学上的随机的抽象图景，因此，本人认为他的随意泼墨作画手法体现了随机的大意，因为毕竟他的手上动作并不像水的热分子小颗粒碰撞花粉颗粒那样随意，而人的行为又是在其大脑的指挥下运作的，还有色彩等因素的介入都要经过他的选择。但他的确不仅把随机带进画面，而且把随机变成了绘画方式——这与西方传统绘画艺术，甚至科学相悖，被公认为是美国现代绘画摆脱欧洲标准，在国际艺坛确立领导地位的象征。他首创"滴画法"，即把巨大的画布平铺于地面上，用钻有小孔的盒子、棒子或画笔把颜料滴溅在画布上。他有时还用石块、沙子、铁钉和碎玻璃掺和颜料在画布上摩擦作画。他摒弃了画家常用的绘画工具，摆脱了受制于手腕、肘和肩的传统绘画模式；其创作不做事先规划，作画没有固定位置，在画布上随意走动泼洒，以反复的无意识动作形成复杂难辨、线条错乱的网，画面无中心、无结构,却确立了抽象表现主义的特征。

19世纪末,西格蒙德·弗洛伊德推广了"无意识心灵表达隐藏的真相与欲望"这一见解。在他提出"梦是我们无意识欲望的真实体现"后,超现实主义艺术家是第一个通过解析梦境来进行艺术创作的团体。波洛克的实践证明了作为高级人类的无意识可类比于低级的物理场分布。他后期的创作——行动画作已发展到无论上下左右旋转着挂起来看都一样的境地。实际上,物理场的分布就是如此情形。"场"的先导概念是由英国伟大的物理学家法拉第最早提出的。他认为用铁屑来演示的磁力线的分布图像,完全能证明磁力是切线力的论点。麦克斯韦评价:如同"在天空中编织了一张网",法拉第提出"磁力线"概念说明他具有敏锐的洞察力,磁力线是"场"概念形成的先决条件。1837年麦克斯韦引入了电场和磁场的概念,指出电和磁的周围都有场的存在,这打破了牛顿力学持有的自然宇宙存在超距作用的传统观念,而时隔一个多世纪,波洛克在他的艺术作品中布下了他的先验宇宙之场。

在波洛克最有名气的作品中根本没有任何东西,他的画作一般都没有方向性,颠倒过来挂也没什么两样;他的画也不存在中心画面和主从层次,画面上的每一尺寸都同样重要。他的画布是被全幅填满的,恰如场布在全部空间中。波洛克的《突变》(1947)就是一个典型例子。在数学人的眼里,这幅画和他的很多其他作品就是一种由线网构成的场或象征混沌的图解,这种情况下,什么上下左右前后或赤橙黄绿青蓝紫,这些都不重要,因为它们都是由那个更基本的抽象图景突现而来的。因此,形而上的东西"更高级"。

波洛克的画作不强调几何构成、美学与形象,而是以不精确、不可预知的方式,着重内在心理与表现力量,从而发展出一

 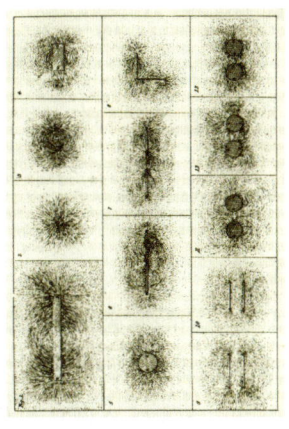

左:《鉴赏家》,美国人罗克威尔(1894—1978)摄——鉴赏家从波洛克的画中看出了什么?宇宙质能时空还是场的分布?右:法拉第利用铁屑和磁铁做实验得到的各种磁力线素描草图——它们是"场"概念提出的先决条件

种极富画家个人语言和潜意识想象的画风，"抽象表现主义"一词油然而生。波洛克创作的行动和情绪在作品中留下清晰的痕迹，行动本身也是一种艺术表现，而形象不再重要。狂躁的外表下，隐藏着画家细腻的诗意。疯狂的画面毫无疑问来自一颗狂乱的心灵。波洛克的作品像自然之力，能量丰沛，闭上眼睛仍久久不忘。狂风暴雨般的笔势如宇宙的黑洞，仿佛能吸纳人间的一切。

抽象表现的多样性

抽象表现主义是 20 世纪 40 年代中期第二次世界大战结束后于 50 年代出现在美国的一个重要的现代绘画流派。从字面上简单理解，抽象表现主义应该是介于抽象主义和表现主义之间的一种绘画流派。但实际上，抽象表现主义既没有明确、一致的风格，也没有统一的群体组织与纲领，画家们在抽象表现主义的艺术思潮下都有自己独自的风貌。因此，抽象表现主义具有多样性的特点。如上所述，波洛克的行动画派，从意识到行为实质上就是一场行动规则与自由滴洒的对话。它运用超现实主义的自动主义方式，也就是所谓的"一种需要的自然发展"，以抽象的表现，追求内在的、心理的表达；而巴尼特·纽曼的作品却给人以特定、理性之感。他们都是用最简单的手法表达自己的思想，其中一些画作似乎还有类似于中国书法之图形艺术发展的轨迹，特别是草书的表现形式。不过书法虽与之有异曲同工之妙，但最终要使人认得其意，而抽象表现主义却要在其"轨迹"中间接地表达思想观念。

波洛克于 1946 年开创了他的抽象表现主义的"滴"画作品，这表明他开始了一次表现形式的大探险，那纽曼又何尝不是呢？他们的作品暗示出，这些画家的艺术思维和创作意识的触角开始突破世界的表象，深入到宇宙内在精神的探索之中。纽曼的画作与波洛克的滴画不同——波洛克彻底摆脱了具象的束缚，凭借直觉和经验，随心所欲地在油画布上泼洒颜料，而各种颜料在泼洒过程中形成的错综复杂而又充满张力的运动轨迹，不仅展示出一种潜在的宏大结构，而且让观众仿佛面对着一幅幅大尺度的美不胜收的宇宙景象，还有一个个妙不可言的微观世界。而纽曼的作品形式给人们的感觉正好与波洛克的相反——平直单色、安静克制。

纽曼作为抽象表现主义群体的另一位主将，是抽象表现主义艺术家中最为理

抽象表现主义运动中的一员：波洛克（在左侧照片中位于他正下方的就是该群体的另一位名家纽曼）

智的艺术家之一，他的艺术充满着神秘感和不可知的东西。在一篇未发表的论文，或者说是"自白"中，纽曼阐述了他的观点，明确指出他艺术的主题在最广泛的意义上讲，是创造的神秘与人类存在的含义。

综上所述，那些闻名世界的伟大画家都是宇宙美的造物精神、模式、规则的探索者、发现者、表现者和传播者。他们的作品之所以能够流芳百世，不仅在于它们具有独一无二和无法替代的表现形式、奇妙的结构、漂亮炫目的色彩。还在于它们涌动着对自然和生命的炽热情感与深深眷恋。只有认识了这些我们才会发现，绘画的本质和存在价值，比以前我们理解的更为广大和深刻。波洛克让人们感到他的作品受到一种看不见的自然法则的制约。

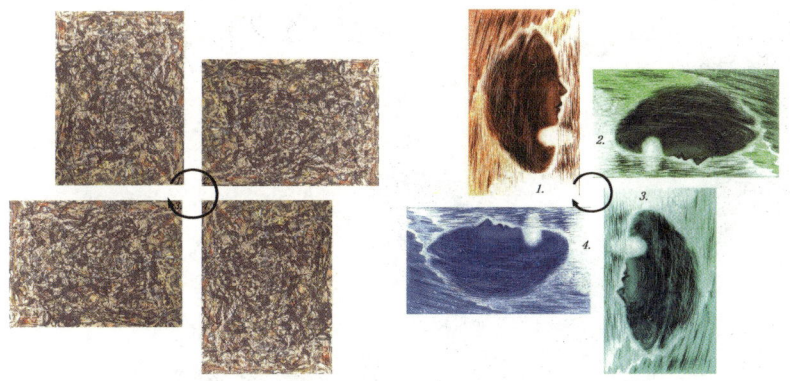

左：波洛克的画上下左右旋转着挂画面基本上都一样，实际上场的分布就是如此形式的。
右：大多数画作上下左右旋转后会呈现不同的物象：1.女人－发梢；2.象－鼻子；3.鸟－头；4.鱼－尾巴（刘夕庆 作）

光　　　　　　　　　光时空
波粒二象有机化　　　繁华图景始造化
爱因斯坦终表达——　来自电磁波混搭——
大名鼎鼎理论物理家　化繁为简科学艺术画

流光　　　　　　　　流光溢彩
点线交汇融合下　　　复杂得出神入化
画者冠中善构架——　黑白灰又红黄绿——
中国著名绘画艺术家　来龙去脉轮回写天下

吴冠中——《流光》解繁简

诺贝尔物理学奖得主、美国物理学家维尔切克在其著作《美丽之问》的"丰与简"中写道:"大自然的基本构件只有几种而且非常简单,它们的性质被高度对称的方程完全确定。"而"由物体构成的世界非常广阔,千差万别而且无穷无尽"。这是一种站在理论科学家视角看世界得出的结论,但它是否全面呢?现在还不好说。因为它们还没有显现出动态的对称或可逆性——混沌、网络、进化、系统等复杂性科学中还有说不清的问题正等待解决。但在本篇的图文中,著名科学家的简洁理性论断在某种意义上被著名艺术家丰富的感性画作所阐述,并得到了诗意般的"注解",这就是吴冠中的《流光》及其题诗。

一些人受到牛顿力学诞生后世界机械化图景的影响,尤其是数理科学家们习惯用"冷冰冰、干巴巴"的抽象模型看待大自然,从而形成了还原论学说。这些数理模型容易使我们对事物的微妙变化和丰富多彩视而不见,而倾向于相对静态的对称之美,但更加基本的东西是那些动态而鲜活、每天都在变化的事物背后隐藏的规律,是它们的操控才给了我们以质能时空生动活泼的变化之感;每天早晨起来的太阳都是新的,这就要求世界不但有骨架性的科学模型存在,而且需要有血有肉的艺术元素融于其中。或许将来会有包容性更大的宇宙图景诞生,它兼具了科学性与艺术性等,但不属于当下各自分离的文化现状,它们属于"第三种文化"——一种交融后产生崭新图景的文化形态,这就是吴冠中的画作《流光》给予我们的艺术性启示。

繁简交响生流光

吴冠中(1919—2010)出生于江苏宜兴。他最初的梦想并不是成为一名画家,而是成为一名文学家。他曾说过:"中学时代,我爱好文学,当代作家中尤其崇拜鲁迅，我想从事文学，追踪他的人生道路。但不可能，因为文学家要饿饭，为了来日生计，我只能走'正'道学工程。爱，有多大的魅力！她甚至操纵生死。爱文学而失恋，后来这恋情悄悄转入了美术。但文学，尤其是鲁迅的作品，影响我的终生。"选择了绘画艺术后，他受到正规的中西方绘画教育——凡·高又成为他的偶像。文学的鲁迅和绘画的凡·高这中外两位文艺名人符合吴冠中的性情，同时影响并塑造了他的独特性格和画风。

吴冠中曾任教于重庆大学建筑系，这种亦艺术亦科学、亦东方亦西方的专业给了日后的他以无比的力量。在国内时他热衷于临摹石涛、朱耷（号八大山人）等人的画。1946年，吴冠中在考取全国公费留学绘画考试第一名后于次年就读于巴黎国立高等美术学校，1950年学成回国后他开始从事教育、研究工作并开始进行创作。出国留学使他对西方的传统和现代绘画有了很深刻的了解，加上出国前中国绘画的底子，他自然成为一位学贯中西的绘画大师。在吴冠中的油画中能见到国画的线，而在其国画中又能见到油画中的形与色；他创作出了鲜明中国色彩的油画和焕然一新的国画，这不能不说是一种交融带来的结果，并使得他的爱国情怀、国画美学以及中西绘画融为一体、交相辉映。

世界或生命是简单还是复杂，混沌理论认为在它们的发展过程中二者都存在过，而且有可能同时存在。混沌科学家指出，貌似相当复杂的事物也许有一个简单的起源，而简单的表象之下也许隐藏着惊人的复杂内涵。1996年5月，中国高等科学技术中心举办了很富有哲理性的"复杂性与简单性"国际学术研讨会。中外科学家就物理科学中的分数维形态展示的非线性结构美和从一到多演变过程中看到的混沌现象的动态美展开了讨论，深入研究了简单性与复杂性的关系这一重要课题。会议主席、诺贝尔物理学奖得主李政道教授是一位兼具科学与艺术和东西方文化双重修养的大师[参见《玩转科学的"艺术家"（下册）》"李政道篇"]，当时他特意邀请了当代中国美术大家吴冠中创作研讨会的主题画。

要为这样一个十分深奥的科学讨论会创作主题画是有很高难度的，主要原因就是需要将科学与艺术有机化地呈现。李政道为此向吴冠中做了不少解释；经过反复思考和酝酿，吴冠中最后创作出了国画《流光》。表面上看，这是一幅典型的具有中国画韵味的抽象派画作，画面上只有各种颜色的点和线，但它们一经组合，就构成了布局复杂而优美的画面。每个点的大小、颜色、布局和每个线条的

吴冠中——一位神态各异、个性十足的"玩转艺术的'科学家'"

走向、曲直、粗细看似凌乱交织，实际上都是经过精心设计的。整幅画给人以丰富、和谐的强烈美感，使人自然地产生由简单的点和线构成复杂的画面的感悟，以此揭示出了简单与复杂的辩证关系。吴冠中先生在完成此画后，还释放了早年积蓄下来的文学功力，题了一首诗于画面左右，以绘画中简单与复杂的转化呈现来抒发自己对科学中这二者关系的认识：

点、线、面／黑、白、灰／红、黄、绿／这些基本的元素／营造极复杂的绘画／求证科学：简单与复杂／抽象画，道是无题却有题／流光——流光容易把人抛／红了樱桃，绿了芭蕉

李政道看了后非常赞赏这一杰作，并在仔细揣摩以后，从科学角度对吴冠中题写的诗表达了自己的想法："冠老，按照相对论观点，时间的改变和观察者的运动速度有关。如果观察者以光速追视目标，相对的时间也会完全停留。所以，冠老的诗中'求证科学：简单与复杂／抽象画，道是无题却有题'两句可否改为'它们结合在一起，光也不能留时间'。这样可以增加特别的含义：艺术家的想象是可以超越科学定理的范围的。"吴冠中听了频频点头，说："李先生从科学的角度给题诗增添了科学的内容，用科学的语言诠释了主题。太好了！"最后这首诠释画作的诗定为：

点、线、面，／黑、白、灰，／红、黄、绿，／最简单的元素，／营造极复

左：1999年11月，吴冠中与李政道于"吴冠中艺术学术研讨会"上。右：2006年11月，吴冠中与李政道于"艺术与科学国际作品展暨研讨会"期间

杂的绘画，/它们结合在一起，/光也不能留时间。/流光——流光，/流光容易把人抛，/红了樱桃，绿了芭蕉

《流光》（1996）——康定斯基"艺术几何论"之点、线、面等理论体系在吴冠中的画作中另有一番表现图景，具有古老东方的色彩；波粒二象性既要流动的线又要光斑的点，似乎这才能有流光之感

诗的最后两句借用了宋代词人蒋捷的词句，极其巧妙生动地为这幅主题画点出了题意。词里蕴藏着深刻的科学原理。按照相对论，时间的改变和观察者的相对运动速度有关，速度快，时间的改变则慢……艺术家的想象可以超越时间的定义，光留不住的，人的创造却可以留存——"流光"，一语双关。"流光"这一汉语词汇的释义有多种：（1）谓福泽流传至后世；（2）流动、闪烁的光彩；（3）特指如水般流泻的月光；（4）指如流水般逝去的时光。吴冠中的《流光》兼有上述（2）与（4）等的含义，同时具有我们这个宇宙结构由简至繁的时空变化图景。

为了更好地理解这幅画的艺术意境及其所包含的科学思想，我们对其进行些许拆分和解析，具体如下。

《流光》局域图可分解为两种元素（"点图"与"线图"）的几何图景，分别来看它们并不复杂；而现实复杂且神秘的量子世界也可拆解为"量子"与"量子纠缠"两个部分来理解，但实际上它们是有机不可分的

为了避免一些理解上的障碍，我们也可以反过来利用公式法组合还原其图像。

反过来，两种单纯的几何元素图——"点图"与"线图"组合成《流光》局域图，看起来就复杂了；"量子点"与"量子纠缠"两部分有机组合即构成复杂而神秘的量子世界，其中"点"与"线"的世界又各有其用

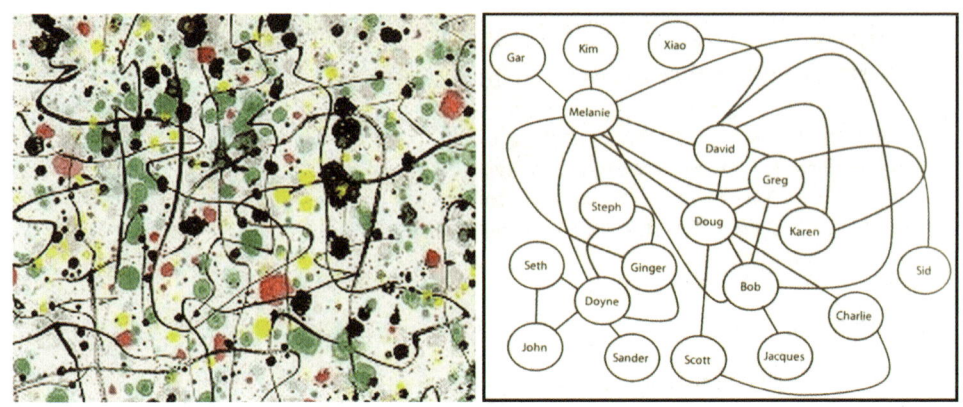

艺术画作《流光》（局部 – 吴冠中）与科学著作《复杂》（社交网络 – 梅拉妮·米歇尔）中的两图景的类比

　　吴冠中先生创作过大量的墨彩画，从形式上看，有的画不得不让人联想起波洛克的抽象表现主义绘画风格，并且还可追溯到康定斯基的抽象主义。因为单就他的墨彩画（如《流光》）的一些绘画表现，我们即可将其与抽象主义派系的风格联系起来。但这些画作又融入了中国的画具和观念等，不得不称其为"古为今用、洋为中用"的经典之作了。同时，我们还可以对吴冠中画作题诗中的"最简单的元素，／营造极复杂的绘画"与社会网络进行科学类比：美国计算机科学家米歇尔在其著作《复杂》一书中画出了自己的复杂的社交网络图，没有节点就不能称其为网络，也没有意义，再多线条也构不成复杂的网络；如同计算机中的二进制运算，1、0必须兼具，才会有复杂的数字化图景生成。

<h2 style="text-align:center">中西交融创空间</h2>

　　吴冠中绘画作品的典型特征"万点飞舞，万线如流"引起了众多学者的关注。因此，研究他关于绘画空间上的形式美的创作理念与实践成果，对我们进行新的艺术尝试和探索具有启示性意义，也促使中西交融的艺术诞生出一种新的空间形式。

　　中西方不同文化的发展产生了两种看待世界的方式。中国古往今来哲学思想的一大特征是重整体图景、轻个体具象，看待事物由大到小、自上而下，而西方由古至今，特别是现代科学是由"点"出发，讲究"拼图"，由小到大、自下而上。哪怕医学上也是如此，例如中医讲究阴阳平衡，气血流畅，五行相谐，经络通脉，反对西医的头痛治头、脚痛医脚，而西医则试图将各种病理和药性研究清楚，主张出现什么问题就解决什么问题。上面两种大相径庭的观念也是处理数学模型的两种方法，各有利弊，融合为上。

而传统的国画并不要求所画的内容完全反映现实物体，它是经过画家的想象再跃然纸面的。西方现代主义艺术的观点倒与这一点不谋而合、殊途同归，可见现代中西方艺术家英雄所见略同。兼具直觉性和抽象性的数学看起来也是如此——数学中的拓扑理念大有统一整个学科之势。古老的中国绘画与西方现代艺术在此点上也大有相通之处。拓扑本是研究几何图形或空间在连续性变化下不变的一些性质的学科（例如，一个中国的古圆方孔铜钱和一个西方的甜圈饼在拓扑学看来属于同一类，可以用到一个连续影射把它们连起来），而吴冠中的绘画整体上将古今中外的艺术融为了一体并进行了变形处理。我们还能在吴冠中的墨彩画中看到相比波洛克层次不同的空间，国画具有这种丰富世界的生命气息，因而它也将波洛克画中单纯对应的西方现代物理科学之场的内容包容其中——这体现了吴冠中独有的将中西方两大不同空间画法结合起来所生成的文化交融的定力。

经典的西方绘画空间思维是理性、视点固定的，在绘画中力求真实地描绘眼睛所能观测到的空间景象，作画者追求所能看到的色彩、光线、形体的真实性，注重视觉存在而非思维存在或是真实存在。中国人从不同视角出发，而西方经典艺术则在画布上作画，二者所反映的是两种空间，当然这两种空间都是真实的，只是所受的哲学指导思想不同。吴冠中的作品似乎找到了这两种空间的交集——他的画似乎有着凡·高、波洛克与草间弥生的一些绘画元素的整合之感（参见本书这3位人物的图文）。

国画和西方绘画走的是不一样的路。西方绘画从现实到抽象，经过了许多艺术家多年的努力，而国画一直追求神似，而很少在乎过形似，最多神形兼备。国画史上争议最多而且失传的画是盛唐时期著名诗人王维所画的《雪中芭蕉》。从画题看，王维把南方的芭蕉画到了北方的雪里，写实派认为这样做大逆不道，不能接受，但从数学家的角度看，王维只不过做了一个空间变换而已。而创造不同层次空间需要不同笔触轨迹的吴冠中，在独创理念的指引下创造了一种崭新的综合空间，它大气而流动，仿佛还注入了时间因子。

在掌握了中西方绘画不同的表现形式之后，吴冠中开始探索绘画上的中西方融合，因为他对中西方绘画技巧都非常了解。他的探索先后经历了"油画民族化"时期和"国画现代化"时期。在这两个时期，吴冠中深入研究了具象与抽象、形式与意境等绘画表现形式，为油画的民族化和国画的现代化做出了重要贡献，对我国绘画艺术的发展产生了巨大的推动作用。吴冠中的绘画强调画面的形式感，在油画创作中大量使用点、线、面等造型因素，在写生的基础上，对具象物体进行提炼概括，舍弃不必要的绘画因素，利用点、线、面来构成画面，使画面具有极强的形式美感。他同时把国画对意境的营造方法运用到油画创作中，把油画技法与中国传统绘画注重的意境美融合在一起，创作出具有中国本民族特色的油画艺术作品。在探索国画的现代化过程中，他积极运用点、线、面来造型，创造了适合国画的空间艺术。

中华民族有历史悠久的文化体系，创造了伟大的文明并无私地奉献给世界其他民族。在这一过程中也形成了本民族的美学，艺术家们在艺术创作中将民族美学思想运用其中，这是不曾间断的民族血液的延续。正因为有像吴冠中先生这样的画家吸收前人的血液不断探索，我们的文化宝库中才不断有新题材的绘画产生。

吴冠中艺术创作风采录——从自然社会中抽象出理想图景，这是一种中西结合的空间艺术方法

古为今用出杰作

通过对我国古代流传至今的文化瑰宝的运用（包括对其变换运用），吴冠中及其同时代的几位绘画艺术大师创作了一些艺术与科学交融的作品。例如，利用自己的文字功底和汉字象形的特点，吴冠中创造了独特的汉字画艺术。文字在古今中外的绘画中都有一些相应的运用，不少还成为绘画的有机部分。中国汉字由

于象形化的特点，则是更胜一筹。绘画大师吴冠中先生晚年提倡的汉字画，将汉字结构的意象融入画作，体现了中华文化基因的本质融通性。

诺贝尔物理学奖得主、美国华裔实验物理学家丁肇中 [参见《玩转科学的"艺术家"（下册）》"丁肇中篇"] 对祖国的书法艺术特别尊重，曾多次对人讲："书法艺术比物理学更加神秘。"他还说道，世界上的各个国家、各个民族几乎都有自己的语言和文字，唯有中华民族的文字在书法上是一种博大精深的艺术，给人以各种美的享受。英国古典艺术与考古学者奈杰尔·斯皮维在他的著作《艺术创世记》中写道："山水画这种艺术形式与文学的关系十分密切。山水画上经常题有文字，直接引用诗句或根据意境配上题字才是完整的山水画。备受敬仰的山水画大师也经常写文章阐述他们成功的秘诀。甚至离远些端详，也能体会到这些山水画在形式、风格和功能方面是多么的细致入微，这很大程度上要归功于书法与绘画的极致融合。"

中国汉字的创造和演化过程蕴含有哲理性与科学性。例如，汉字结构的多样性排布实在是数学上的排列组合难以完成的（其中包括上下、左右、对角、里外等的对称、兼顾、均衡、和谐、聚散等），而且要产生美的感觉（还是在不同字体的情况下），那简直是难上加难，这可能也是丁肇中所说的"书法艺术比物理学更加神秘"的道理之一吧。

如果说中国书法中的文字犹如一块块花砖，或如同各种物质粒子，那么它们就是构造像王羲之的《兰亭序》那样美妙结构的元素——学习书法的"田字格"以及后来逐渐发展起来的放射状"米字格"就是中国书法间架小结构框架具有更大秩序性结构（科学性）的象征。应该讲，中国书法是在表现中国文字美妙空间结构上的一种艺术性创造。第一，由于中国文字本身的独特构成，书法在表现它的结构时可竖向或横向两方面布局，这是西方文字不太容易做到的。特别是竖幅结构的书法作品更为中国等东方文化所特有。第二，除少数文字外，大多数文字的笔画都有交叉，这与英文字母绝大多数没有笔画交叉恰恰相反，所以其整体性就更显突出。第三，上下和左右的对称或破缺也是中国象形文字形成独立美的结构基础。

法国解构主义哲学家德里达曾在《论文字学》中利用相当篇幅讨论了中文，他引用德国哲学家、数学家莱布尼茨的话说，方块汉字简直就像耳聋者的发明——原因是它的字形结构（空间）同读音秩序（时间）分离开了，从而具有独立的恒久性,汉字本身就成为一个自足的传播视觉信息的世界,因此,德里达认为汉字是一种哲学的文字。他引用了1703年莱布尼茨的一封信中就埃及文字和中国文字所做的比较,莱布尼茨的结论是埃及文字是通俗的、感性的、比喻的,而中国文字则是哲学的、理智的,所以中国文字似乎更是建立在诸如数、秩序、关系等的思考上面的,以至于除了偶尔有几笔例外,中文的结构很像一种人体——这种固有的属性就为以汉字为基础的中国书法艺术的创立提供了主要来自视觉范畴的先决条件。

德里达没有像庞德那样认为中国文字只是表意文字,而是把它当作纯粹来自图画的象形文字。文字解构主义大国的著名学者们认为中国文字具有内在哲理性,而中国书法自身又赋予了汉字独有的艺术性,这种既有秩序性又有艺术性的文字难道不是一种伟大的文明吗?而吴冠中则是本着汉字的这种特性发明了汉字画(见左下图《凸凹》)。

从创作动机看文化根源。吴冠中的墨彩画是不是可以定义为国画,至今还有不少争议,也有的说是"新国画",不管怎样他的画都是一种创新,我们可以从他的画中看出从形象到抽象的过渡,画家将自己对对象形体的感受提炼并真实地表达出来——这一套新的墨色语言是由一种科学精神指引的,并加上了作者的情感认识。

中国传统绘画强调惜墨如金,强调在画面上不出现一点多余的对画面无用的墨色,这正是吴冠中先生说的"**脱离了具体画面的孤立的笔墨,其价值等于零**"。能做到惜墨如金是因为作画者在作画之前就已经胸有成竹,然后向心中所想之画境推进。笔者认为这是一种艺术上的经济学思想,也就是说,画作所呈现的笔墨元素一定要有用——对于画面图景结构的贡献必须有价值。这种经济学思想在艺术作品上的运用如同"奥卡姆剃刀"思想在科学上的应用,多余的元素反而会损害原有的结

上:吴冠中以身体的行动作画的实验,这让我们想到了波洛克的行动画派。下:吴冠中独特的汉字画系列作品《凸凹》——象形字的表意性可能导致了中国写意画的简约概括性

构。正因为如此，曾受到国画影响、受教于国画创新先驱林风眠先生的吴冠中想要追寻得更远。他一向推崇古代绘画大师在画面中的真情流露。国画用线遵循书法用笔，讲究气韵、虚实、浓淡，富有宇宙生命之气，或是遒劲奔放、变化丰富，或是行云流水般飘洒自如，颜筋柳骨笔笔入画，好似先祖造人般在孕育宇宙的诞生。吴冠中墨彩画中的线条正是如此，注意起笔和收笔的顿挫，飞白或是苍劲或是飘逸，点墨色彩浓淡、虚实皆有，抽象中见远山、初春新柳、溪水桃花、隐士之草庐、雅士之兰亭，带有浓重的国画情感特点。飞梭的线条、墨色与留白产生的气韵将画面推向国画所追求的意境。

与吴冠中同时代并也曾受李政道之托绘制艺术与科学画作的吴作仁、常莎娜也利用中国古老的太极图这一简洁优美、内涵丰富的中华文化图腾性的图案演绎作画，创作出了多幅形式与内涵兼具的科学美术佳作。实际上人类对这种古老文化标志的开发与引用由来已久，如丹麦伟大的物理学家、诺贝尔奖得主玻尔自己设计的家庭纹章的中心就运用了太极图，以表达他量子力学哥本哈根学派的互补原理。由此可见，这个具有哲学意味的阴阳鱼图简明地说明了人类认识自然世界需把握的几个关键点：图景对称、阴阳互补、内涵二元、构成圆满，而且画家们以它为元素古为今用地创生出许多艺术与科学交融的杰作。

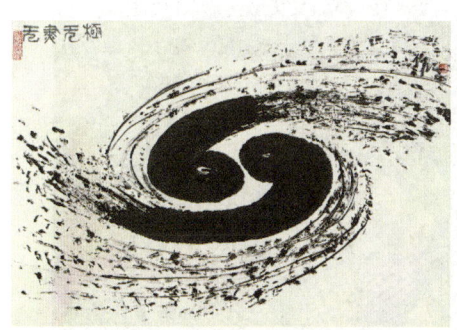 

左：吴作仁利用古老的太极图创作了《无尽无极》。右：常莎娜利用古老的太极图创作的《创天》，明显具有东方气韵但又有西方明亮色彩介入的形象描绘

她
装扮为拓扑"黄树"
融入无限宇宙之网
网里有点,点儿发亮
地球
不过是万亿点中的一个
就在那网络的某方——
一个以蓝色为基色的地方

大脑"擅长"幻想
潜网凸显了万象
她,想要直达自由——

那里有生命的精神解放
为此,她生来"死"去
想在世间煎熬地行走一趟

草间弥生
一个矮小的日本女人
内心却巨大无比——
凭借对漫游奇境的理解
和对理想世界的逻辑判断
最终成为
蓝色星球上的"无限"女王

草间弥生——"无限"之女王

在近、现代的世界级艺术家中，日本出生的草间弥生可谓将"无限"引入艺术并达到极致境界的一个人。"无限"本是数学或哲学讨论的可能无解并形而上的课题，它来自超出宇宙时间、空间或物质宏观、微观之外的部分延伸了多少或分布如何的思想。这么大的哲理命题被一位女性以艺术的形式进行了演绎并展现，她在其艺术作品的所有元素中都分别注入了"无限"布局的网络和"无穷"排布的圆点，仿佛它们就是自然宇宙的两种最基本构成要素。这种无限宇宙时空的奇特展示方式出自于一个被认为不属于女性思维特长的领域，不能不说是一个奇迹。草间弥生的画作多种多样、色彩斑斓、梦幻无比，真是令人叹为观止。现在我们所要问的是：她究竟是如何做到的呢？

草间弥生是一位才华横溢的艺术家，她的创作风格被评论家归类到相当多的艺术派别，包括女权主义、极简主义、超现实主义、原生艺术、波普艺术和抽象表现主义，但她的作品似乎既不完全是抽象表现主义，也不是极简主义、迷幻或者是波普。应该说，她的作品是所有这些艺术流派的混合体。同时，她还身兼先锋派画家、波普艺术家、时装设计师、雕塑家、街头表演家及诗人等多重身份。从她的作品中可以看到，她企图呈现的是一种自传式的、深入心理的、性取向的内容；草间所用的创作手法则有绘画、软雕塑、行动艺术和装置艺术等。她的创作无论数量怎样繁多，手法如何多样，其表现"无限"的欲望总是会被凸显出来。单从她为作品所起的名字就能看出她对"无限"探索的热忱：像1965年在纽约展出的《无限镜屋》，1966年使用小圆灯泡和大面镜这种无限反射的空间装置，造成了视觉迷幻的成名作《无限的爱》，以及2002年出版的自传《无限的网》等。这些作品表明了她对生命、人类、可视星球与潜在宇宙之网的理解或无限探究。

无穷点网饰宇宙

草间弥生 1929 年 3 月 22 日出生于日本长野县松本市,毕业于日本长野县松本女子学校。不到 10 岁时,她患了神经性视听障碍,经常出现幻听、幻视,并开始被这些幻觉所困扰。也就是在这个时候,草间弥生画了一幅铅笔画,画中一个小女孩阴郁而安静,没有一丝表情,这恰恰是她童年的写照;她当时还为母亲画了一幅铅笔画,画中就已充满了小圆圈。她所看到的世界似乎蒙着一个巨大的网,于是她不停地画画,试着用重复的圆点把自己的幻觉表现出来——精神上的幻觉与艺术上的无限表现几乎伴随了她一生。

生于日本本土的草间是一个孤独的孩子,在幼年时期她就对现实生活中的圆点充满兴趣。这些点对于草间来讲就像是细胞、分子,是生命最基本的元素,她把它们看成来自宇宙和自然的信号。她用它们来改变固有的形式感,在事物之间刻意地制造连续性,来营造一种无限延伸的空间,置身其中的观众无法确定真实世界与幻境之间的边界,而镜子、圆点花纹、生物触角和尖端都是草间弥生后来的作品中重复出现的主题。

草间在相当早的创作时期就发展出了自己的特色——她善用高彩度对比的圆点花纹加上镜子来包覆各种物体的表面,如墙壁、地板、画布、家里会出现的物品。她自己的打扮往往也与作品有很高的同质性,并以短上衣和色彩对比非常强

左:草间弥生 10 岁左右时的作品(画面中就已充满了小圆点)。右:在由点构筑的南瓜房子中一个女孩推开了窗子……(仿佛是黑夜背景上的太阳,但同时又是一个时钟,此时指向了 3 点——这是否是草间童年的写照?)

烈的眼影妆闻名。草间曾说明她所有作品的视觉特色都来自于她的幻觉，她认为这些点组成了一个无限大的捕捉网，代表了她的生命。

对不同颜色、大小的圆点进行无休止的描述和运用是草间作品的一个显著特色。红点、绿点、黄点这3个颜色的圆点代表了草间对于宇宙中太阳、地球、月亮的理解。如她在1966年创作的成名作品《无限的爱》里面就利用灯光、镜子、水面，创造出无限的发光小圆点，给人一种没有边际、没有尽头的视觉幻象和心理幻想，使人产生一种移动中的飘忽感和心理上的恐惧感，不安与无助充斥在整个圆点空间中，给人一种迷失在其中的冲击力。草间弥生曾说过："我觉得地球就是一个圆点，月亮是一个圆点，太阳是一个圆点，我们人类则是宇宙中的微型圆点，我们的一生可能已经有了万年的旅程，但我们仅是其中微小的圆点。这就是我们的生命，也是我希望每一个人能感受到的。"

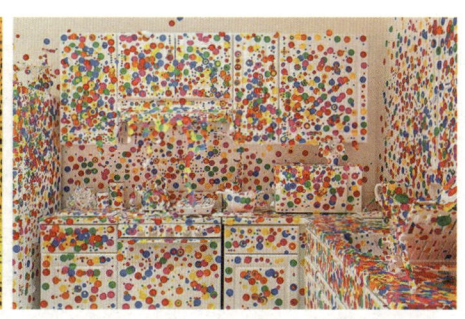

左：草间弥生令人惊叹的作品很多是以大量的令人眼花缭乱的波点为基本元素的，这些波点使参观者们感觉到自己仿佛置身于一个梦幻的世界；人置身于有拓扑的圆点世界，仿佛身处暗物质与星光交融的宇宙……即她仿佛想要让大众体验她的幻觉一样。右：红、绿、黄3个色点代表了草间对于宇宙中的不同星球及人的理解

无限创作赞生命

植物主题的频繁使用是草间作品的又一大特色。大大小小的圆点组合成不同造型的植物花纹，艳丽的圆点不断地重叠变化成花的海洋。植物的茎叶、果实、种子等也是草间作品描画的对象，她对于植物的疯狂热爱和执着追求，让人相信她是一个心地善良、对生命本身和自然充满虔诚敬意的人。在草间的创作中，以植物为主体的作品占到其作品的70%以上。其中，她的早期作品中就有大量用鲜艳的、大小不同的圆点和类似于圆点的斑点不断重叠、拼凑、聚拢在一起形成的

艳丽花朵的图案。向日葵、蘑菇、葡萄、贝类等一直是她拼凑的对象。如她1999年的丝网版画《花》就采用黄色、紫色、绿色且大小不一的圆点和类似圆点的斑点创作而成。

小时候的草间不停地画画，并试着用重复的圆点把自己的所看描画出来，那些特定的图案和元素在反复、增生，变得繁杂。她也会将自己脑海中的影像描绘出来。在如今草间弥生所写的文字中我们可以看到下面这段话："我很小的时候，经常带着素描本跑去家里的采种场玩。那里有一大片槿花，我会坐在花圃里胡思乱想。某一天，一朵朵槿花、南瓜像人一样摆出不同表情开始和我说话，它们的声音越来越大，大到我的耳朵开始痛。"为了抵抗幻觉带来的惊恐，她拿起了画笔，画了许多张牙舞爪类似花朵的植物，后来画得越来越庞大。而如今草间弥生的作品中，仍然存在着南瓜、槿花等植物，那些早年与之有过对话的植物精灵。

一般画家只考虑描绘主体动、植物（明显存在的可分析的秩序物——显析序），而草间对生命物质的描绘加上了看不见的背景——各动、植物的背景都有网状图样（隐藏且纠缠于一体存在的与显析序有着千丝万缕的联系之秩序——隐缠序），它们分别代表生命体在不同介质中的生存状况（左），还有人与微生物的联系（右）

1954年，草间对绘画作品《花（D.S.P.S）》曾有下列的表述："某日我观看着红色桌布上的花纹，并开始在周围寻找是不是有同样的花纹，从天花板、窗户、墙壁到屋子里的各个角落，最后是我的身体、宇宙。在寻找的过程中，我感觉自己被磨灭，在无限大的时间与绝对的空间中不停旋转着，我变得渺小且微不足道。"1957年，草间移居美国，大部分时间都在纽约市创作，并开始被称为"前卫女王"。

在抵达纽约18个月之后，草间弥生的5件作品参加了第10街布拉塔美术馆的一次年轻艺术家的群展，每一件作品都是在一个稍暗的灰白色背景上绘满网状图案,她作品中的圆点引起纽约知名评论家的注意。唐纳德·贾德在《艺术新闻》中写道:"草间弥生是一位原创型画家。展览中的5件白色巨幅作品无论在概念上还是其实现方式上都是前卫而有力的……它发自于那些溶于平面的点,也发自于那些稍微偏离的但效果强烈的点……"

草间弥生——自然螺旋且"无限"出彩的一生

为了说明草间弥生作品中包含的对显析序与隐缠序的表达,我们可以阅读玻姆的《整体性与隐缠序》一书,同时举例说明相对于隐缠序的显析序。笔者的两幅果蔬纸筒画作品《果蔬的显析序艺术》都没有背景,只有一些衬景,且与主体的联系是明摆着的,同时也说明了人类生命(以人脸代表)与果蔬间的依存关系(各种不同的果蔬植物有着不同维生素的内涵),果蔬的艺术性摆放形成了人脸五官的显析序。而草间弥生的作品形成了隐藏并纠缠的秩序(显然更高级)——两种秩序的对比让我们对自然世界的秩序有了更深刻的理解。

两幅不同果蔬组成的人脸五官纸筒油性彩笔画《果蔬的显析序艺术》（刘夕庆 作）

"圆点女王、日本艺术天后、话题女王、怪婆婆"等诸多标签加在一起，都不足以概括草间弥生复杂多变并富有成就的一生。她通过这些敲击人心的作品，告诉了人们许多知识，在此我想到了《普鲁斯特是个神经学家》的作者乔纳·莱勒说过的一句话："科学并不全面。"在一个名为"无穷大"的展会上草间弥生展出了许多作品，这些作品体现了其艺术语言的本质以及宇宙与心灵空间的魅力。这位年逾 90 岁的老艺术家如今依然富有生命力和创造力，她甚至特地为此次展览创作了代表她生命力的新系列画作。曾有记者问草间弥生："你给年轻艺术家的建议是什么？"草间回答道："请在你的生活中辛勤创作。请尽量在这个宇宙中创作出生命的赞歌。"

日本艺术出东方

近代日本绘画成为跨接东西方的艺术桥梁，曾为欧洲后印象派所吸纳并衍生。葛饰北斋等浮世绘大师们的作品成了凡·高等艺术家的宠儿。在欧亚大陆的最东方和最西方分别有一个"全岛国"，那就是日本与英国。毫无疑问，这两个国家当今都处于发达国家行列。但从文化的视角看，英国代表着典型的西方文明，而日本则是纯粹东方文明的衍生物——其文化的源头在中国，美国的文化则可视为英国文明的衍生物。因此，"日本艺术出东方"这个标题可以有两层意思，实际上是对"出"的两种理解。

其一是"出自"。通晓东西方文化的科学家杨振宁曾经说过这样一段话："……西方到19世纪时突然发现了中国的画原来是印象派，他们觉得这是了不起的。其实，中国的画从来就是印象派，因为中国的画不是从具体写生着手的。中国的哲学认为写生写出来跟照相没有两样，这没什么意思，必须把它的意境给画出来才有意思。这在19世纪的西方是一个大发现，他们把它发展成印象派。当然他们受到日本画的影响，可是日本画其实也是从中国画那儿学来的。所以，这就代表两种不同文化的传统，表现在绘画的方向上也是一样的。总体来说，西方的文化是具体的文化，比较倾向于准确、细致的研究；而中国的文化则倾向于宏观、整体的研究。这是一个相当明显的分别。这个分别，与中国虽然具有5000年的高水准文化而没有发展出近代科学来是有密切的关系的。"这段话里就有对"出自"含义的说明。

其二为"超出"。在美国时代生活出版公司编撰的《人类1000年》中，排在"创作者"第86位的日本画家葛饰北斋（1760—1849）[中国画家范宽（990—1030）排在第59位]的介绍是这样的："葛饰北斋是近1000年来最伟大的艺术家之一。他在70岁时还在哀叹自己缺乏天赋：'在我70岁之前画的所有画中，没有哪一幅是真正有价值的。'他这样写道，并预言说：'到100岁时我将会真的有所作为。'这位日本浮世绘的绘画大师、插图作家和版画家最终未能实现他的百岁目标，但他的确创作了成千上万的描绘风景、植物、动物和历史场景的珍贵之作，包括版画《富岳三十六景》。他的作品对法国印象派艺术家，尤其是保罗·高更产生了很大影响。"当然，深受影响的还有荷兰后印象派画家、大名鼎鼎的凡·高（参见本书"凡·高篇"）——这就变相道出了"超出"的含义。

1867年，由于内外的种种原因，已高度开放的日本甚至派出代表团参加了在巴黎举办的第四届世界博览会。因为长期未与西方文化接触，日本馆在当时引起轰动，它在弘扬日本文化的同时也引起了更多人的兴趣。欧洲由此兴起一股浮世绘收藏热，这种木版画艺术如今以葛饰北斋和歌川广重（1797—1858）的作品

葛饰北斋肖像（左）与草间弥生自画像（右）的比较——单纯的线条人像画和蕴含丰富波点线网的人像画；草间弥生仿佛想通过她的一幅自画像让我们认识到人与自然宇宙的本质关联——由原子圆点组成的人类置身于宇宙之网，在这幅画中你能看到哪怕一点点东方艺术的影子吗

最为著名。一些法国和英国的年轻艺术家深受其影响，开始模仿浮世绘扁平的透视、勾边的轮廓、无明暗变化的大块色彩及和谐生动的构图。浮世绘的巨大影响力可见于法国印象主义绘画，还有亨利·德·图卢兹·罗特列克等平面设计先驱的作品。英国艺术家詹姆斯·阿博特·麦克尼尔·惠斯勒在《夜曲》系列中吸收了很多浮世绘元素，凡·高甚至声称"日本艺术是我全部创作的根基"。

"日本主义"艺术的影响持续时间并不长，却开创了西方艺术家认真审视并学习其他图像艺术传统的先河。20世纪初，一股类似的非洲艺术热影响了阿梅代奥·莫迪里阿尼和巴勃罗·毕加索等不少艺术家（1907年5月或6月，毕加索参观位于巴黎的特罗卡德罗宫的人种学博物馆时，看到了非洲艺术，他茅塞顿开）。创作开拓性杰作《亚维农少女》（1907）时，毕加索有两个人物的造型就借鉴了非洲面具（参见本书"毕加索篇"）。这时，那些自文艺复兴以来就在西方艺术中占据主导地位的绘画原则及方法开始遭受质疑，其认知、技术、审美上的优势也变得岌岌可危。

左:歌川广重的《名所江户百景》系列之一《大桥安宅夕立》,1857年,木版画,36.3厘米×24.1厘米,华盛顿哥伦比亚特区国会图书馆收藏。右:凡·高用油画临摹的《雨中的桥》(仿歌川广重的《大桥安宅夕立》)

争强好斗
需要强有力的臂膀
生存和繁衍的原始本能啊
依然留存在非洲及游牧民身上
斗,是了解他人的方式
斗,乘虚夺得食物和地盘
斗,可有机会博得异性的喜欢

乌斯曼
独一无二的非洲罗丹
不去反映花前月下
却扬起了生存斗争的风帆

彻底实现弃医从塑
为的是尽显自己的创作理想
其乐无穷地表现进化中的"野蛮"

恐怕
一切高贵的人和艺术
都是从非洲热土中走出来的
而他近乎原始的非洲雕塑
诠释了达尔文物竞天择的立场
法兰西院士中的非洲第一人啦
终究登上了世界艺术的大雅之堂

乌斯曼——"斗争"雕塑家

1989年,有"非洲罗丹"之称并已年过半百的乌斯曼彻底放弃了医护事业而全心从事起雕塑的创作。他的这个决定并不是一时的心血来潮轻率做出的,因为近30年的从医经历使他对人体结构了如指掌,在这样的医学基础上,他产生了一种崭新的艺术创作观念。这种变"医用人体解剖科学"为"艺用人体结构知识",撇开正规艺术学院科班式的学习、优化资源为我所用的策略正是乌斯曼的聪明之举。他所具有的科学底蕴也为其日后艺术人体的创作奠定了坚实的基础。他似乎与凡·高联手证明了一个观点,就是只要有崇高的艺术志向并有准备地献身艺术事业,什么时候都不晚,甚至可以取得举世瞩目的成就(参见本书"凡·高篇")。

虽然古往今来著名的雕塑大家多出自于欧洲大陆,他们从公元前400多年前的古希腊时期就拥有了属于自己艺术风格的代表人物,但如今乌斯曼的选择改变了高水平雕塑大师的地理分布,证明了非洲也有自己雕塑艺术的非凡人物,而这个人物竟是以科学与艺术交融之方式出现的。可想而知,它说明了艺术和科学的结合是怎样一种高效率和高水准造就人才的优化途径。欧洲的雕塑艺术经历了文艺复兴以来医用和艺用人体解剖同源开发后几百年的现代发展,写实主义人体雕塑的水平已达到至高阶段,到20世纪初相继进入了现代与后现代雕塑艺术阶段。所以,较落后的非洲大陆也急需诞生一位雕塑界的巨人来作为引领者(虽然非洲的雕塑艺术很有特点,也很有非洲大陆与黑人文化的蕴含),这就是我们本篇的主人公——乌斯曼。

独具慧眼的艺术哲学

乌斯曼·索乌(1935—2016),1935年出生于塞内加尔的达喀尔的一个商人家庭,自幼喜爱雕塑。1957年父亲去世后,性格刚烈的乌斯曼只身闯荡法国,靠打零工过活，1958年他开始在巴黎学习护士专业。由于不愿接受双重国籍，1965年，他放弃在法国的工作，回到了非洲的塞内加尔，在一家医院当理疗师。1968年，他二度返回法国，在巴黎郊区自办私人诊所。工作之余，他频繁光顾巴黎的各艺术博物馆，细心揣摩罗丹等雕塑大师的作品，并开始自学雕塑及动画片的拍摄。1978年，彻底返回塞内加尔的他，边干着理疗师的老本行，边钻研雕塑技艺。1984至1987年，他利用业余时间完成了自己的第一组作品《努巴人》。这组作品由12尊雕塑组成，表现的是苏丹南部地区努巴族的摔跤者。1988和1989年，该组作品先后在达喀尔、法国文化中心和马赛博物馆展出。

艺术本身就是"更好"的巧妙方法，加上哲学的理性思辨，所以艺术哲学给乌斯曼插上了"艺术"与"哲学"的双翅。他之所以能成为当今非洲最著名的雕塑家，完全是因为他独具慧眼，找到了一条适合自己走的道路，并且符合自然法则与社会规则——符合事宜、恰到好处与人尽其才、物尽其用。

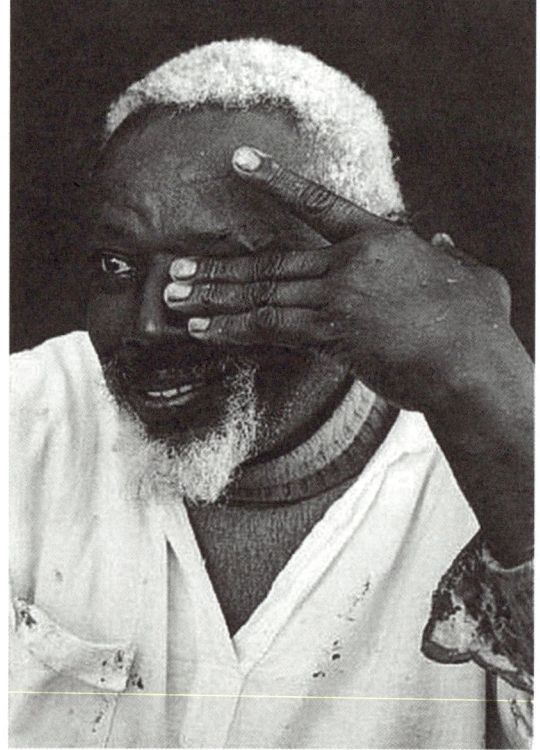

左：《乌斯曼君 艺术创作 性格使然》（刘夕庆 创意制作）。右："独具慧眼"的乌斯曼

乌斯曼的作品曾在法国、日本、德国、瑞士、比利时、美国等多国展出，其中有些雕塑陈列在塞内加尔、法国及日本的城市广场。乌斯曼的创作灵感主要源于电影和历史故事。他对人物创作追求形似与真实，但又不同于现实，这种"源于生活，高于生活"的艺术准则具有普遍性，但各个艺术家又有自己独特的创作方法。他创作的雕塑一般都大于现实生活中的人物，而且在创作时他从不找模特，说明其独具魅力的雕塑产生于他大脑不拘一格的想象，而且还充分建立在他应用了几十年的人体结构医学知识基础上。

钟情于人物创作的乌斯曼特别擅长创作反映非洲和印第安等游牧民族争强好斗性格的系列作品。他的创作填补了前人在这类题材上的空白——人类演化史上从原始社会走向文明社会的过渡阶段。对自己的这种原始而自然的创作理念乌斯曼解释道："斗是为了得到你所喜爱的女人，斗是为了争夺地盘，斗是一种生存和了解他人的方式。"这恰恰诠释了达尔文的物竞天择、适者生存的生物进化论思想。实践上，人类的发展一样遵循着进化论的基本规律，只不过一些关键性的DNA分子的变异让人类的祖先攀上了另一条"进化的天梯"，直到成为今天的人类。但是，带有原始风情的某些非洲地域仍是"斗与争的'战场'"，我们至今似乎仍能看到人类演化历程的过往痕迹。在乌斯曼的字典里，"斗"是哲学与科学，同时也是文化和艺术；表现它的形式是雕塑艺术，而实质反映的却是生物科学。

专职从艺后，乌斯曼的杰作接连不断地涌现，这证明了他独具慧眼，所选择的艺术事业是正确的。因为这种艺术与他先前的科学积淀有着千丝万缕的联系，可以说没有人体解剖学的基础和对人类演化的理解，就不可能有后来的他，当然还要加上乌斯曼对自己人生道路的思考。1989年，他创作了《马萨伊人》（一组6件作品），主要表现生活在肯尼亚和坦桑尼亚一带的马萨伊人斗士的形象；1990至1991年，他又创作了《祖祖人》（一组4件作品），其中名为"祖祖人缔造者"的7人雕塑是作者雕琢的第一件带有叙事情节的作品，融雕塑艺术与叙事艺术于一体；1993至1994年，乌斯曼推出了《颇尔人》（一组5件作品），主要反映散居在西非的颇尔人的家庭及日常生活；1994至1999年，他还创作了由14件作品组成的《印第安战役》，该系列作品通过23个印第安战士和8匹马的不同造型，逼真地反映了印第安战役，堪称一部地道的史诗级的雕塑叙事艺术作品。

1999年春，乌斯曼在紧邻卢浮宫和法兰西学院的巴黎塞纳河艺术桥畔成功地举办了个人雕塑作品展，35件大型作品吸引了300多万过往观众驻足观看。

"争斗与收获"——乌斯曼的一组反映生存斗争与收获主题的非洲和游牧民族人物雕塑作品

从此,他一举成名。此展中"公羊与少年相争"的雕塑作品后来被放置在达喀尔的索韦托广场。

心有灵犀的"非洲巨人"

不知是否与几十年治病救人的经历有关,乌斯曼练就了从医和从艺双重的心有灵犀,并将二者进行了融通和互补,由此他也获得了一点通的功夫。例如,他的《祖鲁人》有7件人物作品,它们均采用有机材料制成(如人物躯干是用非洲广阔大地上普普通通的土壤捏制而成的),以一种震人心魄的材料实在感给予参观者视觉冲击。对此,年逾80岁的乌斯曼解释说:"我雕塑时所使用的泥土是在自然无用的土壤中加入黏合剂及二十余种可让其变得有油性、有柔韧度、更易变形弯曲的其他材料并最终风干而成的有机产品。"这种将鲜活艺术家之情感与技艺转化为高于生活、大于常人的雕塑作品,并通过其震撼人心的视觉形象打动观者的方式,充分证明了乌斯曼把想象化为现实的艺术能力,也反映了他在实现艺术理想过程中所具有的科技化配比手段的运用。

事实上,乌斯曼的《祖鲁人》一直被陈列于巴黎第九区区政府空旷的大厅中。该陈列大厅中除了这7件巨人般的作品之外别无他物,凸显了社会对其作品价值的认可。这一成就,除了他的艺术能力外,还有着科技的支撑——对于具体的雕塑过程,乌斯曼曾表示:"我在每件作品的基础层上,即其底部,都会安置一个可起固定作用的铁质的骨架钢筋,并在这个钢筋上面覆盖一个包着粗麻布的可防水的塑料楔形垫块，这样我才可以捏制出凸起的更逼真的人体肌肉组织。在之前提到的那些内部工作之上，我会用一块儿布将其整体包住，再敷上一层黏土。当然，黏土并不是必不可少的，我只有在线条看起来太平滑的时候才敷上这一层。"从某种意义上讲，为了实现其艺术目标的乌斯曼就像一个原创力十足的化学家或工程师，这充分体现了实现美国科学家马斯洛提出的人生最高目标——"自我实现"过程中的艺术、科学互补与协作的绝对重要性。

《祖鲁人》是乌斯曼于1990至1991年创作的第一件带有叙事情节的作品，以曾统治南非地区的勇士为主题人物。一位名叫艾迪·欧尚的专家曾估计此作品的拍卖价为20万到30万欧元之间，在当代非洲艺术挣扎于法国市场的现状下这已属于非常高的价格了。当然，艺术品的经济价格还有赖于其内在价值，笔者认为其中包含着一定的科技含量。大家不要忘记，社会效益与经济效益俱佳的作品一定不是虚的，其中硬实力或核心竞争力部分肯定具有原创性的、独特的技术含量。这种巧妙而又区别于他人所为的东西之所以能成功，是因为它是建立在创作者的聪明才智和辛勤劳动基础之上的。参看本书中的"凡·高篇""毕加索篇"和"吴冠中篇"等就知道，这些艺术家的作品经济价值之所以高，完全是因为他们在一开始并不是为了经济目标才倾注大量智慧和汗水于作品中的。

2001年，受国际奥委会的委托，乌斯曼创作了《起跑线上的运动》。该作品长期陈列在瑞士洛桑奥林匹克博物馆中。同年4月，为庆祝非洲大陆跨入新世纪，受塞内加尔总统瓦德的委托，乌斯曼和塞内加尔著名建筑师皮埃尔·古迪亚

左：与大人物有互动——接受时任法国总统希拉克的颁奖。右：和塑像人物有交流——艺术上心有灵犀

比·阿特巴共同完成了耸立在达喀尔滨海大道上的大型纪念建筑"第三千年门"。其中"吹号女兵"的雕塑为乌斯曼创作。该建筑中有小、中、大 3 座门，分别代表第一、二、三千年及其历史发展进程。被称为"亲爱的妈妈"的"吹号女兵"坐在第二千年门上，吹响号角，召唤非洲大陆的同胞们团结起来，携手迈向第三千年。

与其他非洲艺术家相比，乌斯曼的作品在拍卖会上十分罕见，一些收藏家甚

创作中的乌斯曼的多种神态

至抱怨其"价位太高"。2009年，也就是乌斯曼"出道"10年后，他的10件雕塑作品第一次被搬上拍卖活动的现场，由佳士得拍卖行承办。然而，此次拍卖的最终结果却不尽如人意，仅有两件雕塑作品成功找到买主，其中包括《一对持棍子的摔跤手》及1989年的作品《马萨伊人》系列之一——《站立的武士》，拍卖价格分别为7.3万欧元和12.1万欧元，均处于预估的范围之内。

由于乌斯曼受邀加入了法兰西美术院，是首位成为法兰西院士的非洲人，所以其身价也开始慢慢上涨。有学者猜测，《祖鲁人》的高价拍卖或许会让乌斯曼成为艺术拍卖会上的"首位非洲巨人"。

独树一帜的"非洲罗丹"

2007年年底，72岁高龄的乌斯曼被《青年非洲》杂志评选为"以各自方式构建当今与未来非洲的100名人物"之一，这是非洲本土雕塑艺术家获得的至高声望。非洲具有原始野性与地域风情的雕塑艺术曾经吸引过像毕加索等世界级艺术大师的青睐，并将其风格融入自己的绘画和雕塑作品中。而如今乌斯曼也吸取了欧洲艺术大师罗丹的人体雕塑风格，并将其架构注入了非洲民族的文化元素。

这种艺术风格上的交融在2002年时就有了成果。当时，乌斯曼根据"世界医生组织"的要求，为"废除割礼、拒绝悲惨日"创作了大文豪维克多·雨果的雕塑。后又根据法国贝桑松市（雨果的出生地）的要求将该雕塑铸成铜像，于2003年10月17日矗立在贝桑松市的人权广场。通过这一低头看怀表并沉思的极具震撼力的作品（见下页上右图），我们仿佛看到了雨果写作《悲惨世界》时的情景。它始终都将提醒人类，不要再出现任何人间悲惨世界。而这种雕塑艺术代表的是"修饰过的原生态艺术"，仿佛从法国罗丹到非洲罗丹，再由非洲罗丹回归法国罗丹。不过，这种回归中蕴含着浓烈的非洲艺术元素。

纵观世界雕塑艺术史，著名的雕塑家包括从公元前400多年的古希腊雕塑家米隆、菲狄亚斯到20世纪的贾科梅蒂、《光锥》雕塑者纽曼，还有笔者不得不提到的我国著名"写意雕塑"的首创者吴为山。近两千年的雕塑史经历了广义生命/狭义生命和无序/有序的物质性、艺术性转换，还有逐渐由具象到抽象、由表象至本质的科学转换。横竖都能排进世界十大雕塑家的意大利文艺复兴时期的米开朗基罗，就像20世纪初的爱因斯坦，在26岁就完成了奇迹般的工作——

维克多·雨果雕塑的"面部细节"及青铜雕塑的"半身刻画"（乌斯曼 作）

他创作了《圣母怜子》，同时代的作家乔尔乔·瓦萨里在谈及这尊雕塑作品时说道："能从无形无状的石头里凿出大自然亦难以用血肉造出的完美形态，委实是个奇迹。"然而，雕塑艺术的发展并不止于此。3个世纪后，罗马尼亚雕塑家布朗库西的艺术表现与科学认识更加深刻："东西外表的形象并不真实，真实的是东西内在的本质。"为此，他创造了一件又一件匪夷所思的作品。

生于罗马尼亚的布朗库西也是一位在法国接受了雕塑教育的艺术家，他曾到巴黎美术学院学习，也当过罗丹的助手，后来受毕加索立体主义绘画的启发开始开拓雕塑领域。但与毕加索不同，他不是破坏重组，而是保持第一视觉经验的完整和直觉的纯真，追求造型的极度单纯化，以接近事物的本质（这一点倒有些像中国的写意艺术——似与不似之间，只是风格上的不同）。

在20世纪40年代，物理学家们想将量子力学与狭义相对论结合到一起。在此之后，量子物理学家们便开始从时空连续统的角度研究问题。为了计算微小粒子的生死和轨道，量子物理学家需确定这些粒子在闵可夫斯基四维时空连续统中的位置。为了摹想发生在四维时空内的事件，爱因斯坦的数学老师闵可夫斯基当年曾提出由两个对顶的光圆锥组成的模型，这就是"光锥"——所谓的时空图。

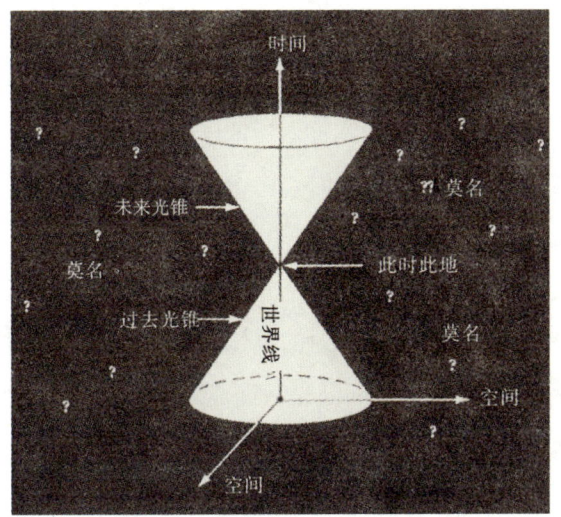 

左：光锥时空图——2005年，为纪念爱因斯坦"奇迹年"100周年而设立的"国际物理年"标识就采用了艺术的光锥图。右：纽曼的雕塑《破碎的方尖碑》——1965年作，藏于美国纽约现代艺术博物馆

这个含义重大的时空图样子像是古老的沙漏，由两个圆锥组成，一正一倒，顶点对在一起。圆锥面与中心轴线形成45°角。闵可夫斯基给两个顶点相交的那一点起了个颇具诗意的名字，叫作"此时此地"。他认为，不仅确定物体在三维空间内的位置是必要的，判知物体什么时候位于空间的什么地方也是同样重要的。"此时此地"就是"这里"在"现在"的轨迹点的精确位置。位于下半部分的圆锥接纳着过去，上半部分的圆锥接纳着未来。包括人类在内的各个物体在空间和时间中运动，各自有各自的独特历史。闵可夫斯基将在光锥内蜿蜒行进的时空线叫作"世界线"。

两个圆锥的侧壁是由光的性质确定的，因为光速为信息的传递设置了限制。光锥之内是因果律可能起作用的范围，它们之外则是因果律不可能起作用的地方。光锥的内和外是截然分开的。闵可夫斯基光锥的侧壁是光障，光锥内的东西绝对不能穿透它看到外边去，从外边也看不到里边来。这听起来似乎难以置信，但情况就是如此。事实上，光锥壁虽然与光有关，却是漆黑的。黑色是光既不透射也不反射，因此什么也看不到。位于光锥里的世界和该世界中的一切，在位于光锥外的观察者看来只是一个黑色的正锥体顶着一个黑色的倒锥体，形状有如一个沙漏。

从"此时此地"这个点向容纳着过去的下面一个锥体观察，看得越远，锥体越宽。由于宽处经历的时间较久，光所承载的有关遥远事件的信息会较多地进入观察者的眼帘。同样，光壁从"此时此地"处向未来伸去，伸得越远，能看到的未来可能事件越多。当光锥回缩到"此时此地"那里时，由于是眼下，当然没有什么可看的，因此光锥缩为窄窄的一点。

抽象表现主义雕塑艺术代表人物纽曼的雕塑有几个不同于闵可夫斯基的双光锥的地方，其中最大的一个不同是他用的两个顶顶相对的锥体是金字塔形的，而不是圆锥形的。纽曼放在下方的稳定锥体每个锥面都与基面成45°角——这就很接近闵可夫斯基模型中圆锥的情况了。还有，金字塔是古代埃及文明的存留，建造它们是以陵墓的形式给后人留下永久的纪念。这样一来，金字塔就成了被保存的过去的重要象征。

左：大雕塑家——法国人罗丹。右：独树一帜的"非洲罗丹"——乌斯曼

"罗丹们"的雕塑艺术和以上的现代雕塑有着本质的不同。现代雕塑与科学中的抽象的数理科学紧密相关，它们放眼未来；"罗丹们"的雕塑艺术和科学中的具象的博物科学融合于一体，它们回望过去。这两者叠加后形成一幅艺术时空图。不过，乌斯曼区别于其他受法国雕塑影响的、独树一帜的"非洲罗丹"，他

与同出一门的布朗库西在创作理念上分道扬镳，但都有科学思想作为指引，它们分别隶属于科学中的两大传统：机械化与博物化。我认为，它们最好能有机融合，这样世界图景才最完整。

细腻的情丝如同画家的血脉
从内心涌遍躯体，驱动臂膀
再由画手宁心静气于笔端
描绘的是"小花"那沁人的芳香
纯美的笔墨浸润着宣纸——
博物学的联想、人文科学的内涵
生物链中包含万物之灵的精神涵养

高处不胜寒，云儿来相伴
光影短暂，生命的线条永远奔放
本真的艺术不需要明暗
中国画追求的是轮廓的力量
大片的留白不是什么都没有
它的蕴含可由大脑来补偿
永恒可发生在任何背景下……

高云——《小花》显生灵
（代结语）

"《小花》显生灵"是全书的最后一篇，它并不是专门的"结语"，但笔者想将其作为"代结语"。作为代结语，我首先想要说明的是，高云这位"玩转艺术的'科学家'"是一位当代中国著名画家，并且是本书中两位还健在的人物之一（另一位是当代日本著名女艺术家草间弥生）——如同本系列图书《玩转科学的"艺术家"（上、下册）》中最后一位年轻且健在的当代英国著名物理学家考克斯一样。笔者想告诉读者，"玩转艺术的'科学家'"与"玩转科学的'艺术家'"不但对称地存在着，而且永远后继有人——原来有，现在有，将来也会有……

写高云的原因有很多，概括起来有如下几点：第一，从地球村角度看，我离他的时空距离最近（都是土生土长的中国南京人，并且现在都住在南京市东郊，且年龄上他只比我大不到一岁），这比本书中离我时间很久远的屈原、卢克莱修和空间上离我很远的莫尔斯、波洛克等人理解起来要容易得多；第二，从认识的广度和深度上看，虽然本人没有与高云先生共过事，但他所提供的素材和快捷准确、全面多样的图文信息容易让我从艺术与科学结合的视角进行把握；第三，也是最为重要的理由，就是相识、相知高云先生有一定的机缘，2009年，我的具有生态学蕴含的画作《无题》入选第十一届全国美展，作为当时江苏省文化厅副厅长和国展评委的他正式地通知了我；10年后，他又为我的新书《叙画——解读画作背后的科学故事》撰写了推荐序——他个人的思想境界、艺术与科学融合的风格及众多具有博物学情怀的画作，让我很快确定他就是本书要写的离我们"最近"的那个人，也就是本书按时序排列的最后一人。

线条力量强

1956年11月高云出生于中国南京，1982年毕业于南京艺术学院中国画专业。他父母皆为老师，尤其是父亲，作为一位集艺术品收藏、音乐爱好和名牌物品观赏于一体的玩家，对小高云的影响很大，就是这个博物性"玩家"的长期熏陶和日后苏北农村插队等丰富多变的生活，让高云有了人生选择的余地。几经迂回和尝试，最终他下定决心，选择了艺术作为人生志向，而在艺术门类中又选择了绘画，绘画创作中又选择了凸显线条力量的中国画形式。

现在的高云已是我国当代著名的中国画画家。根据艺术评论家的观察和思考，他的画作虽具有博学高雅的学术品位，但他并不是一个曲高和寡的闭门造车者，而是一位当代社会阅历和自然知识丰富，且具有使命感的中国画艺术家。而从他艺术与科学融合的视角看，笔者个人认为，他同时也是一位兼具博学、博物、博爱之"三博"情怀的学者型大家。

高云到了要选择人生道路的年纪时，正是国家改革开放和与时俱进的发展时期，时代强大的使命感让他开启了多彩的人生——艺术家、企业家、出版家和文化官员的身份轮流转换，退休后他又回归到了纯粹的艺术领域。他的经历似乎验证了爱因斯坦的那句关于时代与学术关系的名言："*政治是暂时的，而方程式却是永恒的。*"对于高云来讲，艺术才是永恒的。正当本人写作本篇文字的过程中，南京德基美术馆正在举办高云的个人画展——"云自在"，为此本人特意抽出时间去看了他"未曾谋面"的真迹。记得当我进入展区，首先映入眼帘的便是他那名扬国内画坛的全国美展金奖作品、白描形式的连环画《罗伦赶考》。这些画幅

从1972年中学毕业至今的形象变化——由一粒具有优秀文化基因的幼小种子成长为一位成熟的艺术大家

看起来很小的作品彰显的却是厚重的人文历史和具有博物学情怀的线条力量。由此我们可以看到，线条确实是中国画的生命线，这在《罗伦赶考》中体现得淋漓尽致。

高云全线条的连环画创作《罗伦赶考》，既体现博物情怀，又彰显了白描艺术中线条的力量

线条优美的连环画透露出高云的博物学情怀，这从线条画细致入微的描绘中可以体现出来：植物、动物、人物、编织物、装饰物、建筑物……还有装饰盒中的矿物，这使我们联想到曹雪芹在《红楼梦》的很多章节中博物学气息的场面描写（参见本书"曹雪芹篇"）。所以说高云是当代中国画家中的博物学家并不为过。

在20世纪较早的时候，英国风景画家康斯太勃尔曾嘲笑过中国画家："画了2000年但不知明暗对比为何物。"后来，同为英国人的艺术评论家、著名的《艺术的真谛》的著者赫伯特·里德就指出，康斯太勃尔这种见识的局限性是由于其本人对中国艺术太缺乏了解。里德同时指出："中国艺术没有明暗对比并非因为中国艺术家无能或落后，而是因为他们在认识自然的过程中没有发现这种特殊的空间特征，没有觉察到光影效果，但发现了线条节奏。在他们看来，线条节奏与变幻无常的阳光投射在外物上时所产生的偶然效果相比，更具有本质意义。

中国艺术家偏爱线条的真正目的是取得某种自然而稳定的艺术效果。"高云先生正是继承了中国古代艺术家的创造,例如北齐曹仲达发明的贴体薄衫的线描法——"曹衣出水",唐代画圣吴道子创造的一种"遒劲奔放,变化丰富"的莼菜条的"吴带当风"等。更重要的是,高云用他自己所理解的线条刻画并讲解了中国人自己的故事。

在中国绘画艺术中,线条的功用被表现得尤为突出,这是不争的事实,中国画在相当程度上是以富有骨气韵味之线条来取胜的。一般说来,能欣赏中国画的观者,凭借移情或想象,便可从其富有弹性的线条中领略到一种美的韵律或节奏。作为一位西方学者,赫伯特·里德理解了中国画的奇妙之处:"故而,在西方,当我们以一个人的笔迹来判断其性格时,中国人则在大量科学和实践的基础上,以画家对线条的加工提炼程度来评判该艺术家的素质,因为线条往往具有无限的表现力。"

1987年,高云设计绘制的《纪念徐霞客诞辰400周年》一套3枚邮票在全国发行,并获得了中国集邮界的最高奖——全国邮票设计最佳奖。在小小的方寸画面中,他以精湛的国画线条技法,表现出了地理学家、文学游记家徐霞客的光辉业绩。犹如一幅壮美的科学探索画卷,《徐霞客游记》既是一部游记文学作品,又对岩石地貌、水文矿产进行了翔实的博物学记述,所以,后人又称徐霞客为地理学家或博物学家。

线条既有艺术形象又可作为抽象事物的表现形式,关键在于线条有其神经生理学和自然基元之基础,人的每个视觉细胞都存在着一种被称为"侧抑制"的现象,其叠加效应会将所接收到的光学信息抽提加工,从而增强边缘反差,这说明人在观察事物的时候能够看到轮廓线是有科学依据的。侧抑制的结果是,外界景物在人们眼中所成的影像,亮的地方比原来的更亮,暗的地方比原本的更暗,而光线强度

徐霞客游遍祖国名山大川,写下地理学之奇书《徐霞客游记》,高云设计邮票的艺术过程中蕴含的科学精神与其一样,由功力扎实的素描线条草稿到线条为主体框架的中国画成品——徐霞客的博物学精神得以生动有力的再现

变化大的地方正是物体的边界和轮廓。我国古代画家在观察中发现了这样的现象,于是线条的运用也就如瓜熟蒂落般自然产生了。20 世纪中叶,视觉侧抑制的现象得到了美国纽约洛克菲勒大学哈特兰教授和同事的科学验证,哈特兰因此荣获了 1967 年的诺贝尔生理学或医学奖,这说明中国古代画家发明线条画法是一种经验性的科学总结。

《小花》博物情

早在 20 世纪 70 年代后期,高云插队苏北农村的第一年便被评为劳动模范。因为表现突出,他被安排脱产搞起了农业生产的科学实验。由此,他对植物的生长过程开始情有独钟,这在后来高云创作的博物学性质的毕业长卷《植物节》中体现了出来(此原件作品已被母校南京艺术学院收藏)。而下面我们所要重点评述的工笔画《小花》则是他对博物学概念性艺术拓展的又一次成功尝试。

《小花》是高云的一幅反映抗日战争时期八路军年轻女战士的革命浪漫主义情怀且具有博物学意味的工笔画名作。从开始对植物的生长过程产生兴趣,到毕业长卷《植物节》的创作,再到画出博物学意味的《罗伦赶考》,高云的这些作品尽是富有弹性和节奏的线条组合图景;很多年过去后再画出《小花》,我们就不难发现高云的艺术创作与科学的内在联系了。

左:1978 年在第四次江苏省美术创作班上我国当代著名油画家陈丹青为学长高云所画的素描肖像。右:高云用炭笔速写线条展示的中国京剧人物两幅

《小花》，当代，高云 作，纸本水墨，纵 105 厘米、横 75 厘米——去掉兵花（1）、蝶花（2）、草花（3）后的画面仍可叫"小花"，但所具有的浪漫情怀之博物学图景就不完整了

　　《小花》从一个侧面艺术地表现了在抗日战争时期，一位爱美的八路军年轻女战士在闲暇时间采到一束野花品赏，却招来一只彩蝶光顾而使人浮想联翩的美丽动人场景。作者利用中国工笔画这样一种近乎无光影的二维静态造型艺术形式，以其自身具有东方风格的本真线描及色彩渲染手法，描绘了一幅具有革命浪漫主义情怀的生动优美的画卷，使人联想到毛泽东同志的那句著名诗句"战地黄花分外香"，同时还使人想起反映 20 世纪 50 年代初期抗美援朝战争的电影《上甘岭》插曲中的那句经典歌词"姑娘好像花儿一样"，再有就是影片《小花》中女主人公的青春美好形象。

　　此画运用了没有任何背景的中国画特有的留白处理，采用了传统中国工笔画纯粹干净的笔触，全心而集中地描绘了具有东方神韵的女性人物、植物和动物，使三者相互呼应、顾盼。画作虽然没有直接反映战火连天中战士们的战斗情景，却已传达出了革命战士们向往和平美好生活和抗战必将胜利的信息。

广义上的"博物学"概念体现了中国传统的哲学思想——"天人合一"，即具有高度思想意识与智慧情感的人类是浩渺宇宙中的有机部分，同时也必须遵循自然法则，在博物多样的世界中人类只有求得生存后才能寻求自由的意义。从生物学和心理学角度看，画面中的三者都相互吸引与需要。女战士生理和心理上需要花草装扮，品味野花的芬芳，欣赏色彩斑斓的蝴蝶翩翩起舞——这意味着女战士向往没有战争、和平美好的多彩生活；花儿凭借芳香和色彩吸引蝴蝶为其授粉、繁盛种群；蝴蝶为了生存需要在花朵上吸食采蜜、繁衍后代，与花朵互惠互利。

中国式的博物学典籍由来已久，以天、地、农、医4学科为主干，《农政全书》《本草纲目》《天工开物》《徐霞客游记》……尽是世界公认的博物学名著；高云画作《小花》中所蕴含的博物学思想，则是中国式的博物学在中国式的经典艺术形式中所呈现的光亮一例。

厚积薄发"高"

高云作为中国当代的一位国画大家所具有的经验性科学思想并不是空穴来风，而是由来已久——在此我们对国画史稍加回忆或分析便会知道，现代科学虽没有起源于中国，但并不等于古老的中华文化史就没有"上档次"的科学思想。本书开篇屈原的"《天问》宇宙源"就可视为中华民族古往今来试问宏大宇宙来龙去脉科学思想的开端，而在本书的结尾，高云则以"《小花》显生灵"厚积薄发于自然和人类世界描绘的高端，浸入了人类思想与灵魂或心理与感情的深处。

本书一头一尾的中国化阐述，再加上书里众多中国历代名家名作的科学性论述，将会加强人们从整体视角看中国艺术史其实是一部与现代科学思想、方法并不完全相悖的历史的观念。比如，《叙画》是我国最早的经典"画论"之一，它原是我国南朝宋时画家王微（415—453）的一篇主要探讨山水画理、画法的文章（实际上是王微给友人——当时著名的文士颜延之的一封回信）。在这篇文章中，王微的美学思想体现了中国古人的艺术与科学之思辨，在中国美学史上具有重要价值。

王微本人是一位"少好学，无不通览，善属文，能书画，兼解音律、医方、阴阳术数"之人。在《叙画》中，他认为绘画不仅仅属于技艺的范畴，如果达到了最高境界，应该也能与显示天地万物之理具有同等效能（即可描绘自然宇宙的科学图景）。绘画至理也讲究"器以类聚、物以状分"的科学原则等，其中明显透露着艺术与科学共融以及"科学绘画"的内涵。我想，高云先生等人作为现代中国画家，是接受并传承了这些具有科学性的观念的，否则也不会出现上述诸多艺术作品反映科学思想的画例。

实际上，在中国画史上有过很多出彩的"科学点"，可能都因为我们的忽视或无知而被耽误了，反倒频频被西方人发现、分析谈及或进行科学运用。像中国山水画家郭熙的画论《林泉高致》中提出的"三远法"蕴含了科学的空气透视法。在中国山水画史上，无论怎样评选，郭熙的《早春图》都占有一席之地并名列前茅；倒不完全是由于画面呈现出采用绝妙画技描绘的早春生机勃发的图景，还有现在看来已被纳入科学的空气透视法范畴的"三远法"，其中多视角（散点）透视也是经常为西方学者津津乐道的"科学点"，它是一种为现代、后现代艺术所承认并吸收的观念或方法。

我们可以说石涛的《一画论》是中国画界的经典之作，其开篇便道："太古无法，太朴不散，太朴一散而法立矣。法于何立？立于一画。一画者，众有之本，万象之根……"《一画论》给我们以科学启示，关键是"太古无法"，它指无序之混沌；"太朴不散（膨胀）"指即将大爆炸前，"太朴一散而法立矣"指宇宙一旦大爆炸，暴胀等膨胀作用就会有科学规律地呈现，它符合现在一些膨胀宇宙模型的理论；"法于何立？立于一画"道出了宇宙学艺术图景的诞生；"一画者，众有之本，万象之根"——宇宙学图景始于"一画起始"的宇宙图景。

再有就是八大山人艺术性鸟类学的"泛性论"思想（经典大写意的"双禽图"），还有郑板桥艺术理念点出的"科学建模"之数学概念和齐白石的"工写兼备"方法（对大自然的多层次描写）等。我们从这些中国画史上的名家名画中，既能欣赏到中国绘画艺术的高妙，也能挖掘出潜在的科学与哲学思想。因此，我们必须科学地坚持文化自信原则，找到中国画论及艺术与科学探索之间的一致性关联，这样才不至于走到鲁迅先生所说的"竟尚高简，变成空虚"而"无路可走"的道路上去。

作为"代结语"，至此我已把本书一开始说的23位人物全都写了下来，一头一尾都是中国人并不是笔者刻意为之，但客观效果上体现了中华科学与艺术文化的经久不衰。希望我们的文化基因进化得更适合艺术与科学的融合发展。

一部讲述由"时间之线"串接起来的23位"玩转艺术的'科学家'"故事的著作，犹如一串"精神上的珍珠项链"，连接起几千年人类艺术与科学交融的文化史——古往今来、横贯东西、交相辉映、熠熠闪光、发人深省、值得珍藏。

致谢

斗转星移，年代更迭，如今，人类已跨入了21世纪的第三个十年，但就在我们迎来这第三个十年前夕，一种因新型冠状病毒感染的肺炎疫情扰乱了人们的生活与工作秩序，也让我更加坚信了各类科学普及工作的重要性……《玩转科学的"艺术家"（上、下册）》图书出版已3年时间。很是幸运，3年以来，这套书重印了4次。感谢那些购买并阅读这两本书的人，不论他们是男是女是老是幼，也不管他们是做什么的、学什么专业。更幸运的是，此系列图书的第3本《玩转艺术的"科学家"》也即将出版，我得继续感谢，看来"3"是这系列图书的幸运数字。

因为即将出版的《玩转艺术的"科学家"》变换了视角，我也改变了写书的形式，但仍然坚持了前两本书"三段式"的叙述结构，且每篇都采用3个小标题作为人物"立体化"写作的线索。这种写作方法得到了编辑的全力支持。除此之外，另有3位善于在自己的作品中融入科学元素的艺术家为本书写下了"推荐语"，他们分别是我国著名中国画家、文化学者高云，著名诗人、剧作家邓海南，以及书法家、山水画家张宏生——他们都对我的这本书予以大力支持，并借此书的出版从自己创作的个性视角提出了很有价值的观点。在此，我向上述诸位撰写新书"推荐语"的老师们和为本书出版付出辛勤劳动的有关人员表示衷心感谢！

另外，前两本书的推荐序作者、中国科普作家协会第四届理事会副理事长暨终身荣誉理事、科普编创学科学术带头人汤寿根老先生继续为本书写了一篇短小精悍、蕴含深刻和高屋建瓴的推荐序；3位"老推荐语"作者继续对本书进行了推荐，他们分别是中国科学院院士、美国科学院外籍院士、著名古生物学家、古鸟类专家、中国科普作家协会理事长周忠和，中国工程院院士、著名建筑学家、建筑画家钟训正和中国科普作家协会常务副秘书长、《科普时报》总编辑、著名科普作家尹传红。在此，我对他们的再次认可与推荐表示由衷的感谢！

  还有，在本人基本完成此书稿的时候，我的小外孙砳砳也正好3周岁了。3年来，他不同时段的成长点滴和表现出的丰富表情都是激励我勤奋创作的力量源泉，而外孙女思琦悦耳的钢琴和长笛声也永远地萦绕在我的耳际；同时，在本系列3本书创作过程中都给予我全力支持的我的夫人邓玲萍也是必不可少的要感谢的人；再有，年轻的平面设计师潘宁杰和刘元宁为本书设计了封面[《玩转科学的"艺术家"（上、下册）》两本书的封面也是由他们设计的]，让本书增色不少。在此，我一并表示感谢！

2020年2月2日于紫金山东麓观山墅

参考文献

[1] 巴罗. 艺术与宇宙 [M]. 舒云详, 译. 上海: 上海科学技术出版社, 2001.

[2] 哈特. 影响人类历史进程的100名人排行榜 [M]. 赵梅, 等译. 海口: 海南出版社, 1999.

[3] 怀恩, 威金斯. 科学上的五大学说 [M]. 彭利平, 等译. 上海: 华东师范大学出版社, 2002.

[4] 史莱因. 艺术与物理学 [M]. 暴永宁, 吴伯泽, 译. 长春: 吉林人民出版社, 2001.

[5] 刘夕庆. 玩转科学的"艺术家"(上册) [M]. 北京: 人民邮电出版社, 2017.

[6] 刘夕庆. 玩转科学的"艺术家"(下册) [M]. 北京: 人民邮电出版社, 2017.

[7] 吴国盛. 科学的历程 [M]. 长沙: 湖南科学技术出版社, 2013.

[8] 霍奇. 艺术的源代码 [M]. 姚贝尔, 译. 北京: 中国画报出版社, 2018.

[9] 切希尔. 艺术史中的关键时刻 [M]. 北寺, 译. 北京: 北京联合出版公司, 2018.

[10] 莱勒. 普鲁斯特是个神经学家 [M]. 庄云路, 译. 杭州: 浙江人民出版社, 2014.

[11] 刘夕庆. 叙画——解读画作背后的科学故事 [M]. 北京: 科学普及出版社, 2019.

[12] 威尔逊. 邮票上的数学 [M]. 李心灿, 邹建成, 郑权, 译. 上海: 上海科技教育出版社, 2002.

[13] 《知识就是力量》杂志社. 奇妙艺术与科学: 绘画 [M]. 北京: 科学普及出版社, 2017.

[14] 哈里森. 宇宙学 [M]. 李红杰, 姜田, 李泳, 译. 长沙: 湖南科学技术出版社, 1999.

[15] 美国时代生活出版公司. 人类 1000 年 [M].21 世纪杂志社, 译. 上海: 上海三联书店, 1999.

[16] 莫尔. 改变世界的发现 [M]. 唐安华, 粟进英, 译. 长沙: 湖南科学技术出版社, 2008.

[17] 刘夕庆. 玩转科学艺术的爱因斯坦 [J]. 科学 24 小时, 2015（5）: 28.

[18] 汤寿根. 科普美学 [M]. 北京: 科学普及出版社, 2016.

[19] 尹传红. 青少年创新思维培养丛书 [M]. 上海: 上海科学教育出版社, 2018.

[20] 福建省科协闽台科技交流中心. 海峡两岸优秀科普论文集 [G]. 福州: 福建科学技术出版社, 2018.

[21] 卡普拉. 物理学之道: 近代物理学与东方神秘主义 [M].朱润生, 译. 北京: 北京出版社, 1999.

[22] 刘夕庆. 艺术与科学的联系自然天成 [C]// 佚名. 科普与中国梦高层论坛暨 2014 年学术年会论文集. 北京: 科学普及出版社, 2015.

[23] 赵中立, 许良英. 纪念爱因斯坦译文集 [M]. 上海: 上海科学技术出版社, 1979.

[24] 普兰. 科学与艺术中的结构 [M]. 曹博, 译. 北京: 华夏出版社, 2003.

[25] 刘夕庆. 爱因斯坦, 奇迹的人生演绎——纪念爱因斯坦创立广义相对论 100 周年 [J]. 知识就是力量, 2015（11）.

[26] 米勒. 爱因斯坦·毕加索: 空间、时间和动人心魄之美 [M]. 方在庆, 伍梅红, 译. 上海: 上海科学教育出版社, 2003.

[27] 胡翌霖. 科学文化史话 [M]. 北京: 北京大学出版社, 2014.

[28] 盖尔曼. 夸克与美洲豹——简单性和复杂性的奇遇 [M]. 杨建邺, 李湘莲, 等译. 长沙: 湖南科学技术出版社, 1998.

[29] 杨振宁. 杨振宁文录——一位科学大师看人与这个世界 [M]. 杨建邺, 选编. 海口: 海南出版社, 2002.

[30] 刘夕庆. 科学美术与大美境界 [EB]. 北京: 中国科普作家协会官方网站, 2009.

[31] 里德. 艺术的真谛 [M]. 王柯平, 译. 沈阳: 辽宁人民出版社, 1987.

[32] 刘夕庆．"美"是科学与艺术的共同元素[C]//佚名．江苏省科普美术家协会第五次代表大会论文集．南京：出版者不详，2008．

[33] 刘夕庆．刘夕庆科学 科普画集[M]．南京：南京大学出版社，2007．

[34] 赵鑫珊．天才与疯子——天才的精神构造[M]．南京：江苏文艺出版社，2003．

[35] 张济忠．分形[M]．北京：清华大学出版社，1995．

[36] 许志军．论康定斯基抽象主义绘画中的科学精神[J]．艺术探索，2008（5）：93-94．

[37] 米歇尔．复杂[M]．唐璐，译．长沙：湖南科学技术出版社，2011．

[38] 列舍特尼科夫．夜空为什么是黑的——宇宙是怎样形成的[M]．张杰，等译．上海：上海科学技术文献出版社，2018．

[39] 刘夕庆．科学美术在生命科学科普创新中的作用[J]．海峡科学，2015（12）：106-110．

[40] 陈巧玲，王园园．浅析屈原《天问》中的科学精神及启示[J]．芒种：下半月，2014（3）：108-109．

[41] 斯皮维．艺术创世记[M]．盛夏，译．北京：中信出版集团，2019．

[42] 孙家祥．现代主义绘画解读[M]．上海：上海教育出版社，2010．

[43] 欧文·斯通，吉恩·斯通．凡·高自传——凡·高书信选[M]．澹泊，等译．长沙：湖南文艺出版社，1991．

[44] 梁进．名画中的数学密码[M]．北京：科学普及出版社，2018．

[45] 洛伦兹．混沌的本质[M]．刘式达，等译．北京：气象出版社，1997．

[46] 许延浪．科学与艺术——人类心灵的浪漫之旅[M]．西安：西北工业大学出版社，2010．

[47] 维尔切克．美丽之问——宇宙万物的大设计[M]．兰梅，译．长沙：湖南科学技术出版社，2018．

[48] 本森．宇宙图志——一部跨越时间的绝世佳作[M]．余恒，译．北京：电子工业出版社，2017．

[49] 那塔拉印．宇宙新图景——揭示宇宙奥秘的变革式理念[M]．涂泓，冯承天，译．北京：人民邮电出版社，2017．

[50] 程九标，张宪魁，陈为友．物理发现的艺术——物理探索中的机智运筹[M]．

青岛：中国海洋大学出版社，2003.

[51] 巴赞. 艺术史——史前至现代 [M]. 刘明毅，译. 上海：上海美术出版社，1989.

[52] 丹纳. 艺术哲学 [M]. 傅雷，译. 南京：江苏人民出版社，2017.

[53] 贝弗里奇. 科学研究的艺术 [M]. 陈捷，译. 北京：科学出版社，1984.

[54] 周广曾. 具有心理学意义的梦——曹雪芹心理学思想研究 [J]. 红楼梦学刊，1987（3）：108-117.

[55] 内格尔. 心灵和宇宙——对唯物论的新达尔文主义自然观的诘问 [M]. 张卜天，译. 北京：商务印书馆，2017.

[56] 巴罗. 与达利共闯四维空间——100件你不知道的关于艺术的事 [M]. 周启琼，靖润洁，译. 上海：上海科技教育出版社，2018.

[57] 侯世达. 哥德尔 艾舍尔 巴赫——集异璧之大成 [M]. 郭维德，等译. 北京：商务印书馆，1996.

[58] 布鲁克. 科学与宗教 [M]. 苏贤贵，译. 上海：复旦大学出版社，2000.

[59] 贡培兹. 像艺术家一样思考 [M]. 艾欣，译. 长沙：湖南美术出版社，2019.

[60] 里德. 现代艺术哲学 [M]. 朱伯雄，曹剑，译. 天津：百花文艺出版社，1999.

[61] 阿恩海姆. 视觉思维 [M]. 滕守尧，译. 北京：光明日报出版社，1987.

[62] 李凤臣. 哲学与艺术（下篇）[M]. 天津：天津社会科学出版社，2000.

[63] 沈蒧. 美哉 物理 [M]. 上海：上海科学技术出版社，2010.

[64] 德尼佐. 达·芬奇手稿 [M]. 胡莲，等译. 南京：江苏凤凰科学技术出版社，2018.

[65] 麦克劳顿. 透视与错觉 [M]. 贺俊杰，周石平，译. 长沙：湖南科学技术出版社，2012.

[66] 博斯特. 数学证明之美 [M]. 贺俊杰，铁红玲，译. 长沙：湖南科学技术出版社，2012.

[67] 萨顿. 几何天才的杰作 [M]. 贺俊杰，铁红玲，译. 长沙：湖南科学技术出版社，2012.

[68] 亨利. 艺术精神 [M]. 陈琇玲，译. 北京：中国友谊出版公司，2018.

[69] 董光壁. 易学科学史纲 [M]. 武汉：武汉出版社，1993.

[70] 刘兵.艺术与科学[M].武汉：湖北科学技术出版社，2017.

[71] 高畑勋.一幅画开启的世界[M].匡匡，译.长沙：湖南美术出版社，2016.

[72] 张相轮.科学艺术和谐论[M].沈阳：辽宁教育出版社，1988.

[73] 钱德拉塞卡.莎士比亚、牛顿和贝多芬[M].杨建邺，王晓明，译.长沙：湖南科学技术出版社，1996.

[74] 霍金.果壳中的宇宙[M].吴忠超，译.长沙：湖南科学技术出版社，2002.

[75] 杜卡斯，霍夫曼.爱因斯坦短简缀编[M].傅善增，译.天津：百花文艺出版社，1999.

[76] 霍兰.涌现——从混沌到有序[M].陈禹，等译.上海：上海科学技术出版社，2001.

[77] 吴国盛.什么是科学[M].广州：广东人民出版社，2016.

[78] 谭玉龙.中国绘画美学史[M].太原：山西教育出版社，2016.